社会工作理论

（第三版）

何雪松　著

格致出版社　　上海人民出版社

目　录

X

第一章　社会工作理论：概念、历史与意义

社会工作是一个专业吗？

—— Flexner，1915

特定的"理论"在社会工作界是有其特定的利益群体的，他们力图使我们接受他们的"理论"，从而影响我们对社会工作的本质和实践的认识。

—— Payne，2005：4

行走其间，必须对行为的和社会的领域要有所把握。如果对理论没有兴趣，就只能是盲行，这就不是好的实践，对于案主也毫无益处。

——Howe，1987：9

社会工作经常被人诟病为"没有理论"，这是社会工作能否成为一个专业的障碍，这一论断肇始于弗莱克斯纳(Flexner，1915)关于"社会工作是不是一个专业"的争辩。然而，社会工作这一促进改变的专业活动就其本身而言必然是立足于一定的理论基础的，包括如何看待人与环境之间的关系、如何理解受助人或系统、如何理解社工的角色、如何理解改变的过程以及认识改变如何在更大的社会文化脉络实现，等等。社会工作面对的人群多样，回应的社会问题也复杂多变，因此，其知识体系具有很强的包容性，这种包容性体现了这一专业独特的学习、

借鉴和反思能力。不过,包容性过于强势必引来专业性弱化的挑战,因而很难回答什么是社会工作特有的理论,这可能是社会工作理论建设面临的核心议题。

国内有一种倾向就是简单地将社会工作视为社会学的应用,这一误解被体制化——社会工作成为社会学的一个下属学科。尽管社会工作借用了若干社会学理论,但它又不仅仅是以社会学理论为基础的,还应用了心理学的、生物学的、人类学的和医学的理论,也致力于创造自己独有的理论框架与知识体系。正如国际社会工作院校联盟所言,社会工作"承认人类与环境互动的复杂性,承认人的能力既会被各种外在因素所影响,也能够改变各种外在因素(包括生理、心理和社会的因素)。社会工作专业利用人类发展、行为和社会系统的理论来对复杂的情境进行分析,以促进个体、组织、社会和文化的改变"(IASSW/IFSW,2000)。情境的复杂性需要多元的理论,但正因为理论基础较为驳杂,所以很难形成一个整合的社会工作理论框架。现有的西方社会工作理论教科书介绍了诸种理论模式,但其间的理论关联很少被深入探究,理论的体系化还远未实现。在中国,社会工作要上升为中文语境下的"社会工作学",就面临更为艰巨的挑战。但这是专业共同体的担当,因为尝试建构社会工作的独特知识架构是内在于专业使命的。建构知识体系之前了解社会工作的知识库存是重要的。本章作为导引性的文字,旨在阐述什么是社会工作,什么是社会工作理论,社会工作理论的历史发展、类型和意义。

第一节　什么是社会工作

什么是社会工作,这是一个理论议题,涉及对社会工作本质的探讨。从现有的文献看,对社会工作本质的认识不同,就意味着对社会工作的知识体系和理论框架有着相异的阐释。

国际社工协会和国际社工教育联盟尝试对社会工作给出一个全球定义："作为一个以实践为本的专业及学术领域，社会工作推动社会改变和发展、社会凝聚和人民的增权及解放。社会公义、人权、集体责任和尊重多样性是社会工作的核心。基于社会工作、社会科学、人文和本土知识的理论，社会工作介入个人和结构应对人生的挑战，促进人类的福祉。"这是一个较为宽泛的定义，但也试图限定社会工作的学科性质、专业目标、专业价值和知识基础。就学科性质而言，最有影响力的是"社会工作是科学"这一论述。"科学论"指的是以科学的方法助人，肇始于玛丽·里士满（Mary Richmond）的《社会诊断》一书，而过去二十多年"证据为本"的兴起则进一步强化了社会工作的科学性。美国南加州大学的约翰·布雷克教授在美国社会工作研究协会 2011 年会上正式提出"science of social work"这一概念，以更明确的方式指明专业的学科目标（Brekke，2011）。他指出，社会工作已经形成三个核心建构：生理心理社会视角、人在情景中和促进改变的服务体系。前两者体现了"社会"，后者则展现为"工作"。随着社会工作领域科学研究的增多和证据为本的实践的推广，当下是正式提出社会工作科学这一概念的合适时机（Brekke，2012）。这意味着社会工作应视为实践取向的、以促进改变为目标的整合性社会科学。

社会工作有着强烈的价值取向，因此"理念论"强调了社会工作的利他主义特征，这是从价值观的角度界定社会工作的本质。大家耳熟能详的是，社会工作是"助人自助""以生命影响生命""同理、倾听、接纳""案主自决""增权"。这表现出，社会工作就其本质而言就是制度化的利他主义（王思斌，1998），提供关爱性的专业服务是社会工作的核心内涵（童敏，2009）。不过，仅仅强调这样的理念，是否就构成一个专业，这是受到质疑的。

"制度论"认为，社会工作是社会福利制度的传导体系，是社会治理体系的重要组成部分，是回应社会问题的制度化努力。也就是说，就其本质而言，社会工作的专业发展是一种制度建构，这在很大程度上决定了社会工作在各国的表现形态。特别是在中国，社会工作的兴起是与社会建设、社会治理等宏大叙事紧密联系在一起的。社会工作是内在于中国式现代化的社会体制改革、社会治理创新、新社会服务体系建设等制度框架之中的。

最后,从后现代主义或社会建构主义的角度而言,社会工作是社会建构的,在不同领域以不同的话语方式进行建构。"建构论"认为,社会工作即话语。比如,西方社会工作就有"控制"与"改变"两个话语之争,尽管表面而言"改变"是主导性的话语,但"控制"可能是隐藏的话语霸权。在中国,社会工作可能很大程度上为"发展"与"安全"这样的话语体系所形塑。因此,社会工作在不同的语境里可能形成不同的社会建构,表现为不同的话语体系。这表示社会工作的本质可能是流变的,并在不同的时空环境之中以不同的方式呈现出来。

第二节 什么是社会工作理论

社会工作理论的界定

什么是社会工作理论? 首先我们要澄清什么是理论。特纳(Turner,1986)认为理论是对事实建构的一系列命题,从而提供一个关于事实的模式,帮助人们认识"那是什么"以及"如何实现"。因此,理论是由一系列相互关联的概念和判断构成的知识架构,它旨在从一般水平上或较高层次上描述和解释现象的存在与变化。理论有两个来源:一是形而上的,是从抽象的假设推演而来,从更抽象层次的理论到一个更具体层次的理论;二是形而下的,是对经验知识的抽象,即它来源于经验知识,但在抽象层次上高于经验知识,更具有概括性。亚历山大(2008)认为科学是两个不同环境之间的双向运动:经验环境和形而上学环境(见图1.1)。与前者更近的被称为"理论的",跟后者更近的被称为"经验的"。任何理论思维都是在纯粹的假想和纯粹的数据之间。这个连续体强调不同层次之间是相互依赖的。由此可见,杰弗里·亚历山大(Jeffrey Alexander)是从一个连续体的概念出发来考察理论的建构,也就是说理论是具有不同层次的,这一论断对于社会工作尤为适用。社会工作理论实际上由不同层次的预设、模型、概念、定义等组成,是与经验环境密切联系的。这一框架有助于我们考察社会工作的不同层次的知识。理论的要素是概念以及概念与概念之间的关系的判断(即命题或假设),这样的概念和判断可以将复杂的现实或现象简单化或模式化,从而有助于人们辨识其间的关联和变化。

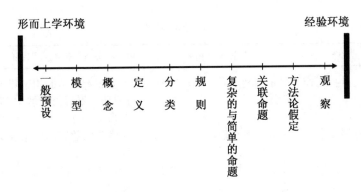

资料来源:亚历山大(2008:3)。

图 1.1 科学连续体及其组成要素

社会工作理论是一组以促进改变为目标,具有个人与社会双重聚焦的概念、命题、判断和实践框架的总和。豪(Howe,1987)认为社会工作理论应该包括两大部分:"为社会工作的理论"(theory for social work)和"社会工作的理论"(theory of social work)。前者关注的是人与社会的本质、人类行为与社会环境之间的关联,后者涉及社会工作的本质、目标、模式与改变过程。实际上,这两者是密切关联的。因为任何的社会工作理论都要立足于"为社会工作的理论",如果不理解人与社会以及改变的本质,那么这样的社会工作理论是盲目的或肤浅的;反之,如果"为社会工作的理论"不能为社会工作的目标、过程和实践提供任何洞见,那么它必然是空洞的乃至无效的。正是在这个意义上,

"为社会工作的理论"和"社会工作的理论"是相互贯通的,"为社会工作的理论"包含着特定的"社会工作的理论","社会工作的理论"也蕴含着"为社会工作的理论"的要素。

西比恩(Sibeon,1990)认为,社会工作理论包括关于什么是社会工作的理论、如何开展社会工作的理论、关于案主世界的理论(见表1.1),并且在每个层面都存在正式的理论和非正式的理论。正式的理论是已经成文的、定型的社会工作概念、判断和命题。而非正式的理论是社会工作者基于经验而总结出来的未成文的"默知",又称实践智慧。

表 1.1　理论的划分

理论类型	"正式"理论	"非正式"理论
关于什么是社会工作的理论	界定福利本质与目标的书面论述	由实践者总结的用于界定社会工作"功能"的道德、政治、文化价值准则
关于如何开展社会工作的理论	书面的实践理论	从经验中总结出的未成文的实践理论
关于案主世界的理论	正式的、书面的社会科学理论与经验数据	实践者使用的经验与一般的文化意涵

资料来源:Sibeon(1990)。

里斯(Rees,1991)与福克(Fook,1993)分别对社会工作理论进行了三个层面的区分,但两者具有高度的关联性。第一层次称为唯物主义者的社会理论(Materialist Social Theory)(里斯)或大理论(Broad Theory)与知识基础(福克),这个层次的理论关注的是社会的政治、经济结构以及社会工作与社会福利制度的目标,它为后面的两个层次的理论确立基本脉络。第二层次的理论是策略理论(Strategic Theory)(里斯)或实践理论(Theories of Practice)(福克),这个层次的理论聚焦干预策略并致力于阐明社会工作者如何行动或应该如何行动。第三层次是实践理念(Practice Ideologies)或具体实践(福克),即关注如何将经验、知识应用于具体的实践之中(Payne,2005)。上述三个不同层面的理论是相互关联的。

可见,社会工作理论是复杂的,任何一本教科书试图将所有的理论都囊括其中都是困难的,作出必要的舍弃是不得不为之的策略。鉴于此,本书聚焦社会工作的实践理论。

本书聚焦:实践理论

本书所阐述的社会工作理论主要指西比恩(Sibeon,1990)所言的关于如何开展社会工作的理论,即实践理论,也就是聚焦可直接作用于促进改变的实践的理论。沃尔什(Walsh,2010)认为,实践理论是针对个人、家庭、小组和社区层面的干预,其功能在于预测案主或案主系统的行为,为干预活动提供结构和秩序。格林(Greene,1999)更为明确地提出,这样的理论应该回答如下问题:理论可以如何帮助我们了解人类的发展过程? 在人类发展与功能表现上,生理、心理和社会因素之间如何互动? 理论关注哪些健康/功能与不健康/功能失调行为? 理论讨论了哪些适应与适应不良的情形? 理论如何讨论压力因素和应对的潜能? 理论的应用是否具有普遍性? 理论在不同文化或不同社会脉络中的应用状况如何? 理论是否提到社会与经济公平? 理论如何看待家庭、团体、社区和组织中的个人? 理论如何转化为社会工作实践的参考框架? 对于我们理解个人、家庭、团体、社区,理论有何帮助? 理论认为案主和社工应如何去定义当前问题或关注的事物? 理论是否提及优势视角? 理论对于社会工作介入或实践策略具有何种意涵? 理论是否注重案主的功能和资源? 理论建议社工要做什么,案主要做什么? 作为改变的媒介,理论提及社工要承担什么角色? 干预的目标是什么? 如何强化案主或社会环境的什么功能?

本书对每一个实践理论的阐释将包括以下内容:(1)理论脉络。该理论是如何兴起的,如何演进的;(2)概念框架。该理论的核心概念或判断是什么,这样的概念和判断是如何有助于我们认识个人与情景的关联以及对社会工作实践的启示是什么;(3)实践框架。该理论如何应用于具体的社会工作实践,实践原则是什么,如何评估,有什么独特的干预技巧,专业关系如何界定;(4)贡献与局限。该理论的影响范围有多大,是否有效,有没有明确的证据,缺陷是什么,未来的发展方向是什么。

第三节 社会工作理论的历史演进

社会工作创立初期是以科学的慈善观为指导的,随后里士满(Richmond, 1917)在其划时代的著作《社会诊断》(*Social Diagnosis*)一书中指出,社会诊断是一个科学的过程,社工在科学指导下为不同人群提供服务,进行科学的诊断与评估。1921 年,里士满获得斯密斯学院的荣誉硕士学位,获此殊荣的原因在于"为这一新的专业建立了科学基础",这开启了社会工作理论建构的起点。其后,社会工作一方面不断借用社会科学的知识进展以充实其理论框架,另一方面也在实践和知识整合的基础上提出了若干内生的实践理论。

豪的七阶段模型

豪(Howe, 1987)将社会工作理论的发展历程划分为七个阶段。第一阶段为"调查"(investigation)阶段。这一阶段社会工作者自诩为实干家(doer)而非坐而论道者(thinker),社会工作被视为"助人的艺术",缺乏对理论的清晰认识,主要是将常识应用于不寻常的情景之中。社会工作者是事实的收集者,扮演"调查者"的角色,这在慈善组织会社中表现得最为突出。第二阶段是精神分析学阶段,20 世纪 20 年代至 30 年代,社会工作经历了一个所谓的精神病学的洪水期(psychiatric deluge),社会工作受到精神病学的影响较深,第三阶段就是"诊断学派"(the diagnostic school)和"功能学派"(functional school)并立的时期。社会工作的诊断学派是在精神分析学说的基础之上建立起来的,旨在探索和解决案主的精神疾病。而发端于宾夕法尼亚大学的功能学派则将个人的行为视为情景的后果,聚焦于此时此地。第四阶段是"获得"(acquisition)阶段,这一阶段社会科学理论得到长足的进展,这为社会工作借用不同的知识架构提供了基础,包括心理动力论、认知理论、行为理论,诸如此类。第五阶段是"盘点"(taking an inventory)阶段,20世纪60年代末期以来,社会工作逐步对已有的理论、模式和流派进行整理、分类和排列。第六阶段是"理论统整"(unification of theory)阶段,即致力于将理论整合于同一个屋顶下,出现了若干具有包容性的理论视角,特别是系统视角,"社会功能"成为一个重要的共享词汇。第七阶段是"理论归类"(classifying)阶段,理论多元是这一阶段的重要特征,社会工作者在这样的情境下致力于理论的分类化和有序化,出现众多的理论分类模式。

本书的七阶段模型

本书结合豪(Howe, 1989)的七阶段模型和肯普、惠特克和特蕾西(Kemp, Whittaker & Tracy, 1997)对社会工作理论历史发展脉络的梳理,拟提出一个七阶段模型(见表1.2)。

表 1.2　社会工作理论的发展历程

时　　间	理论、模式	主要人物和代表性著作	主要的理论背景
19世纪90—20世纪20年代	社会诊断	**Richmond**: *Social Diagnosis*(1917)	社会科学和医学科学的慈善观
20世纪30年代	功能学派诊断学派	宾夕法尼亚大学(Taft, Robinson) **Hamilton**: *Basic Concepts in Social Casework*(1937)	心理动力理论自我心理学
20世纪40—60年代	心理社会学派 人本中心模式问题解决模式	**Hamilton**: *Theory and Practice of Social Casework*(1950) **Rogers**: *Client-Centered Therapy*(1951) **Perlman**: *Social Casework: A Problem-Solving Process*(1957)	自我心理学人本主义心理学学习理论

(续表)

时　间	理论、模式	主要人物和代表性著作	主要的理论背景
20 世纪 70 年代	中心模式	**Reid & Epstein**：*Task-Centered Casework* (1972)	系统理论 生态理论 行为理论 批判理论
	危机干预	**Golan**：*Treatments in Crisis Sitiuations* (1978)	
	系统视角	**Pincus & Minahan**：*Social Work Practice；Model and Method*(1973)	
	增权视角	**Solomon**：*Black Empowerment：Social Work in Oppressed Community*(1976)	
20 世纪 80 年代	生态系统理论	**Gitterman & Germain**：*The Life Model of Social Work*(1980)	系统理论 认知行为理论 社会建构主义 后现代主义 女性主义
	认知行为治疗	**Beck**：*Cognitive Therapy and the Emotional Disorders*(1989)	
	自体心理学	**Elson**：*Self Psychology in Social Work* (1986)	
	女性主义社会工作	**Domineli & Mcleod**：*Feminist Social Work*(1989)	
	寻解取向	**de Shazer**：*Keys to Solution in Brief Therapy*(1985)	
20 世纪 90 年代—2010 年代	叙事治疗	**White & Epston**：*Narrative Means to Therapeutic Ends*(1990)	女性主义 后现代主义 社会建构主义 后现代主义 折中主义 文化多元主义 马克思主义
	优势视角	**Saleebey**：*Strengths Perspective in Social Work Practice*(1992)	
	结构社会工作	**Mullaly**：*Structural Social Work*(1993)	
	灵性视角	**Canda & Furman**：*Spirituality Diversity in Social Work Practice*(1999)	
	存在主义社会工作	**Thompson**：*Existentialism and Social Work*(1992)	
	激进的个案工作	**Fook**：*Radical Casework*(1993)	
	个人-环境实践	**Kemp，Whittaker & Tracy**：*Person-Environment Practice*(1997)	
	反压迫实践	**Dalrymple & Burke**：*Anti-oppressive Practice；Social Care and the Law*(1995)	
	社会发展视角	**Midgley**：*Social Deveoplement*(1995)	
2010 年代以来的新阶段	关系视角 正义视角 生态变革视角 人工智能社会工作 数字社会工作	**Finn**：*Just Practice*(2020) **Watts & Hodgson**：*Social Justice Theory and Practice for Social Work*(2019) **Ruch，Turney & Ward**：*Relationship-based Social Work*(2010)	关系主义 人工智能 数字化

第一阶段(19 世纪 90 年代—20 世纪 20 年代)是社会工作理论的开创期,这一时期以里士满(Richmond，1917)的《社会诊断》为标志,开创了社会工作"成为科学"的目标。

第二阶段(20 世纪 30 年代)是围绕功能学派和诊断学派的论争而展开的,这一时期可以称之为"功能-诊断"期,实际上肇始了社会工作后续的微观与宏观之争。

第三阶段(20 世纪 40—60 年代)是调整期,因为这一时期延续前一阶段的论争出现了中间路线,包括问题解决模式、心理社会学派。其中心理社会学派融合了诊断派的"心理"和功能派的"社会",为以后综融视角的出现提供了知识准备。

第四阶段(20 世纪 70 年代)是整合期,主要标志是系统视角的兴起,它肇始了社会工作的综融模式,这一模式在很长一段时间内成为主导性的理论,社会工作的知识框架在很大程度上就是围绕这一模式建立的。

第五阶段(20 世纪 80 年代)是过渡期,这一时期社会建构主义、女性主义、后现代主义和不同的激进理论的影响逐步浮现,这一时期为下一时期进行了理论准备。

第六阶段(20 世纪 90 年代—2010 年代)是多元化期,各种不同的理论相继涌现,其中不乏整合、折中的视角。

第七阶段(2010 年代以来)是新的综合期,这一阶段关系视角、正义视角和生态变革视角兴起,开始探索因新技术而兴起的数字社会工作、人工智能社会工作等,这势必会带来社会工作理论的新发展。

这个七阶段模型只是为了从历史的角度让读者对社会工作理论有一个比较直观的了解。而对社会工作理论更为整体性的把握则需要进一步的归类和整理,这就是下一节的主要任务。

第四节　社会工作理论的类型

正如上一节所揭示的,社会工作理论流派繁多,但其间互有借鉴,有分有合,为了达到整体把握上述理论的目标,必须进行进一步的类型划分。

佩恩的三分模型

佩恩(Payne,2005)将社会工作理论分为三类:反思性-治疗性理论、社会主义-集体主义理论和个人主义-改良主义理论。三类理论下包括不同的社会工作实践理论(见表1.3)。

表1.3 佩恩社会工作理论的三分模型

视角理论的类型	反思性-治疗性	社会主义-集体主义	个人主义-改良主义
→综合性	心理动力		社会发展
→包容性	人本主义的	激 进	系 统
理论	角色/沟通	反压迫	认知行为
模式	危 机	赋 权	任务中心

资料来源:Payne(2005)。

反思性-治疗性理论认为社会工作的贡献在于帮助案主成长和自我实现,努力实现个人、群体和社会可能拥有的最大福利。社工与案主或案主系统持续不断的互动改变着他们自己的认知与行为,也影响着他人,正是这种相互之间的影响力赋予了社会工作的治疗性作用。社会工作的治疗性作用使得人们能够获得能力来控制自己的感觉和生活方式,从而克服或摆脱痛苦和不利境遇(Payne,2005)。

个人主义-改良主义理论认为,社会工作是社会向个人提供福利服务的一个组成部分,它可以满足个人的需要,从而提高整体福利服务的水平。努力进行社会变革使之更为平等,或通过个人和社会的努力实现个人或社会目标是社会工作的宗旨,因此个人、群体、社区和社会层面的改变成为这一理论的聚焦(Payne,2005)。

社会主义-集体主义理论争辩说,社会工作应致力于寻求社会的互助、团结和宏观层面的激进改变,从而让最受压迫和最弱势的人们可以获得控制自己生活的能力。因此,社会工作要增强人们参与学习和合作过程的能力,这一过程会创造出所有人都可以拥有并自由平等地参与其中的体制。因此,社会主义-集体主义理论认为,社会问题源自权利的不平等。精英们为获取和维持自身利益而固化权力结构和资源分配格局,这就是压迫和不平等的社会根源。社会工作要消除这样的不平等,代之以更为平等的社会关系。因此,该理论认为,反思性-治疗性理论或个人主义-改良主义理论所追求的个人实现和社会实现是不可行的,因为它们的基本出发点是接受现存的社会秩序,除非进行重大的社会变革,否则难以全面提升被压迫者的生存与发展机会(Payne,2005)。

佩恩(Payne,2014)将上述三种分类重新表述为:增权的观点(社会民主取向),强调治疗性促进改变;问题解决的观点(自由主义或新自由主义取向),强调社会工作作为福利服务的一部分并以满足案主的需求为己任;社会变迁的观点(社会主义取向),强调合作和互助。基于不同观点,社会工作的目标和专业活动有所不同。

豪的四分模型

豪(Howe,1987)从激进/非激进、客观/主观这两个重要维度出发将社会工作理论划分为四范式模式:激进的(radical humanist)、马克思主义的(radical structuralist)、阐释主义的(interpretivist)和功能主义的(functionalist)(见图1.2)。四个理论范式下社会工作承担的角色不同,分别为启蒙者、革命者、意义寻求者和修补者(fixer)。传统社会工作强调的是对现有结构的纠偏,从而实现各个有机体的正常功能,这包括心理动力理论、认知行为理论。马克思主义社会工作强调的社会问题是因阶级冲突、矛盾和斗争而导致的,因而需要从增权、倡导或社会运动的角度出发促进社会的变迁,从而提升人们的福利。阐释主义社会工作,包括标签理论、沟通理论和人本主义,强调了互动和理解对于个人改变的重要性。激进社会工作是从激进人本主义或女性主义的角度致力于寻求改变。

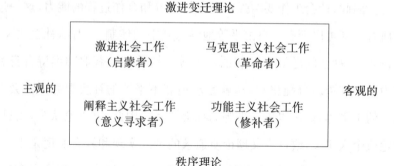

激进变迁理论

激进社会工作　　　　马克思主义社会工作
（启蒙者）　　　　　　（革命者）

主观的　　　　　　　　　　　　　　　　　客观的

阐释主义社会工作　　　功能主义社会工作
（意义寻求者）　　　　（修补者）

秩序理论

图 1.2　豪(Howe，1987)社会工作理论的四分模型

多米内利的三分模型

多米内利(Dominelli，2002)认为,基于社会工作的角色和目标,可以将社会工作对这一问题的回答三分如下:治疗视角、维持视角和解放视角。实际上这也可以视为对社会工作理论的一种类型划分。

治疗视角的最好范例即罗杰斯的人本主义治疗,社工帮助"案主"理解自己及其与他人的关系,以一种更为有效的方式去回应自己所面临的困境。这一类型的视角关注个人和心理功能,社工的角色即为倾听、探索和使能(enable)。

维持视角最好的体现就是 *The Essential Social Worker* (Davies，1994)。社工的目标就是确保人们可以回应生活中的问题,不像治疗视角那样重视心理的干预,而是强调更为实用的方式,比如资源、机会和信息。社工主要应用实践智慧和已有的行之有效的经验。维持视角在政治上是比较中立的,这一点与下面的解放视角有所不同。

解放视角的支持者有明确的立场,即追求社会正义、挑战社会福利制度、反思以往社会工作关于案主的叙说和实践。尽管不同支持者的关注点不同,但都倡导增权、重视个人问题与社会结构的关联、反思权力关系、强调意识觉醒。由此,社会工作所期待的变化可以发生在个人层次,也可以发生在宏观层次。社会工作者就是社会变革的推动者。

特纳的三分模型

特纳(Turner，1996)从理论关注的人类活动的维度这一特定视角出发，对社会工作理论进行了三分法划分。他认为不同理论的聚焦点不一，可以分为三个方面：人及其特质、特质的应用、人与社会(见表 1.4)。

表 1.4　特纳的社会工作理论三分模型

聚焦领域	理　论
人及其特质	
人即生理存在	神经语言规划(neurolinguistic programming)
人即心理存在	心理分析理论
人即学习者	行为理论
人即思想者	认知理论
	构成主义理论
	叙事理论
特质的应用	
人即沉思者	冥想
人即体验存在(experiential being)	存在主义
	格式塔
	催眠
人即沟通者	沟通理论
人即践行者	增权
	问题解决
	任务中心
人与社会	
人即个体	自我心理学
	案主中心
	危机
人即共同的存在	女性主义心理学
	交互分析
人即社会的存在	原居民理论
	角色理论
人与世界的关系	生活模式

资料来源：Turner(1996:15)。

本书的四分模型

佩恩、多米内利、特纳和豪的这几种分类都具有一定的意义,然而豪的类型分析明显在激进社会工作和马克思主义社会工作上有含糊性,因为这两者似乎难以严格区分。佩恩对治疗性-反思性理论和个人主义-改良主义理论的区分也是不清晰的,有比较武断的成分,比如认知行为理论完全可以放入治疗性-反思性理论。多米内利的分类较为简单,尚不能完全覆盖目前的主要理论。特纳的分类较为复杂,不够简洁。基于这四个重要的理论类型分析,本书拟从哲理基础出发将众多的社会工作理论流派和实践模式纳入以下四个不同的具有范式意义的理论传统之中:实证传统、激进传统、人本传统和社会建构传统。范式概念来自库恩,此处它的含义是指由若干相关的理论模式所构成的一个理论取向,它们共享一组基本的理论假设(或哲理基础)。在某个范式下可以演绎或引申出多个不同的具体实践理论,但它们都是基于范式的核心哲理基础。

实证传统坚信社会工作的知识是建立在自然科学的方法之上,理论可以经由科学方法证明其有效性从而推至更广的人群,这一范式包括心理动力理论、认知/行为理论、生态视角、系统视角。人本传统从全人的观点理解人与环境的互动,尊重个人对自己经历的理解,相信每个人内在的改变潜力,包括存在主义视角、灵性视角和关系视角。激进传统主张从结构的层面推进社会变迁,包括增权视角、正义视角、结构视角和女性主义社会工作。社会建构传统强调知识是社会建构的,变化的动力来自发现、讲述新的故事或探索案主的优势,包括叙事治疗、寻解治疗和优势视角。有必要说明的是,这四个范式的划分只是初步的,四者之间并非必然严格区隔的,而可能有相互兼容之处。关于这四个理论范式的更详细讨论请见下一章。

第五节　社会工作理论的实践应用与评估

理论与实践的辩证关系

如果说社会工作实践是我们要建的房屋，那么理论就是蓝图，没有规划和设计的房屋是难以想象的。实际上，任何形态的促进改变过程都暗含了某种知识，只不过这样的知识呈现的方式并不一样，而在大学可以进行传授的往往是那些已经形成文字的知识架构，当然，这不意味着我们要贬低实践智慧的重要性。对于社会工作而言，理论的意义在于预测和解释案主的行为，提供关于案主和问题领域的一般化判断，为干预活动提供结构和秩序，辨识实践情景中的知识缝隙（Walsh，2006），这是一种实证主义的立场。沃尔什（Walsh，2014）进一步提供了社会工作理论与实践之间的一般路径，即"实践理论-实践模式-实践策略-干预"。这是一个具有内在逻辑一致性的过程。

佩恩（Payne，2014）对于理论的用途提供了一个更为全面的解释，其用途有理解、解释、提供实践指引和专业责信（accountable）。然而，就后现代主义者而言，理论也是某种压制的力量，是控制的技术，是践行权力的方式。正如我们所看到的，很多人或现象就是这样被建构为"变态的"或"不正常的"或"需要被社工干预的"。在这个意义上，理论可能是一种社会建构或某种政治宣称，亦会带来很多的实践效果和未曾预期的后果。

理论和实践之间存在着张力（Sheldon，1978），这样的张力是社会工作内在的紧张，而更为一般性的是，这涉及社会工作是一个理性-技术（rational-technical）的活动还是一个实践-道德（practical-moral）的活动，前者强调的是科学，后者突出的是价值。尽管寻求可经检验的理论是重要的，但对真实的道德、社会和政治难题保持开放态度也是关键的，而且要学会与不可避免的不确定性、混乱和困惑打交道(Jordan,1978)。因此,社会工作的知识不仅要有理论有效性(theoretical validity),即在认识论和方法论上是有效的,而且要有实践的合理性(practical validity),即它要符合社会工作的本质和宗旨(Sheppard,1995)。

社会工作最近倡导证据为本的实践,即任何实践要立足于已有的科学证据。换句话说,所有的理论必须经由研究证明其有效性才能实践于助人情景。然而,现实不是以理论所期望的方式呈现的,而是凌乱的、非决定性的,因此离不开实践智慧或默而不识的知识。实践知识来自行动中的反思,在这个意义上,所有的社工都应该成为反思性实践者,而非实践指引的简单使用者(Parton,2000)。所以,社会工作的实践不仅仅是证据为本的实践,而且也是反思为本的实践,因此是证据为本的反思实践。这样,实践就进一步为理论的完善和创新提供基础。

理论的选择、评估与应用

我们要反对针对理论的三种倾向(Robbins,Chatterjee & Canda,1999),因为这三种倾向都忽视了理论与实践之间的辩证关系,从而影响了理论的选择与应用。第一种倾向是抛弃理论,有些人认为理论是无用的、不相关的,因此应该抛弃理论,从而更加聚焦于实践模式,因为实践模式似乎更能配合案主所面对的情景。然而,这样的论调是不成熟的,因为所有的实践或干预都是基于一定的价值、意识形态和关于人与社会的假设的,失去这样的基础,案主可能会遭遇更多的风险。其实即便是普通人在帮助他人的过程中也暗含了特定的知识体系,只不过这样的知识是默而不识的。

第二种倾向是理论教条主义。社工可能认为特定的理论是万能的,是适合所有的案主或情景的,从而排斥那些可能更为适合特定案主或情景的理论,这样的盲从无疑忽视了理论的局限性。因为理论是现实的简化,而现实是繁杂的,如果将所有的案主或情景都化约为某个特定类型的建构,这是危险的,因为我们试图削足适履,将活生生的现实裁剪为某个理论的意象。

　　第三种倾向是无原则的折中主义。社工可能认识到了理论的重要性，但由于没有很好地掌握不同的理论，所以他们可能随意地将不同理论的不同元素叠加在一起，变成一个大杂烩，并美其名曰"整合"。显然，这样的做法过于随意，缺乏依据，如此"整合"呈现不了一个专业人员的基本素养，有时候还可能造成不良影响。因为特定的理论显然是不适合某些人群的。

　　那么理论如此之驳杂，社工该如何选择？特纳（Turner，1996）认为，社工选择理论模式是受制于不同的理性因素和非理性因素的，包括理论的运用是否得到了研究的支持，是否相信理论可以得出正面的结果，是否提供有用的干预技巧，是否符合社工的价值观和知识结构，是否为个人的习惯以及为同事或督导所采用。罗宾斯、查特吉和坎达（Robbins，Chatterjee & Canda，1999）提供了三条最起码的标准：第一，社会工作理论必须符合社会工作的价值和伦理。社会工作是一个以价值为本的专业，它必须遵循伦理守则，这是判断一个理论是否合适的底线。第二，社会工作理论应该遵从科学验证。社会工作越来越重视证据为本，这成为其专业特质的重要组成部分。第三，社会工作理论应没有伤害性。这一标准源自社会工作的伦理守则和价值体系，因此我们要特别谨慎地看到某些理论可能存在的潜在伤害性，对待这样的理论不可草率盲从。

　　约瑟夫和麦克戈温（Joseph & Macgowan，2019）提出了一个社会工作的理论评估量表，这个量表包括九个维度：连贯性、概念清晰度、哲学假设、历史根源、可检验性、经验支持、边界或局限性、服务对象背景、人在环境中的能动性。

　　以下是九个维度的基本定义：

　　（1）连贯性：理论核心要素组织和定义的顺畅性和连贯性；

　　（2）概念清晰度：与理论的论证思路以及实践、研究方向相关的明确状态；

　　（3）哲学假设：理论应通过清楚地解释其公理、本体论、认识论和方法逻辑联系以体现其哲学完整性；

　　（4）历史根源：与理论来源有关、显示了框架对知识构建过程的贡献；

　　（5）可检验性：理论应提出可供今后研究检验的假设；

（6）经验支持：理论应通过经验证据进行检验和验证；

（7）边界或局限性：理论应当明确说明其适用范围；

（8）服务对象背景：理论应说明个人与周围人互动的系统；

（9）人在环境中的能动性：理论应承认人是环境中的积极能动者。

威特金和戈特沙尔克从社会建构主义的立场提出了理论评估的四个标准：（1）理论应具有明确的批判性——理论的批判性在于它包含了对其历史、文化、政治、经济意义的反思因素。（2）理论应承认人是积极的行为主体——强调人作为积极的行为主体这一特殊性，有助于促进个人和机构的变革。（3）理论应考虑到服务对象的生活经验——包含服务对象的意见以及他们的常识性理解。（4）理论应促进社会公正——社会公正的原则隐含在前三项标准中，涉及将社会工作的价值立场应用于理论评估（Witkin & Gottschalk, 1988）。

综合而言，一个好的实践理论应该包括以下几个特征：

（1）应该具有内在的逻辑一致性；

（2）有助于社会工作者与案主或案主系统一起行动；

（3）具有一定的综合性，可应用于不同的案主或案主系统；

（4）具有一定的推广性，即一定程度上应用起来不复杂；

（5）可验证有效性；

（6）有助于追求社会的公平与正义（Goldstein, 1990；Payne, 2005；Polansky, 1986；Witkin & Gottschalk, 1988；Walsh, 2014）。

那么，理论与实践如何结合呢？巴伯（Barber, 1986）指出，社会工作者对理论和实践的整合有三种不同的模式：（1）"渗透"（seeping-in）：掌握一般的观念与方法，但知其然不知其所以然。（2）"混合"（amalgam）：将特定的理论混杂在一起应用于适当的地方，因为社工已建立了一个备用的专业知识库。（3）"个性方式"（personal style）：社工以自己的方式整合理论知识，形成一个系统的整体。哈里森（Harrison, 1991）指出，社工可能是以三种"认知指南"或思考方式指引实践：（1）比较与分类（comparison and classification）。社工将工作情境与机构的功能、经验以及社会科学的相关知识进行对照,然后根据从前的个案经验对它进行分类,这一思考方式的实质是立足于传统的、已经建立起来的程序作出反应。(2)综融性实践理论的应用(application of a generic theory of practice)。将工作情境重新建构为与社会网络、社区相关联,而不仅仅与个体相关,因此社会工作被理解为社会过程,而非心理过程。(3)启发式探寻(heuristic search)。社工努力搜寻政治、道德等方面的各种不同信息和方法以更好地面对工作情境,从而尽量避免将问题简单化、抽象化。

然而正如佩恩(Payne,2005)所言,特定的理论在社会工作界都有特定的利益群体,他们都致力于让我们接受其理论,从而影响我们对社会工作的本质和实践的认识。因此,理论的选择和应用是"政治性的",这背后涉及意识形态、哲学观念、治理理念、公共政策、实践情境与机构实际的不同。实际上,社会工作者往往容易在实践中以一种不自觉的方式含混地使用各种不同的理论知识,他们甚至形成了自己特定的知识架构,但这样的知识架构不一定能够清晰地表述出来,只能"意会"不能言传,而社会工作理论建构的一个可能途径就是将这些只能"意会"的知识"言传"出来。

实际上,社会工作知识散布三十多个领域,跨越微观、中观和宏观实践,的确无法以系统的方式组织起来。塔克(Tucker,1996)认为,结构性范式的缺乏影响了社会工作的知识发展和专业地位。社会工作知识的来源广泛,贡献不一,也没有明确的原则规定什么知识应该包含其中,什么知识应该排除在外(Staller & Kirk,1998;Kirk & Reid,2002)。这实际上暗示社会工作需要一个帕森斯式的人物去实现这样的整合。然而,正如我们所见到的,社会工作的理论基础还不够厚实,这无疑影响了社会工作的专业地位。那么,社会工作是否会因此而成为学术殿堂的二流学科呢? 我们的回答是,社会工作在借用不同的理论去改变人的福利这个层面上是居功甚伟的,体现了"知行合一"的目标追求,尽管指望社会工作去改变一切是不合实际的。社会工作的专业价值在一定意义上是崇高的,因为社会工作的目标其实是消灭自身,即希望所有的案主或案主系统都以自己的能力独立生存从而让社会工作失去其生存的意义,尽管这是某种乌托邦的梦想,但这样的梦想是值得尊敬的。就此而言,社会工作是"顶天立地"的,有梦想,有行动。只要我们共同努力,社会工作理论体系的建设就是值得期待的。

§本章小结

本章讨论了社会工作理论的定义、层次、类型、历史以及理论与实践之间的关联。社会工作实践理论是本书的聚焦。社会工作理论的历史发展可以从六个阶段进行理解,并展现了四个不同的传统。理论与实践之间的关系是辩证的,理论与实践的结合是社会工作的内在要求。

§关键概念

社会工作理论　七阶段模型　四分模型

§拓展阅读

1. [英]Payne, M.(2005)《现代社会工作理论》,何雪松等译,华东理工大学出版社。
2. Howe, D.(1987)*An Introduction to Social Work Theory*, Wildwood House.

§思考和练习

1. 社会工作理论经历了哪些发展阶段？每个阶段有什么特征？

2. 理论与实践之间的辩证关系是什么？

3. 社工如何选择和应用理论？

第二章　社会工作的四个理论传统

社会工作实践的知识基础是理论、智慧、类比，抑或艺术？

—— Goldstein，1990

对社工而言，阐明一个替代性的视角且以这样的替代性范式去实践是可能的，就社会工作的价值基础而言，这样的责任对社工来说是明确的。

—— Ife，1997：38

社会工作的理论范式基于不同的哲理基础，因为就其本质而言，社会工作的理论体系是基于一系列的哲学假设建构而成的。社会工作的哲理基础探索的是根本性的理论问题，包括认识论、方法论、价值基础乃至美学基础（Reamer，1993）。这涉及如何去认识这个世界，试图回答的问题是："什么是可以被认识的？""是否具有可信的方式去确定何者为真？"因此，哲理基础涉及以何种方式去获取知识或者验证知识是否可信；涉及社会工作以何种视角看待人与环境之间的关联，如何看待成长、发展、改变和其中出现的问题与障碍；涉及如何介入其中以促进改变。如上理论议题对社会工作而言是极为关键的，因为不同哲理基础决定人们以相异的角度去看待社会工作理论、实践和研究。最近五十年来，社会工作不断反思自己的哲理基础，并逐步形成四个具有广泛影响的理论范式：实证传统、人本传统、激进传统和社会建构传统，这四个理论范式在一定程度上可以将繁杂的社会工作理论类型化。

第一节　实证传统

实证主义的早期传统可以追溯到其命名人——社会学的缔造者之一孔德，他在《论实证精神》中为实证主义确立了最初的哲学原则，这一反形而上学的基本原则很快就发展成为指导社会科学发展的核心理念，其实质是致力于引入自然科学的研究方法来研究人类社会现象，从而建立关于"社会"的科学。实证主义强调只有唯一的"实在"，关于这个"实在"的知识可以经由感觉去获得，并将非描述性的陈述排除在知识体系之外，从而保证知识和科学的统一性。里士满（Richmond，1917）的《社会诊断》一书开宗明义地提出要以科学的方式助人，从而揭橥社会工作的科学大旗，"成为科学"即为社会工作追求的专业目标。实证主义正是在这一过程中成为主流的哲理基础，这一点体现在社会工作的理论体系、研究方法和实践架构之中。

一部社会工作理论的历史在某种程度上即一个不断发展为科学的思想体系的智识历程，实证主义正是以其独特的理论观主导了社会工作理论的历史演进。实证主义理论观的核心就是回答"知识是什么"。实证主义，就其本质而言，是本质主义的，不仅对知识进行了明确的限定，也对获得知识的方法进行了明确的限定。它只认可一种探索世界、为知识提供证据的方法，这就是放之四海而皆准的科学方法。实证主义认为，知识源自对事物本质的认识，而这个认识源自经验和观察，只有那些能够从我们自己的经验或观察中找到证据的东西才能被称作知识。实证主义强调，任何一般观念都必须要有客观所指，而且这个"客观所指"必须经由实验或观察找到证据，没有证据就不是客观的；价值不是知识，因为它无从证明,因此探寻知识的科学研究必须是"价值中立"的。按照实证主义的逻辑,理论就是对社会工作面对的真实世界的高度概括,应该致力于揭示本质真理,而本质真理可以经由科学方法收集的证据加以检验。实证主义认为存在一个客观现实,这个现实可以经由科学研究而得以揭示,科学研究中的价值中立可以保证研究的客观性和知识的客观性,从而排除主观倾向性。实证主义具有决定论倾向,主张因果线性思维且强调任何事件都有特定的原因(Payne, 2005)。

基于以上论述,社会工作的理论就是经由科学方法而获得的关于案主、关于社会工作促进改变过程的可以检验的知识。社会工作理论在逻辑上应经历这样一个发展历程:从发现它能适用于特定个案,到确定它可以适用于一系列个案,再到辨识它如何解释实践,并由此建立该理论的正当性(Payne, 2005)。这样,特定的社会工作理论就可以用于更广泛的个案和情境。这明显为以证据为本的实践建设"社会工作科学"提供了哲学基础。

在方法论上,实证主义坚持认为存在所谓的客观现实,即人类、文化与社会都有实实在在的、可以通过研究发现的本质特点,只要我们应用科学的方法就一定能够找到客观的事实,这是鲜明的本质主义观点。实证主义强调可推广性与可复制性。实证主义坚持认为存在普遍法则,即变量之间的关系具有恒定性,这样的关系具有可复制性,即可以以单一视角去解释所有事物,这强调了事物之间的一致性,而淡化了差异性,从而明确了科学知识的可推广性。实证主义相信自然科学的方法可以应用于关于人和社会的研究。实验法可以应用于社会工作研究以测定变量之间的关系,并进而从样本群体演绎至一般群体。统计数字被用以探索在什么情况下某事物在特定的范围内具有多大的可能性,这在逻辑上保证了样本具有代表性的调查结果受到重视且可以进行推论。中立观察可以保证结果具有可复制性,也就是说,不同的人经由标准化的资料收集方法,可以获得类似的结果。因此,研究人员要力争客观性,避免将偏见导入研究结果之中。

实证主义支持现代主义的目的论,秉持进化观,认定发展具有线性的轨迹,人类社会朝向特定的社会或人文进步目标迈进,并且这样的轨迹是可以预测的(Payne,2005)。总之,实证主义者相信,经由科学研究,研究人员能够发现什么介入方式对什么案主或案主系统是有效的,并坚持认为这样的研究结果可以应用于具有同样问题的案主或案主系统。

在实践部分,社会工作的早期有科学诊断之说。哈德森(Hudson,1978)宣称,"如果你不能测量案主的问题,它就是子虚乌有;如果不能测量案主的问题,你就束手无策",这就是著名的"治疗第一定律",可谓将实证主义实践观发挥到了极致。这一实践观遵循"问题-预估-介入-评估"的路径,案主被视为一个问题的集合体,社工要以线性的因果关系去寻找问题的解决方法:即认识到问题的根源就可以找到问题的解决方法(何雪松,2005)。实际上,这样的实践观深刻影响着社会工作的发展,"经验"(empirical)实践学派或"经验临床"(empirical clinical)实践、"研究指导下的实践"(research minded practice)和证据为本的实践都是基于这样的认识。它们试图从研究中发现什么样的实践可能是有效的,并由此对社会问题进行分析,对想当然的东西予以批驳。实证主义对传统社会工作理论和实践进行批评,他们认为,既然传统的社会工作实践缺乏效率,那么,人们就应该抛弃它,用已通过经验检验的、立基于行为科学的实践方法取而代之。近二十年来,证据为本的实践正逐步成为西方社会工作实践的主流范式。证据为本的实践是呈现社会工作的科学性与专业性的重要策略,它的出现替代了传统上提供服务或助人的基本模式——权威为本的实践(Gambrill,1999),后者的依据是权威、直觉和传统,而非科学知识。

将社会工作知识建立在科学方法基础之上的主张在某种意义上可以提高社会工作在整个科学群体中的学术和专业地位。证据为本的实践和研究的盛行,的确在很大程度上提高了社会工作的科学性,也为社会工作科学的提出奠定了基础。从社会工作的发展而言,这一倾向的确已被经验证明而具有实践价值。在外行人与社会工作领域内,实证主义似乎有着不合理的崇高地位,这俨然成为某种意识形态或信仰。尤其在美国,实证主义在社会工作界似乎具有不证自明、不可动摇的地位。标准的社会工作教科书都秉持实证主义传统，绝大多数社会工作的研究人员，尤其是社会工作的博士生都秉持以实证主义研究方法为主导的研究范式。

实证主义在社会工作领域的狂飙突进无疑引发了反弹与批评。这是因为，实证主义认识论虽然有助于揭示现象背后的一般性规律和普遍性命题，但具体的专业实践活动是开放的、不确定的，甚至是混乱的、矛盾的，因为这溢出了实验研究的控制背景（郭伟和，2022）。韦克菲尔德认为现实世界事物之间的因果关系非常复杂，几乎不可能简单地确定何者为因何者为果（Wakefield, 1995），而实证主义在这一点上无疑具有化约主义倾向。解释主义宣称实证主义忽视了数字之外的意义和个人体验（Heineman, 1981），因为社工每天面对的是活生生的人和群体，不关注他们的所思所想无疑是不恰当的。更有言辞激烈者认为实证主义在社会工作研究领域是死而不僵的科学宣示（Schuerman, 1982），过分强调社会工作的科学属性，可能会削弱社会工作的宏观使命和人文关怀。人本传统、激进传统和社会建构传统承认并且尊重社会经验、个人经验的多样性，它们积极关注那些为传统理论视角所忽视的边缘体验或者不同的声音，从而为探索有关人类、社会生活的众多解释的断裂与不确定性提供了多元化的视角。诸如此类的争辩，就为新的理论传统的浮现和勃兴提供了基础。

第二节　人本传统

人本主义对社会工作理论而言既是基本的亦是边缘的。说其基本，是因为很多人习以为常地将其视为社会工作者的基本态度。说其边缘，是因为它不被视为一种视角，具体来说，它更多地被视为一种指导实践的一般哲学立场，而非一种界定具体实践取向的方式（Payne, 2005）。实际上，人本主义是社会工作兴起的重要哲理价值之一,社会工作的出现就是为了从制度上保证每个人的价值得到尊重。戈德斯坦(Goldstein,1990)甚至认为社会工作就是一种社会人道主义(social humanism),因为社会工作早期传统——亚当斯的"社会伦理"和里士满的"服务于人道"都只不过是这一人本主义的扩充。然而,在这样一个理性主义和个人主义滥觞的时代,人本主义的观点在一定程度上可以称为是"边缘的"。

希腊智者普罗太戈拉斯说"人是万物的尺度",这句话可能是西方人本传统思想的最早表达。人本主义可以从两个层面进行理解。首先,它源自14世纪下半期发源于意大利并传播到整个欧洲大陆的哲学和文学运动,它是文艺复兴的重要组成部分,当时思想家把"人"重新纳入自然和历史世界中去,以此观点对"人"进行解释,从而摆脱了神学和宗教的宰制,成为科学革命的重要智识前提。

另一个层面的人本主义是指承认人的价值和尊严,将人视为万物的尺度,以人性和人的利益为主题的任何哲学。笛卡尔的"我思"、康德的先验自我、新康德主义、现象学和存在主义都是人本主义的。尽管早期的人本主义孕育了实证主义,但人本主义更强调人的世界和人的主体性世界,这显然与后起的实证主义有着明显不同。而且,超个体心理学的出现更是进一步推进了人本主义的视域,这样,灵性成为重要的理论切入点。

在认识论上,人本主义强调人的主体作用,正如康德所言,"人为自然界立法",人的理性是一切事物的尺度。人与物之间是存在差别的,因为人是认识的主体。与此同时,人本主义认为,实证主义将人类社会与自然世界等同的理解是偏执的,因为这样人就被肢解了,不再是完整的人。相反,应该从人的眼光,人的情感、意志、创造性来理解人类身处其间的社会关系与社会结构。人本传统的社会工作理论是从案主自我实现的角度来进行考察的。他们所关注的是个人的感情、知觉、信念、意图乃至灵性,这样,知识的差异性和多样性就得到尊重。人本主义强调各个学科之间的知识关联,并主张知识并非研究人员的专利,那些非专业的知识或者原初的知识对于解决问题同样具有重要的启示意义。人本主义倾向于认为,道德与精神问题是科学的重要组成部分,科学应该具有伦理、道德和目的,因此知识与价值是密不可分的(Goble,1970)。尽管社会工作的早期传统尤其注重社会工作人员的实践智慧,然而,一旦它致力于挤进大学殿堂并寻求成为一个独立的学科之后,"科学性"就成为顺理成章的诉求,这在一定程度上迫使它偏离人本主义(Goldstein,1990)。至此,社会工作不得不在人本主义和科学主义(或实证主义)之间徘徊。

人本主义在研究方法上强调人的现象与物的现象之间存在着本质的差异,认为人的行为或者社会现象并非全然不证自明、可量化、能被客观测量,因为其间充满意义和阐释。这一传统可以追溯到德国哲学家狄尔泰关于人文科学的论述,他认为适宜于人文科学的理解(understanding)模式同自然科学的解释(explanation)模式是对立的,因为我们理解的"符号"表达的是他人的心灵生活,社会科学的理解是我们在日常语言交际中最初理解的理解,是从一个主体到另一个主体的双重主观过程。这一传统否认了真理的确定性,这一点与实证传统有着明显的区隔。人本主义取向的社会工作研究方法论认为,实证取向的社会工作研究以固有、先在的观念去检验所谓的经验材料,是无法揭示其真谛的,强调应以整体的观点研究案主及其案主系统,并洞察其背后的意义和阐释。

卡尔·罗杰斯是对社会工作具有很大影响力的人本主义心理学家之一。他认为一个成功理论的必要条件是,案主要认知到助人者是以如下方式工作的:在治疗关系中是真诚的和适当的;对案主无条件接纳;对案主关于世界的观点具有同理心。这三点如今成为社会工作的重要价值基础。人本主义心理学的很多观点源自马斯洛对"自我实现"的关注和"人类潜能"的实现。他的需求理论告诉我们人类的需要是多元的且分层次的。梅(May)把欧洲存在主义心理学和存在主义心理治疗引入美国人本主义心理学,认为人的处境虽然带有悲剧的性质,但能通过勇气的培养、焦虑的克服和自我的选择趋向光明的未来。正是基于这样的理论传统,人本主义批评众多社会工作理论和视角过于技术化和医学化,尤其是在实证主义的笼罩下,价值中立得以强调,价值、伦理和道德议题被边缘化。为此,人本主义重新确认了被社会工作视为核心的对人性自我提高能力的重要性。

因此,他们反对促使社会工作更加技术化和科层化的趋势,诸如证据为本的实践、新管理主义等。

在宏观层次上,人本主义致力于从人的尊严和价值出发建构制度和政策,从而实现戈罗夫(Goroff,1981)归纳的基于人本主义的社会的以下特征:(1)每个人都被视为具有内在尊严和价值的个体;(2)人们之间的关系是非剥削性的、合作性的和平等的;(3)人类经由劳动而创造的资源应该按照符合他们的需要的原则予以分配;(4)每个人都有权去发展自己的潜能。这样的特征无疑符合社会工作的宗旨。

人本传统关注作为整体的个人与其环境的互动,尊重个人对自己经历的理解和解释,认为全人的观点是有效实践的核心,在中国语境中,关系的视角是专业实践的关键所在。毫无疑问,这是社会工作的价值追求。尽管所有的社会工作实践模式都受益于人本主义传统,但存在主义治疗、灵性视角和关系视角则更为彻底和全面地沿袭了这一传统,并形成了具体的实践理论体系。然而,人本传统的社会工作理论模式更多聚焦于个人和人际层面,对宏观实践层面的论述则少之又少,这无疑是一个重大的缺失,毕竟很多社会问题具有深刻的社会结构和制度根源。人本传统下的社会工作模式似乎缺乏结构化的实践指引,使得很多初学者望而却步,难以把握其真谛,这也在一定程度上影响了它的传播和应用。随着新技术的发展,"人本"将面临新的挑战,从行动者网络理论和新唯物主义社会学的视角而言,"物"或"非人"的重要性和能动性得以彰显,这是社会工作需要回应的理论和实践议题。

第三节　激进传统

在英语中,"radical"这个词指的是"根",因此寻求系统的、急速的、彻底的、根本性的变革就是激进的。这难免被批评为急躁、极端(Calhoun, 2016)。社会工作的激进传统是基于马克思主义理论、社会批评理论和社会主义思潮并在后期整合了女性主义和后结构主义的理论贡献(Ife, 1997)。激进传统的冲击在于凸显了社会工作的"社会"层面,并尝试从一个根本的层面寻求更大的社会层面的变迁,或者从政治的、权利的层面寻求改变。更进一步,它旨在推进社会行动以实现上述目标,这在一定程度上回应了社会工作的专业宗旨。

激进传统挑战了实证主义摒弃视角、激情、论辩、政治等方面的兴趣和迷信价值无涉这样的宣称。激进传统认为,知识与兴趣不能二分,因为非反思性的科学总是无视其自身受到政治的玷污。真正的科学应该承认自身的兴趣基础,从而控制那些不良的语境关系对科学文本的污染。正是在这个意义上,实证主义不仅是有缺陷的科学哲学,而且是一种有缺陷的政治理论,其目的是为了鼓励顺从、维持现状(Agger, 1991)。而知识应该具有批判和解放意义,这样的知识才能为社会层面的改变提供基础。激进传统认为社会工作应该寻求社会正义,并且要充分重视案主对其世界的知识和理解,因为案主对其生活境遇和改变目标有着最好的知识,案主的知识可以指导社会工作实践(Ife, 1997)。

激进传统抛弃了实证主义范式的客观性、经验测量和寻求普遍规律的核心原则,而基于一种解释性社会科学传统,旨在揭示人们赋予行动的意义以及规制个人行为和互动的社会规则,而这样的规则是由强势集团制定的。相应地,人群的沟通和理解就是关键的。这对于社会工作非常重要,因为它尝试去理解那些将某些行为视为"变态"的沟通方式。激进传统不仅要寻求新的理解和解释,而且要寻求解放和改变的可能性,而这其中包含的是对语言的关注,因为理论和实践都要经由语言来实现,激进传统对语言的重视与后现代主义是一致的。在激进传统看来,不同的话语体现不同的政治利益,强势的群体可以经由法律、制度而体现其意志,并将压制弱势群体制度化甚至习以为常化;相应地,弱势群体可能内化这样的话语体系,或者以强势群体的标签化语言进行自我污名化(Ife, 1997)。因此,重新命名、改变定义、发出声音和表达利益是促进社会变革的重要手段。

激进传统倡导结构分析。特别是马克思主义对资本主义社会结构有着深入的分析。结构分析将造成个人问题的原因归结至社会和经济结构之中;问题被界定为"社会的"和"结构的",而非"个人的"。个人关系被视为资本主义社会的社会关系的产物,因此个人的问题就是社会的问题(Fook,1993;Mullaly,2006)。他们批评社会的政治和经济制度持续地被资本主义体系所限定,特定群体所遭遇的不平等和不公平正是来自其弱势的、无权的地位。

消除不平等和不公平无疑是社会工作推动社会变革的重要目标,但接受如此不平等和不公平的制度安排却是非激进视角的干预原则。因此,社会工作实际上承担着社会控制的功能,属于霸权体系的一部分,甚至在不少西方国家,针对个人的治疗成为社会政策的主要组成部分。激进社会工作认为社会工作的职业化弱化了案主的利益,导致社工成为压制案主的国家和社会利益的一部分,从而寻求可能与案主利益相悖的职业发展(Epstein,2016)。社工可能会以自己的利益行事而非如自己所宣称的那样以案主的利益行事,它可能实施社会控制,强化案主问题的个人化解释。因此,激进视角要考察传统社会工作的理论和实践形式是否具有压迫性。在激进传统看来,个人解放和社会变迁是社会工作的目标。变迁的焦点是政治行动和广泛的社会变迁。既然不平等和不公正是社会结构的产物,问题的最终解决就不能在资本主义社会之内实现(Payne,2005)。唯有意义重大的社会变迁才可解决内在于现存社会体制的社会问题,这无疑需要社会和政治思想上的革命。

激进传统的另一重要理论源头是女性主义。女性主义自20世纪80年代以来在社会工作领域的影响不断深入(Dominelli,2003)。不少社会工作的研究者和实践者试图将女性主义全面引入社会工作从而重新定位这一专业,性别成为社会工作理论、研究与实践不可或缺的维度。女性主义者试图以女性自身的经验和价值观来理解女性的生活和经历,由此避免男性中心主义,这是女性主义社会工作的认识论出发点。女性主义者指出,女性和男性对自我的理解和评价方式不同且对道德问题有着相异的思考方式,但女性的"声音"被占主导地位的男性实证主义观念所压迫而"沉默"。因此,女性需要发出不同的"声音"。在社会工作实践层面,女性主义批评,以科学面目出现的证据为本的科学实践的要求都是由男性主导的,使用的是男性的语言和思维方式,因此具有压迫性。

女性主义认为应该重新定义社会工作,特别要在这一专业体制中融入女性的参与和想法,其主要观点包括:宣称社会情境的重要性,尤其是性别权力关系,因为正是权力关系制造了社会问题;确认个人的即为政治的,个人的问题背后隐藏的是政治议题;以包容的立场试图重新平衡正常与异常之认知,不应该将异常绝对化,它只不过是建构的结果;采取解构的立场去颠覆以男权为中心的理论、制度和实践,提出基于女性视角的理论与方法;强调男性和女性之间的差异,而理论、制度和实践则需要敏感于这样的差异(Dominelli,2003)。相应地,女性主义社会工作实践聚焦于性别,关注性别为本的权力动态,避免性别歧视的语言,洞察影响女性的经济和社会议题的负面因素,促进女性增权,倡导支持女性增权的公共议题(Land,1998;Sands,2003)。

激进传统的目标是经由增权以及将个人的体验与社会和政治结构联系起来而实施行动以促进改变。这包括反歧视实践、反压迫实践、批评实践、结构视角、正义视角、增权视角和女性主义社会工作,它们的核心主题是:平等的结构而非不平等的结构是干预的目标,合作和分享是干预的主线(Payne,2005;Mullaly,2006)。不过,基于激进传统的社会工作实践被批评过于政治化和乌托邦,对于很多国家和社会而言,激烈的社会变迁的希望是渺茫的,因为推动如此集体行动的可能性很低。激进的社会工作可能无法很好地回应个人的迫切需要和情感问题(女性主义实践模式可能例外),有忽视"个人"的风险。特别需要指出的是,激进的实践可能得不到社会服务机构和政府的支持,尤其在服务外包和新管理主义的脉络下,很多社会工作机构的经费来自政府。因此在美国等国家,激进实践的追随者并不多见。

第四节　社会建构传统

社会建构主义的影响开始渗入社会工作领域,成为一种替代性的认识论基础,由此掀起了社会建构主义和实证主义的激烈论争。在不断的论争过程中,社会建构主义的轮廓逐渐明晰。在社会工作领域,后现代主义和社会建构主义有着较为密切的关联,甚至在一定程度上可以互用,这是一个特殊的脉络。后现代理论家宣称现代性已经终结,"去中心化""解构""差异"成为核心概念。后现代社会理论批评现代社会,强调社会与历史中的非连续性,对已有理论的连续性提出质疑;抗拒宏大叙事,反对整体化的倾向,重视"微观的小故事",认为试图寻找模式化的关系和宏观的历史规律是不可能的;反对学科之间、文化与生活之间、虚构与理论之间、想象和现实之间所设置的界限;反对现代学术中审慎而理性的风格(Ritzer,2003);重视话语分析,尤其是福柯对权力与知识的分析。后现代主义为我们提供了一种新的分析方式,从而重新面对以前被边缘化和被压抑的人群、声音和知识。

尽管社会建构主义与后现代主义有着密切的关联,但其思想渊源也来自社会学和心理学。伯格和鲁克曼的《现实的社会建构》是社会学中强调社会建构的经典文本。格根(Gergen,1995)的《社会建构的邀请》则从心理学这条主线切入社会建构论,并深刻影响了心理治疗的发展。伯尔(Burr,1995)对社会建构主义进行了较好的总结:社会建构主义倡导对我们理所当然地理解世界持批判立场,注重分类和概念的历史与文化脉络,强调知识产生于生产过程。

在理论观上,社会建构主义者认为没有任何一种理论可以包容社会工作者应该知晓的全部知识。建构主义者并不认为人们无法在对行动的各种理论解释中获取共识。相反,他们认为,人们总是习惯于依照社会一致认定为正确的理论论述去理解我们周遭的事物,共识就是这样形成的。建构主义者不断追问的,不是实证主义的"共识是什么",而是"达成共识的过程是什么",或"是谁制造了共识"。因此,后现代主义者更关注共识形成的语境与权力关系,并坚定地认为,霸权和权力关系直接生产和再产生服务特定群体的利益的知识与理论。威特金(Witkin, 1999:7)尖锐地指出,"除了特殊群体的利益之外,没有一个内在的理由推崇某种形式的书写和言说方式或以特定的标准去限制知识"。

社会建构主义否认存在客观事实,我们观察到的所有东西都是"人造的",由此人们形成不同版本的"事实",所谓的"事实"是社会建构的。德维(Dewee, 1999:33)指出,"现实,或信念经由语言建构,而语言创造或促成共享的意义……并没有所谓的客观或核心真理"。任何事物的存在都与一定的概念体系紧密联系在一起,而这个概念体系对某些人是真实的,对另一些人则是不真实的;理论是相对的,具有历史的特殊性;事物的价值和意义也是文化的、历史的。我们理解这个世界的普遍方式,我们所使用的分类与概念都是具有文化和历史特殊性的,它们是文化与历史的产物,其产生与发展有赖于特定的社会设置和社会场景。社会建构主义强调知识的政治、历史、文化特殊性而非其普遍性和核心性(Sayer, 1997)。这显然为社会工作尊重多元的知识提供了认识论基础。

在方法论上,社会建构主义对实证主义提出了一系列的质疑。社会建构主义强调所谓的现实或真理是在"这里"(in there),即人们的头脑之中,而不是在"那里"(out there),即独立于"人"的存在。由此,应该存在很多的"真理"或"现实",而这些只有置身于其情景和关系之中才能理解(Burr, 1995)。社会建构主义警示我们要怀疑日常生活世界所呈现的面貌,并不断反思自己的立场或隐含的价值取向。格罗斯和莱维特(Gross & Levitt, 1994:43)指出,在社会建构主义看来,科学"并非……关注'真实'世界的知识体系和可以证实的假设。它是由一个'解释性社区'设计并为之服务的话语……正统的科学只不过是现有的很多话语社区的其中之一……结果是,其真理的宣称不可避免是自我指涉的"。一言以蔽之,只不过是"高级迷信"。

贝斯特(Best, 1989)认为有三种社会建构主义的研究方法,即严格的社会建构主义、客观的社会建构主义和情境社会建构主义。严格的社会建构主义采取极端的认识论主观主义态度，认为没有所谓的客观现实。客观的社会建构主义与经验主义的研究范式相容，预设了一个确定的且客观的秩序，人们可以以不同的方式对客观限制进行解读与定义。情境社会建构主义介乎两者之间，大多数研究都属于这一阵营。建构主义的方法论为社会工作的概念基础与经验结果的评价提供了一个批判性框架。

社会建构主义对现存设置的质疑、对现存知识的质疑、对实证主义方法论的质疑都意味着它具有实践层面的颠覆和解放含义，批评、改变或者摧毁自己并不喜欢的社会设置是社会建构主义者的重要社会实践。

正如哈金(Hacking，1999)指出的，社会建构主义的实践路径是：

(1) 在当前情况下，X 是被认为理所当然的，因为 X 看起来不可避免；

(2) X 并非事物的本质，也不必是不可避免的；

(3) X 的存在使得处境糟糕；

(4) 如果去掉 X 或者彻底改变 X，我们的处境会好很多。

这个路径意味着，我们首先要挑战并问题化既有的社会设置，这样就可以寻求新的改变。

进一步地，社会建构主义批评证据为本的实践过度遵循"决定论"。研究结果与实证假设立足于样本，而在实践中我们面对的是单个的个人，每个人都有其独特之处，负责任的社工实践应充分回应每一案主的特殊需要。例如，案主可能以同样的语言来表达不同的"问题"，或者以不同的语言表达同样的"问题"，如果"问题"本身都是经由语言而实现的多重的"建构"，在"问题解决"上达成共识就更加困难。因此，社会建构主义可以理解为某种对专家话语霸权的信任丧失并反对简单地根据专业术语进行分类、类化、治疗和介入，因为所有现象都离不开个人的复杂生活。

社会建构主义自身的开放性和反思性亦提供了重要的对话机会，如此对话实践有利于不同群体之间的交流与合作，从而建立一个包容性社会。社会建构主义认为既然存在多重的现实,那就要看人们以怎样的方式进行建构。这个逻辑表明,我们可以抵抗现有的叙事和建构,并代之以新的叙事和建构,这是解构与重建的交织,两者并行不悖。社会建构主义影响下的具体社工实践理论有叙事治疗、寻解治疗、优势模式。与传统模式不同,社会建构主义取向的助人模式不再拘泥于缺陷、问题和障碍,而是试图关注案主的优势、意义、故事和能动性并以此为出发点帮助案主改变境遇。

然而,基于社会建构传统的社会工作实践模式似乎有低估案主的物质需求之虞,它对根本制度的解构也是无能为力的、少有作为的。社会建构主义对证据为本的实践的批判是富有意义的,这足以保证社会工作具备自我反思能力。但当政府、民众以及服务购买者强调"科学证据"的时候,这样的反思在短期内只具有"学院"意义,这是社会工作专业发展的一个困境或曰悖论(何雪松,2004)。另外,人们也担心社会建构一旦被滥用,它就好比癌细胞,以惊人的速度复制,其后果是"社会建构"作为一种隐喻有流于漂浮浅薄之虞,让人们陷入含混与迷惑之中。社会建构主义也被批评如果它试图达成理论的一致性,就可能滑向毫无希望的相对主义和极端的主观主义。在相对主义和主观主义的基础之上,如何达成某种程度的共识?

§本章小结

阿瑟顿(Atherton,1993)宣称不同范式之间的论争撕裂了社会工作,他希望在事情尚未失控之前停止交火,他的这一论调似乎有点杞人忧天。这一论争从未停止,并且尚未伤害到社会工作的发展,各方在论争的过程中似乎也达成了某种程度的共识:相互对立并非必然,在实践中可并行不悖。社会工作实践理论的发展受惠于这一论争,这使得社会工作的研究者、教育者和实践者不断反思自己的哲学前提、澄清自己的理论立场,毕竟社会工作面对的复杂世界也需要研究者和实践者从不同的层面和视角去探索。如果将社会工作视为科学、艺术与政治三者的融合,就不难解决理论上的分歧。不同范式之间的交融与渗透丰富了人们对人类行为与社会环境、社会工作促进改变实践的理解,从而成为理论创新的重要源泉。

社会工作的四个哲理基础在一定程度上形构了社会工作理论的发展,尽管实证传统是主流的范式,尤其在北美。另三个传统在一定意义上都是对抗实证主义的霸权而兴起的,这无疑引起了很多的论争,这样的论争体现在理论观、方法论和实践观上,本章对此有较为详细的讨论。

§关键概念

认识论　方法论　实证传统　人本传统　激进传统　社会建构传统

§拓展阅读

1. Reamer, F. (1993) *Philosophical Foundations of Social Work*, Columbia University Press.

2. Ife, J. (1997) *Rethinking Social Work*, Longman.

3. [加]阿德里娜·尚邦等主编(2016)《话语、权力与主体性:福柯与社会工作的对话》,郭伟和译,中国人民大学出版社。

§思考和练习

1. 不同的理论传统对"理论"的理解有何不同？

2. 不同的理论传统对"什么是有效的实践"的理解有何不同？

3. 为什么实证传统会成为主流？

第三章 心理动力理论（上）：精神分析与自我心理学

> 也许现在正是重新评估精神分析并检视它带给社会工作临床实践人员什么的时候了。
>
> —— Brandell，2004：24

> 自我心理学是一种比以往的理论架构更为乐观的、更成长取向的关于人类功能和潜能的视角。
>
> ——Goldstein，1995：xi

就社会工作的微观实践理论而言，弗洛伊德的精神分析学说有着深远的影响。精神分析学说及其后续发展形成了心理学的一个最为重要的理论流派——心理动力理论，包括自我心理学、客体关系心理学、自体心理学和依恋理论，它们都被引入社会工作的理论体系(Brandell，2004；Payne，2015)。以上理论有着不同的聚焦。自我心理学关注的是自我功能、自我掌控感。客体关系心理学聚焦的是内部世界和真实世界的人与情景之间的差异。自体心理学的视角又有所不同，侧重点在自恋、自体、自身客体、移情等。依恋理论将问题归为儿童期不安全的依恋关系。

布兰岱尔（Brandell，2004）的《精神动力学社会工作》（*Psychodynamic*

Social Work)以及冈特和布伦斯(Gunter & Bruns，2013)的《精神分析社会工作》(*Psychoanalytic Social Work*)是目前对精神分析社会工作进行全面介绍的代表性著作。

本章将介绍弗洛伊德的精神分析学说和自我心理学，客体关系心理学、自体心理学和依恋理论将放在下一章，这两章作为一个整体展现了心理动力社会工作的基本面貌。自我心理学进入社会工作具有深远的影响，包括对人类体验、人类问题的本质的理解和治疗过程的展开，它更是成为心理社会、问题解决、危机干预和生活模式的重要理论源头(Goldstein，1995)。本章的实践框架部分主要聚焦自我心理学。

第一节　理论脉络

讨论社会工作的微观实践理论绕不开精神分析学说，后续包括心理动力理论在内的社会工作理论的发展都或多或少受到这一学说的影响，都是站在"弗洛伊德的肩膀上"。

弗洛伊德的理论贡献在于试图揭开人类社会的心理基础或心灵结构，即人类的心灵或精神是如何影响行为的，弗洛伊德推进了人类对心理结构的认识。"心理动力学派是建立在弗洛伊德及其追随者的理论及后续发展的基础之上的。之所以获得'心理动力'的称谓，是因为这个理论的潜在假设认为，行为来自人们心理世界的运动和互动。它也强调心理激发行为的方式，及心理和行为如何影响个人的社会环境并如何受个人社会环境的影响。"(Payne，2005:79)医科学生出身的弗洛伊德旗帜鲜明地指出，精神分析是实证科学，旨在解释心理的规律，在人格心理学、动力心理学、无意识心理学和发展心理学等领域设置了重要研究议程。随后，自我心理学、客体关系心理学、自体心理学和依恋理论相继而起。

　　自我心理学无疑源自弗洛伊德的精神分析学说,并且对它进行了修正。弗洛伊德在《自我与本我》一书中首次提出了自我心理学,并系统阐述了人格结构理论。其女安娜 1936 年出版的《自我和防御机制》进一步发展了人格结构理论,特别是发现了防御行为的适应性,防御机制是自我心理学的重要概念。

　　哈特曼(Hartmann, 1939)的《自我心理学和适应问题》(*Ego Psychology and the Problem of Adaptation*)提出了"独立的自主"这一重要概念,推进了自我心理学。他认为,"自我"是内在的能量来源,起源于出生之时"未曾分化的母体"(Undifferentiated Matrix),强调自我在适应中的角色,这是一种比较积极的观念,从而改变了弗洛伊德对冲突的关注,特别是焦虑、紧张和创伤等主题。

　　总体而言,自我心理学对人类功能、适应性和潜能有着更为乐观和积极的视角,且强调良好的环境和社会文化因素为自我功能发展提供支持,这明显有别于传统的精神分析理论(Turner, 1996)。

　　应该说,社会工作的早期实践模式无论是诊断学派还是功能学派以及在二者整合基础上而形成的心理社会学派,都加入了精神分析的因素。布兰岱尔和帕尔曼(Brandell & Perlman, 1997)认为心理社会取向的实践在以下三个层面受到精神分析的影响:(1)动态诊断。即个人与环境互动的状况;(2)原因诊断。人与环境互动状况的原因,包括过去的和现在的;(3)分类诊断。心理社会理论试图对案主进行类型区分,这就需要进行分类诊断。需要说明的是,社会工作早期的干预对象不少是精神疾病患者,因此精神分析与社会工作的"联姻"顺理成章。自 1930 年末开始,特别是第二次世界大战后期,自我心理学的概念融入社会工作的微观实践(Turner, 1996)。弗洛伊德的精神分析及后续的自我心理学理论在社会工作理论体系中的重要地位在 20 世纪 60 年代曾告一个段落,因为在这一时期,更具"社会"意涵以及"行为"取向的社会工作理论兴起了。

　　正如佩恩(Payne, 2005)所指出的,心理动力理论对社会工作的理论和实践的影响是基础性的,其有关发展、人格、治疗的理论影响甚广:第一,心理动力理论是社会工作中第一个有很强解释性的理论,为后来的理论创造了平台,因为后续的不少社会工作理论,无论是支持、修订还是反对,都是在此基础上建立的。第二,心理动力理论对感觉和潜意识因素的重视对于社会工作具有重要启示意义,精神分析常用的重要概念,诸如潜意识、洞察、攻击、冲突、焦虑、母子关系、移情,几乎成为社会工作的日常术语。第三,社会工作重视儿童时期、早期关系和母爱剥夺就是受心理分析理论的影响。第四,社会工作对精神疾病和困扰行为的关注,起源于20世纪二三十年代,社会工作与精神科学和心理分析治疗的重要关系就肇始于此。这一时期,相较于心理和情感因素,社会工作中较少重视社会因素这一点在一定程度上就体现为心理动力学派的影响。

自我心理学兴起之后,社会工作的理论体系之中比较系统的阐述见戈德斯坦(Goldstein, 1984)的那本重要著作,它全面介绍了自我心理学对于社会工作的意义。自我心理学不像弗洛伊德的精神分析那样强调的是"无意识",转而重视案主的自我功能和适应性(Walsh, 2005),这更加符合社会工作的价值观。

第二节 概念框架

社会工作的心理动力理论就其本质而言,包含三个部分:结构理论(structural theory)、发展理论(developmental theory)和治疗理论(treatment theory)(Payne, 2014)。结构理论关注人的心理与行为之间的关联。发展理论聚焦人们基于早期儿童经验的思维模式如何改变。治疗理论回应人的行为问题,介入的路径是社工与案主的关系。

弗洛伊德的理论贡献

弗洛伊德的理论主要包括本能、人格结构、意识层次、自我防御机制和人格发展等。弗洛伊德的学说是决定论的、线性的,具有明显的化约主义色彩。它认为人类行为是由非理性的力量——无意识或本能驱力——所决定的,这样的因素贯穿于心理社会发展的不同阶段,其中,本能的驱动作用受到高度重视。罗宾斯等人(Robbins et al., 1998)以图 3.1 较为系统地展示了弗洛伊德的重要观点,包括了发展阶段、内在精神现象、各阶段的冲突等。

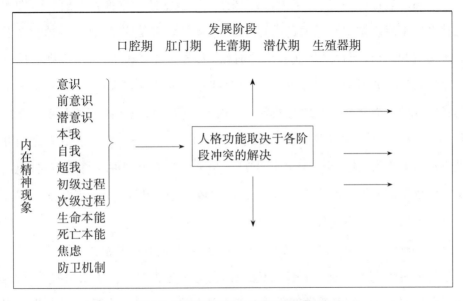

图 3.1 弗洛伊德精神分析学说的概念架构

本能是决定人的心理过程方向的先天状态,决定了人的思维、感知和记忆等。本能包括两类:为生命服务的本能和为死亡服务的本能。最初本能是指性能量,后来拓展到包括所有生命本能在内的能量,它服务于人类的生产、成长、发展和创造力。人类也有源自攻击驱力的死亡本能。弗洛伊德在目睹战争的惨烈之后,提出人类亦有源自攻击驱力的死亡本能,这是一种摧毁秩序、回到前生命状态的冲动。在弗洛伊德看来,所有的驱力都构成了人类行为的决定因素,这是明确的心理决定论。

弗洛伊德认为人格结构包括三个组成部分:本我、自我、超我。本我是生物成分,是人格的原始系统,它基于驱力或本能,由无意识所决定;是缺乏组织的,为快乐原则限定,快乐原则避苦趋乐,其目的是消除人的紧张。自我是心理成分,负责与现实世界的协调,支配并控制着人格,在本能与环境之间进行周旋,管理本我的盲目和冲动。它为现实原则所支配,能够实现逻辑思考并制订相应的计划,能忍受紧张,直到紧张被消除为止。超我体现的是道德原则,象征的是理想,是一种内化的人的道德律。它包含两个层面,一是良心(即规定什么是不应该做的);二是自我的理想(即规定什么是应该做的)。超我涉及心理奖赏和惩罚,当合乎超我要求的时候,人会有自尊和骄傲,反之则会感到罪恶和自卑。如果个人的自我、本我和超我三者能够维持和谐的关系,个人就具有完善的人格并能有效地与外界进行沟通。但如果三者之间的关系出现障碍,人格就会失调,这就需要予以回应。实际上,本我、自我和超我三者之间并没有清晰的界限,这三个概念的提出只是为了从整体上把握人格的不同过程、功能和机制的方便。本我之中产生自我,自我之中产生超我,三者相互作用和融合于人的整个生命过程。

相应地,心灵是由三个部分组成的,包括意识、前意识和潜意识。意识是人在任何时候都可以觉察到的想法和感受。前意识是很容易变成意识的潜意识,即经由思考而可以觉察到的部分。潜意识是弗洛伊德理论的核心,即产生了影响不得不假定其存在、但又无从觉察的心理过程。潜意识是一个初级的心理过程,与理性思考不同,它对人类行为的影响是无所不在的。

弗洛伊德对焦虑的分析可谓这一理论的经典应用和具体表述。焦虑是一种紧张状态,源自本我、自我和超我之间的抗争而引发的冲突。焦虑可以分为三类:现实的、神经质的和道德的。现实焦虑是对外在世界的危险的恐惧,神经焦虑和道德焦虑是个体内部的力量平衡的威胁所导致的。当自我无法控制焦虑之时,就只能依靠防御机制。防御机制是自我为了消除焦虑而采用的方法,涉及抵制或掩饰不被允许或不被赞同的欲望以减少内心的冲突,包括否认、替代、认同、投射、合理化、反作用、退行、压制和升华。所有这些都可以帮助个体应对压力,防止自我被压垮,具有适应性价值。但它们基本上都属于潜意识的水平之上。

弗洛伊德认为人格发展是具有阶段性的,个人会经历五个连续发展的阶段,每个阶段的发展都有赖于前一阶段心理冲突的解决。这五个阶段是口腔期、肛门期、性蕾期、潜伏期和生殖器期。在任何一个阶段,自我、本我、超我之间的冲突在得不到解决的情况下就会出现焦虑、压抑或压力,都会影响本阶段人格的发展和后续各个阶段的发展。

埃里克森(Erikson,1950,1959)继承和突破了弗洛伊德的这一框架,从关注内在世界转换为聚焦外部世界。他洞察到个人的发展是与社交内驱力相关联的,这种内驱力包括:(1)社会关注的需要;(2)掌握环境的需要;(3)寻求个人社交生活的结构和秩序的需要。在与环境的交往过程中,自我扮演重要的作用,因为它寻求对环境的掌握和控制。相应地,外部世界对自我发展影响很大。埃里克森提出,自我发展是在八个不同的生命阶段中掌握发展性任务的结果,并且受制于生物的、心理的、人际的、环境的和文化的影响。但个人决非仅仅是自我功能和防卫的总和。每一个发展阶段的结果都作用于认同的形成。每个阶段的成功完成都导致个人在信任、自主、创新、勤劳、自我认同、亲密关系、创造性和自我统整性方面的成长。

自我心理学的核心概念

个人功能是自我心理学的核心建构,对个人功能的认识可以从以下七个层面展开:(1)自我心理学认为人们生来具有适应环境的能力。在个人涉入的生理心理生活发展过程中,自我是一个动态且积极地应对、适应和改变外在环境的动力。(2)自我是包含个人成功适应环境的基本功能的人格的组成部分。自我功能是内在的,不断发展的,并且与不同的生理、心理、社会因素进行互动。其中最为关键的因素包括驱力、人际关系的特质(尤其是儿童早期)、社会价值观、民俗、社会经济条件、社会与文化变迁和社会体制的影响。(3)自我发展是作为符合以下条件的结果而存在的,即满足基本需要、认同他人、学习、发展性任务的掌握感、有效的问题解决、成功应对内在需要与环境状况、期待、压力和危机。(4)在自我具有独立发挥功能的能力之时,它还只是人格的一部分,必须将其与内在需要、驱力、内在化的、他人的特征、期望联系起来进行理解。(5)自我不仅在个人与环境之间进行协调,也在人格的不同层面之间进行协调。它可以诱导从而保护个人免于焦虑和冲突,服务于适应性或适应不良的目标的防卫。(6)社会环境影响人格,并成为促进或阻碍成功应对的条件。因种族、性别和年龄而导致的差异应该在自我功能的评估中得到理解。(7)社会功能的问题要置于应对能力的可能缺陷与不同需要、能量和环境状况与资源之间的配合关系中进行理解(Godstein, 1995)。实际上,自我心理学是围绕自我功能、防卫机制和自我掌控感这三个核心概念组成的。

自我功能

自我功能(ego function)是人们适应和应对世界的手段,"自我"承载着能量和动机。戈德斯坦(Goldstein, 1995)引述了贝拉克、赫维奇和格迪曼(Bellak, Hurvich & Gediman, 1973)辨识出的 12 个主要自我功能:(1)现实检验(reality testing),自我帮助人们将现实与其梦想和愿望区分开来;(2)判断(judgement),自我允许人们根据社会和文化期望以判断对事件的合适反应;(3)关于自我和世界的现实感(sense of reality of the world and the self),自我让人们能够感觉到世界与自己的关联;(4)规范和控制,对内驱、情感和冲动的控制;(5)客体关系(object relations),自我管理与自己心目中的"客体"相关的人际关系;(6)思维过程(thought process),自我让人们从第一过程思维进入第二过程思维;(7)适应性退行(adaptive regression),自我允许人们退行到一个较为简单的思维和行动方式以实现目标;(8)防御性功能(defensive functioning),自我调动心理机制以保护人们免于痛苦体验;(9)刺激障碍(stimulus barrier),自我保护人们免于过度刺激或刺激不足;(10)自主功能(autonomous functions),自我掌握初级和次级自主;(11)掌控感-能力(mastery competence),自我促进人们对所发生的事情胸有成竹并在处理问题时表现出能力;(12)综合/整合功能(synthetic/integrative function),自我整合不同的体验从而作用于对个人作为整体的自我认知。

具有强烈自我的人能够以一贯的、理性的方式管理其与他人的关系。只有这样,个人才具有自我掌控感。自我能够导出防卫机制以保护人们免于焦虑,防卫机制的作用就是限制世界对个人的刺激。对自我功能的评估可以了解自我的优势何在,这是促使个人与他人或环境进行互动的重要构成部分。

防御机制

每个人都潜意识地以不同的防卫功能去保护自己免于焦虑、崩溃或受到威胁。防御机制(defense mechanism)可以包括以下内容:(1)利他(altruism),通过自我牺牲服务他人而获得满足;(2)禁欲(asceticism),通过抑制某些欲望从而避免焦虑和冲突;(3)否认(denial),不知晓或不接受关于自己的感情、冲动、思维或体验的现实;(4)移置(displacement),将关于某人的不可接受的感觉放置在另外的人或情景上;(5)智识化(intellectualization),思考那些不可接受的感觉和冲动而不是体验之;(6)分离(isolation),将感觉和特定的内容分开;(7)理智化(rationalization),应用逻辑思维去判断特定观点和行为从而避免认知到其潜在的不可接受的动机;(8)反应构成(reaction formation),用对立的感觉或冲动替代不适的感觉或冲动;(9)退行(regression),为了回避目前的焦虑,返回到早期发展阶段、功能水平和行为方式;(10)压抑(repression),对不适的情感、冲动和体验视而不见;(11)躯体化(somatization),不能接受的冲动或冲突被转化成躯体症状;(12)区隔(splitting),将两种矛盾的状态(例如爱和恨)分开而非融合;(13)升华(sublimation),将不可接受的冲动以社会接受的方式进行表达;(14)随遇而安(undoing),采取一种无所谓的态度去应对;(15)投射(projection),将不能接受的感觉和冲动赋予他人(Goldstein,1995)。

自我掌控感

自我掌控感(ego mastery)是理解适应性行为的重要概念。埃里克森认为最佳自我发展是对阶段性特殊发展任务和危机的掌控的结果,他认为从出生到死亡的过程中,每一个危机的解决都导致某种自我同一感并构成自我感觉的核心组成部分。他提出了八个危机,危机的处理结果就形成不同的自我掌控感,它们分别是获得基本信任感而克服基本不信任感(basic trust vs. basic mistrust);获得独立自主感从而减少羞耻和不安(autonomy vs. shame and doubt);获得主动感而克服内疚感(initiative vs. guilt);获得勤奋感而避免自卑感(industry vs. inferiority);获得认同感而克服认同混乱(identify vs. confusion);获得亲密感而避免孤独感(intimacy and distantiation vs. self absorption);获得创造力感,避免"自我专注"(generativity vs. stagnation);获得自我完整而避免失望感(ego integrity vs. despair)。

第三节 实践框架

实践原则

自我心理学认为,问题或挑战源自个人的内部冲突或个人与环境之间的冲突,案主的压力来自自我功能的不适或环境的压力。因此,自我心理学取向的干预目标是帮助案主建立新的自我优势或者有效利用现有的自我优势。自我心理学的治疗原则是:辨识案主的自我功能失调与当前问题之间的关联;考察案主问题、自我功能与外在环境之间的关联;经由自我发展提升案主的内在能量;改变外在的环境条件;促进个人的自我能力和环境条件之间的适配度(Walsh,2005)。

自我取向的评估

评估考察的是案主现在和过去应对问题的方式,包括案主亲身经历的以及迫不得已需要做的事情引起的案主的情感和应对行为、能力和情境。评估的出发点是分享和辨识问题,讨论案主解决问题的尝试,共同寻找其他可能处理问题的方式(Payne,2005)。基于自我心理学的评估聚焦于案主的当前和过去的功能以及内在的能量和外部情景,社工可以询问以下问题:

(1)在何种程度上案主的问题是其当前生活角色或发展任务所导致的压力的结果?

(2)在何种程度上案主的问题是情景压力或创伤性事件的结果?

(3)在何种程度上案主的问题是其自我功能的障碍或发展性障碍的结果?

(4)在何种程度上案主的问题是缺乏环境资源或内部能力与外部境遇之间不匹配的结果?

(5)案主可以动员怎样的内部功能和环境资源以提升功能?

根据这一指引,案主的问题是众多因素互动的结果,包括当前的生活压力、自我功能受损、发展性障碍和环境因素(Goldstein,1995)。这一判断以自我心理学为主导,但引入了“社会”的视角,表明社会工作试图调整纯粹的心理学取向。

专业关系

从自我心理学的角度来看,社工与案主的关系极为重视,我们需要聚焦于案主的需要。在自我心理学中,社工不是一块白板,它允许社工将自己的个人特质以比较克制的方式带入案主-社工关系之中。社工要与案主建立治疗联盟,以试图让案主克服非现实的行为和观念并辨识和实践现实的行为和观念。社工要立足这样的关系去进行评估,工作主要聚焦于维持希望和动机、提升自主和问题解决能力、提供一个示范角色和良好的体验以纠正不良体验、促进人格的改变、动员资源帮助案主、改良环境、协调和倡导。因此,正面应用这一关系对于整个治疗过程是非常重要的(Goldstein,1995)。

影响专业关系的因素包括案主方面的:(1)动机和期望;(2)价值、体验和社会文化背景;(3)自我功能;(4)当前生活情景。也包括工作人员方面的:(1)评估案主前述状况的能力;(2)表达同理心、正面支持、真诚、认同、开放和灵活性的能力;(3)设定目标并促使案主合作的能力;(4)灵活调整干预目标和实践以符合案主需要的能力;(5)促进案主的动机并加强案主对治疗过程的理解的能力;(6)聚焦于实现目标的能力;(7)辨识任何可能威胁工作联盟的能力(Goldstein,1995)。

干预技巧

传统上,弗洛伊德的治疗是围绕自由联想法展开的,但自我心理学的方法有所不同。自我取向的方法可以分成两类:自我支持(ego supportive)和自我修正

表 3.1　自我支持与自我修正之比较

项目	自我支持	自我修正
干预聚焦	当前的行为、想法和感觉;也可以聚焦于过去	过去和当前;意识、前意识和潜意识
改变的本质	自我掌控感;提升了的理解力;学习和正面强化;情感矫正经验;冲突的中立化,个人环境配合更好	洞察力和冲突解决
关系的运用	真实关系的体验;正面移情、矫正性关系、工作人员与案主环境中的他人之间的关系	理解正面和负面的移情
心理测试	指导性、维持性、教育性和结构化的	非指引性、反思性和解释性的
社会环境	环境修正和重整;资源的提供和动员;改善状况	并不重视,但并非不用
适用的案主人群	遭遇生活改变、急性或情景性危机或压力的人;自我有缺陷的人;适应不良、焦虑与冲动控制力弱的人	那些具有很好自我优势但在最佳使用自我功能上失调的人;严重适应不良的防卫机制或自我有缺陷的人
干预期限	短期或长期	一般而言是长期的

资料来源:Goldstein(1995:168)。

(ego modifying),尽管这两者之间的差别并非全然清晰。前者旨在重整、维持或提升个人的适应性功能并改善有缺陷或受损的自我;后者旨在改变基本的人格类型或结构。戈德斯坦(Goldstein,1995)列表区分了这两种方法(见表3.1)。

　　戈德斯坦对这两种干预方法的辨识是有意义的,展现了自我心理学在社会工作中不同的应用方式。自我支持聚焦于现在的行为、有意识的想法和环境的改变,回应的方式是,案主与社工建立有价值的关系从而学习和掌握新技巧,这样的干预一般是短期的。自我调节集中于过去和现在的潜意识感受和驱力从而避免环境改变。努力的方向是,案主获得对感受的洞察并解决情感冲突,社工应用非指导性和反省性的技巧,通常是长期的干预(Payne,2005)。具体的技巧可以参考下一章的相关部分。

第四节　贡献与局限

　　正如前述所及,弗洛伊德对社会工作的影响力并没有完全消退,只不过是经由心理动力理论的后续发展而展现的,自我心理学即为一例。格林(Greene,1999)辨识出自我取向的实践的若干意义:检视并解释症状的符号意义是重构过去事件,尤其是儿童时期的创伤的重要路径;揭示相应的被压制的部分并带回到意识层面是促进改变过程中不可或缺的部分;表达情感冲突有助于将个人从创伤性记忆中解放出来;重构并理解困难的早期生活事件具有治疗意义;将案主和社工的助人关系视为关键体验的微观环境是助人关系的重要组成部分;建立自我意识和自我控制是社会工作干预的目标。自我取向的干预已经应用到不同的人群,比如艾滋病(Dane & Miller,1992)、强奸(Abarbanel & Richman,1990)、儿童虐待(Brekke,1990),等等。总体而言,对自我取向实践的系统研究还是比较缺乏的,需要进一步的科学研究证明其有效性。

然而,作为具有个人与社会双重聚焦的社会工作对精神分析和自我心理学有不少批评。主要集中在:第一,批评精神分析和自我心理聚焦于个人,不能很好回应性别、阶级和文化的多样性等结构性议题,将社会排除在外,有化约主义之虞。对心理的过分关注导致很多人认为这个理论没有反映对人类自我决定的尊重(Strean,1979)。第二,女性主义批评心理动力理论形成了某种对女性的刻板印象,这进一步强化了男女不平等。第三,心理分析遵循的是医学模式,社工的助人行为就等同于病人患病、医生治疗,案主和社工之间较为平等的关系受到影响(Payne,2005)。第四,相比较而言,环境因素并没有受到重视,尽管自我心理学在这方面已经有所触及,比如关注到了个人的关系环境,但心理聚焦还是限制了干预的范围。第五,从一个宏观角度或激进的视角而言,心理动力理论没有考虑社会层面的变革,有责怪受害者之虞,这无疑限制了社会工作的结构想象力。最后,它应该寻求走向一个周期更短的治疗期限,毕竟冗长的干预过程对于服务购买者、第三方和服务机构而言都是难以接受的。

§本章小结

本章的宗旨在于介绍弗洛伊德的精神分析学说和自我心理学是如何应用于社会工作的,但自我心理学是本章焦点。弗洛伊德的精神分析学说的核心概念包括驱力、本能、人格结构、意识与无意识、自我防御机制和人格发展。自我心理学则是围绕诸如自我功能、防卫机制和自我掌控感这样的核心概念而展开的。本章着重介绍了自我取向实践的原则、评估要点和干预技巧。

§关键概念

精神分析　自我心理学　自我功能　防御机制　自我控制感　自我取向的评估

§拓展阅读

1. Brandell，J.（2004）*Psychodynamic Social Work*，Columbia University Press.
2. Goldstein，E.（1995）*Ego Psychology and Social Work Practice*（2ⁿᵈ ed.），Free Press.
3. Gunter，M.，& Brunsm，G.（2013）*Psychoanalytic Social Work*，Karnac.

§思考和练习

1. 精神分析学说对于社会工作的意义是什么？
2. 自我心理学与传统精神分析学说的区别是什么？
3. 自我心理学是如何应用于社会工作实践的？

第四章 心理动力理论（下）：客体关系心理学、自体心理学和依恋理论

　　它(心理动力理论)已经远远超越弗洛伊德和自我心理学基础,从而折射出一个更新的、范围更广的关于人格发展和人类问题本质的视角。

　　　　　　　　　　　　　　　　　　　　——Goldstein,2001:3

　　发展路径模型认为,诸多可能的发展路径呈现在初生婴儿面前。事实上,接下来他会走上哪条路,取决于他碰巧处于怎样的一个环境。

　　　　　　　　　　　　　　　　　　　　——Bowlby,1988:136

　　客体关系心理学(object relation psychology)、自体心理学(self psychology)和依恋理论代表了心理动力理论的发展,它们偏离了经典的、教条式的精神分析(尤其是驱力理论和心理决定论)、强调个人与环境的相互关系,这样的理论进展与社会工作尤其相容,从而成为心理动力社会工作理论的重要组成部分。

第一节　理论脉络

客体关系心理学、自体心理学和依恋理论都是在弗洛伊德的精神分析学说基础上发展出来的，只不过它们试图从不同的角度对弗洛伊德的学说进行纠偏和发展，但它们的本质与弗洛伊德是一脉相承的，是对人的心理机制、人的自我形态和人的无意识身份的考察，它们都关注早期的儿童经验。

客体关系心理学主要探索的是内在的无意识身份和外界事物的内化，是一种分析性治疗(Corey，2004)。客体关系心理学更为关注关系问题以及过去的关系对人格的建构与形成所产生的影响，聚焦于留下"过去印迹"的早期生活的关系上，这样的印迹会呈现在人与人之间的关系上(Clair，2002)。从某种程度而言，客体关系心理学也是精神分析的主流，但在某些重要的方面改变了主流。如果说弗洛伊德聚焦的是结构的冲突，那么客体关系心理学看到的是客体关系有着基本的缺失。就客体关系心理学而言，更为简洁的表达就是，它关注关系甚于本能欲望，致力于从客体意象来解释俄狄浦斯情结。客体关系心理学尤其突出环境的因素，并且对关系障碍有较为深入的研究，特别是边缘性人格和分裂型人格。客体关系心理学的代表人物是梅兰妮·克莱恩(Melanie Klein)、罗纳德·费尔贝恩(Ronald Fairbairn)、哈里·冈特瑞普(Harry Guntrip)、唐纳德·温尼科特(Donald Winnicott)、雷恩·斯皮茨(Rene Spitz)、伊迪丝·雅各布森(Edith Jacobson)、玛格丽特·马勒(Margaret Mahler)。

克莱因是客体关系理论的开创者。她认为人的内驱力是朝向客体的，是表达关系的。她对客体的理解是：它是婴儿在与外界环境之中重要的外部客体的互动过程中所产生的主观经验。婴儿与客体之间存在一种幻想的、不现实的关系。如果这样的幻想是破坏性的，婴儿就会有内疚感，婴儿倘若不能忍受这样的内疚感就会向外投射——尤其是父母等照看者。婴儿与客体的联系是经由投射和内射而建立起来的。投射是一种心理过程,经由这个过程,婴儿找到了与客体分离的感觉或冲动。婴儿如果得到了很好的喂养,他会将这种好的感觉转回到客体,相信乳房是美好的,乳房从而成为好的生活原形。反之,他会将自己的恨归因于乳房本身。内射则是将外部世界感觉的东西带到自己内部,这样,外部的危险就变成了内部的危险。婴儿就是通过不断运用内射和外射的机制面对满足和受挫的循环,并控制内部的需要和建立客体关系(Clair,2002)。

费尔贝恩的观点更为激进,他认为所有的内驱力都是关系的驱动,而非生物本能的满足,因为人有与他人建立关系的基本倾向。自我寻找与客体的关系多于试着去控制难以控制的本我,这样,更多的能量贡献给了自我。费尔贝恩认为婴儿会将客体分成好的和坏的。以一个受虐、处境糟糕的婴儿为例,他仅有的力量就是改变自己。他期望在自己的世界里将客体分裂成好的或坏的方面来控制问题客体,然后接受或内化坏的客体。这样客体成了"好的"而儿童自己变成了坏的。受虐儿童往往会将施虐的父母看成是好的,而自己是坏的,是应该遭到惩罚的。这可能导致儿童自责,乃至抑郁和低自尊,从而难以摆脱关系,形成一种强烈的情绪结合。治疗师为了帮助案主剔除坏的客体,必须通过提供安全稳固的环境而成为案主"足够好的客体",并逐步将坏的客体从无意识中消除,这样就可以重建与他人直接接触的能力(Clair,2002)。

温尼科特提出主观感觉性客体(subjectively conceived object)这一概念,因为他相信婴儿是从与主观客体的关系逐渐地发展到能够与客观感觉到的客体建立联系的。足够好的母亲就能够接纳婴儿,同时,婴儿与母亲从融合形成一种一体化的状态(Clair,2002)。随着个体成熟,他们才能直接与真实的客体保持联系,感受世界的真实。因此在温尼科特看来,一个"足够好的母亲"可为儿童提供具有稳定性和舒适感的支持性环境,这成为临床社会工作的一个重要观点。

马勒认为儿童跟最初的爱的客体——母亲的关系是人类发展的核心所在。儿童的心理发展是从对母亲的依恋过程开始的,伴之以逐步的分离过程。马勒认为较早的、共生期未完成的危机和残渣以及分离并成为个体的过程,将影响一个人一生的人际关系（Clair，2002）。所谓共生（symbiosis）就是隐喻婴儿与母亲无区别地在一起进行内心体验，分离（separation）则涉及儿童完成在内心与母亲的分离感，将客体世界和客体表象区分开来。个体化（individuation）是一种早期的存在意识，包括了内在自主性的发展，从而可以假设某些性格特征是自己的特征。分离-个体化分成不同的阶段（见下一节），马勒认为每个阶段都有特定的任务，如果任务没有完成可能导致严重的心理障碍。治疗师要经由作为替代性的双亲以及辅助性的自我为这样的儿童完成一定功能。

　　雅各布森（Jacobson，1964）的《自体和客体的世界》（*The Self and The Object World*）致力于重新界定弗洛伊德的概念以加入客体关系因素。她区分了真实的自体和客体与内化的自体和客体意象。她展示了儿童如何基于他们与他人的关系而形成自体和客体的意象，以及这些情感经验是如何与性驱力和侵犯驱力相关联和相协调的。

　　自体心理学是由科胡特（Kohut）引入的，他的开创性研究聚焦于自恋，《自体的分析》是其代表性著作，将共情的人性带回已经过度理性的心理动力理论家族。科胡特从驱力的理论架构出发讨论自恋，并赞同自恋是自体的欲望投资，但他不赞成弗洛伊德的主张，即随着一个人的成熟发展，欲望的投资会由自己流向他者，自恋会转变为客体爱（object love）。他主张自恋欲望和客体欲望本质上是不同的，分属两条不同的发展路线，这样原始的自恋可以发展为成熟的自恋，而非为被客体爱所取代。成熟的自恋表现为一个人的理想、野心、同理能力、创造力、幽默感，甚至智慧。可见，科胡特看到了自恋的积极意义，他由此引入自体和客体的概念（见下一节）和双极自体（bipolar self）的概念。他认为自体（self）的成长需要两种重要的自身客体经验（selfobject experience）：重要客体的镜像（mirroring）和理想化（idealization）的形成。科胡特的理论得到了保罗·奥恩斯坦（Paul Ornstein）和恩内斯特·沃尔夫（Ernest Wolf）等人的推进、扩展和修订。

　　依恋理论强调作为社会环境的关系的重要性。正是有了关系，我们情感及需求得以表达和定义。关系帮助我们调控情感，否则我们将感到挫败、焦虑、混乱与愤怒,并影响我们的心理发展、社交能力和人格形成等方面(Howe,2013)。这一理论是在传统精神分析和客体关系心理的基础之上发展起来的。它是由英国精神分析师约翰·鲍尔比(John Bowlby)提出的,鲍尔比出版了《依恋》《分离》与《失落》三部曲(1969,1973,1980),是这一领域里程碑式的著作。依恋是指儿童自身的一种生物学基础内驱力,它会使儿童形成一种对照顾者(通常是母亲)的长久的情感纽带。鲍尔比认为,母子关系的缺失,依据其时长和类型的不同,会导致儿童的精神病理学问题。他试图理解婴儿与父母相分离后所体验到的强烈情绪反应。因为他观察到,婴儿与父母分离后会以极端的方式,试图回到父母身边,这显示了儿童与照顾者的分离之中的依恋是一种适应性反应,而模型化的依恋及其反应对儿童发展有着重要的且可能是长远的影响。鲍尔比有多个助手是社会工作者,所以这一理论与社会工作有着先天的亲和性,在儿童社会工作领域有着广泛的应用。

鲍尔比之后,依恋理论的另一个重要人物就是美国心理学家玛丽·安斯沃思(Mary Ainsworth)。她首创了陌生情境(strange situation)这一技术,提出了一系列标准化的程序,推进了依恋理论的实践应用进程。这个程序可以清晰地测量婴儿与母亲分离时的不同表现,观察儿童如何评价母亲这一依恋对象的可亲近性、儿童面临威胁时如何调整自己的依恋行为等方面,从而解决鲍尔比尚未完成的理论任务,即个体之间在依恋关系上的差异如何解释。

苏·怀特等(Sue White et al.,2020)指出,围绕依恋理论已经形成一整套话语体系,这个体系包括四类话语:作为事实的依恋、作为专业实践基础的依恋、作为政策制定基础的依恋和作为育儿基础的依恋。这显示依恋理论对于政策、专业和育儿实践都有着非常大的影响,见图4.1。

埃尔森(Elson,1986)的《临床社会工作中的自体心理学》(*Self Psychology in Clinical Social Work*)是全面揭示自体心理学对于社会工作的意义的重要文本。戈德斯坦(Goldstein,2001)将自体心理学和客体关系心理学并置起来介绍,这是一个简洁而具有指导性的文本。无论是客体关系心理学还是自体心理

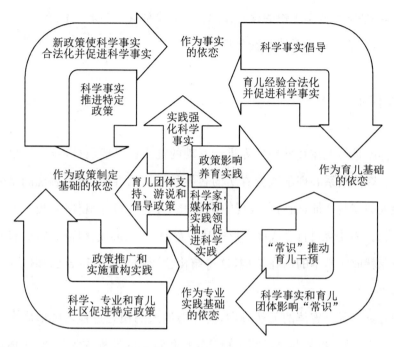

资料来源:White et al.(2020:42)。

图 4.1 依恋的话语体系

学,最近几年都有了新的进展。其中之一就是社会建构主义、女性主义、叙事治疗与它们的融合。豪(Howe,2013)的《依恋理论与社会工作实践》系统地将依恋理论引入社会工作。

第二节 概念框架

客体关系心理学将传统精神分析的聚焦转变到关系层面,即个体与外在世界的关系是影响人类成长的。自体心理学则考察自体的发展对个人生活的影响。依恋理论主要聚焦于考察依恋的不同类型。以下部分将介绍客体关系心理学、自体心理学和依恋理论的核心概念:分离-个体化、自身客体、自身客体移情、蜕变性内化、依恋行为系统和安全基地。

分离-个体化

客体就是与人在其外部世界进行互动的他人。一般而言,母亲是最初的重要客体。客体关系心理学区分真实的客体和幻想的客体,前者表现的是外部世界的他人的客观特征,而后者表现的是婴儿关于他人的主观体验,更准确地说是一种幻想。婴儿会对自己或他人形成某种意象,一旦形成这样的意象,自我和他人的意象就成为基本的内在结构,这一结构会影响个人看待自己和他人的方式(Clair,2002)。

婴儿具有寻求客体的天然倾向,是在与他人的相处过程之中形成自我意识和他人意识,马勒将婴儿寻求客体和形成自我意识的过程称为分离-个体化。其过程可以分成三个发展阶段:正常的孤独性、正常的共生、分离与个体化(包括四个亚阶段)。不同的阶段在分离、个体化和内部客体关系上都取得了不同的进展:(1)孤独性阶段(austism)。从出生到大约一个月,这一阶段没有客体,属于未分化的阶段。(2)共生阶段。大约出生后的两个月,朦胧地意识到一个满足需要的客体,妄想自己与母亲有一个共同的边界,这一时期婴儿缺乏分离的认同,没有"内-外","自身-他人"之分,处于前客体水平。(3)分化亚阶段(differentiation)。大约在出生后的 4—5 个月,婴儿逐步把身体与母亲拉开,从共生关系中转移到更为外在的指向,开始将自我意象与照顾者的意象分开。(4)实践亚阶段(practicing)。在这一阶段,自我的意象和客体的意象、个体化过程伴随着婴儿自主功能的发展而上升。(5)和解亚阶段(rapprochement)。这一阶段儿童在独立和依赖之间摇摆,倾向于将自己或他人看成全好或全坏,对分离和客体对象的失去的担心加剧。(6)客体恒定亚阶段(object constancy)。由于有了恒定的客体,儿童在母亲并不关注的情况下有了更多的自主,能够维持对客体的一个正面精神意象,即便是客体并不在场。这六个不同的阶段要完成不同的任务，如果任务没有完成就会造成个人的困扰。

自身客体

科胡特(Kohut，1971)将"自身客体"界定为那些被感受为自体部分的人们或客体，或为自体服务而促使自身功能发挥的人或客体。孩童时期的残遗自体和自身客体融合在一起，共存于组织良好的经验之中，经由自身客体的作为而使其需要得到满足(Kohut，1971：87)。"自身客体"一词只有当和体验中的人有关联时才具有意义，它不是一个客观上的人或一个"真实客体"或一个"完整客体"(wholeobject)。科胡特对"客体"一词的使用与标准的精神分析法有两个差别：(1)他的发展模式强调的是正常自恋而非本能；(2)他力求透过内省和同理性观察而非经由有距离的客观观察来接近经验。因此，他的"自身客体"概念表达的是客体关系的经验本质。

自身客体移情

科胡特认为，人一生的任何阶段都有三种基本需求，即另我或双生移情(alter ego or twinship transference)、理想化移情(idealizing transference)、镜像或夸大移情(mirror or grandiose transference)。如果有无法满足这些需求的情形，就会造成心理问题。这三者结合起来就是科胡特所言的"自身客体移情"(selfobject transference)，即我们从别人身上得到我们所需要的，从而维持自我的整合，别人并非被认为是独立的个体，而是提供自我需要的来源。科胡特认为成熟和独立并不表明个体不需要别人而孤立，而是在需要的时候，有能力自由地寻找并得到与当时年龄相称的自身客体的来源，这就是成熟的自身客体经验(mature self-object experience)，也无疑是心理健康的成人的必要条件(Brandell，2004)。

蜕变性内化

蜕变性内化(transmuting internalization),即成长性过程机制,通过此机制,病人能够内化所需的自身客体的功能,并获取缺失的自体结构。科胡特将这一机制区分成两个步骤。第一步,必须在自体和自身客体之间建立基本的同理联结。在治疗过程中,自体和自身客体间的协调或联结使自身客体体验不断地传递。第二步,要有可以应对且非创伤性的同理失败。科胡特称这样的失败为"积极的挫折",他认为这样的失败是不可避免的,不是因为分析师技术上的失误所致,而是因为分析师的任务是理解和解释案主的需求,而不是去满足其需求(Brandell,2004),这样的"同理失败"是理解案主的最好契机。

依恋行为系统

依恋行为系统(attachment behavioral system)是依恋理论的核心概念(Bowlby,1980)。它关注的是主要依恋人物与感兴趣的儿童或成人的亲近程度。该系统指在生物演化过程中,婴幼儿不具备成熟的移动、觅食和自我保护能力,他们天生具有向身边人寻求亲近的能力,这种行为增加了人类存活的可能性。每当儿童与依恋人物有分离的威胁时,它就会被激活。如果那个人在附近并对儿童或成人的需求作出响应,儿童或成人就会感到安全并正常发挥功能。如果依恋人物不在附近或没有作出响应,儿童或成人就会表现出焦虑行为,这种行为会持续到依恋人物回来并关注儿童或成人为止。安斯沃思根据陌生情景实验将依恋分为三个类型:安全型、不安全回避型、不安全矛盾型。梅因(Main,1991)在此基础之上提出了不安全混乱型。再加上依恋的极端形式,无依恋,一共有五种类型(Howe,2013),几乎涵盖了所有依恋的形式,是我们分析依恋关系的重要工具。(1)安全型依恋,他人的积极响应能增进孩子的自我价值感、自尊感、自我潜能感。(2)不安全-回避型依恋,父母的忽视、专制、拒绝,儿童的期望遭到拒绝,有逃离倾向。(3)不安全-矛盾型依恋或反抗依恋,父母照顾方式不一致，对儿童的需求不敏感。儿童缺乏自信，容易怀疑，有对爱、亲密、关注的需要，但怀疑是否能够无条件不间断地获得。(4)不安全-混乱型依恋，照料者一方面积极照顾，一方面充满敌意和暴力，儿童无所适从。(5)无依恋，常见于机构养育儿童，儿童的基本需要得到满足，缺少刺激的环境，没有机会与他人形成情感纽带，从而缺乏互惠概念(Howe，2013：82—83)。

非安全型依恋会导致混乱行为，霍姆斯(Holmes，1993)认为，鲍尔比一生的研究主题围绕三种不利经验：亲密关系的缺失与情感纽带的断裂；依恋对象无法提供可靠的安全基地，不能帮助儿童容纳面对丧失的愤怒感；发展防御策略，尤其是情感退缩，应对丧失的伤痛以及焦虑的感觉。三种不利经验导致困难的行为和混乱关系，实际上是社会工作经常要面对的问题与挑战。

"内部工作模型"(internal working model，IWM)，就是儿童期与父母交往的经历使个体形成了关于自我与他人的"内部心理表征"Bowlby(1980)。内部工作模式整合到个性结构之中，成为一个重要组成部分。内部工作模式组织与依恋有关的经历和感觉，指导儿童在新情境中的行为，甚至一直影响到其成人之后与他人和孩子的关系。也就是说，这样的工作模型具有稳定的倾向，一旦建立起来就倾向于永久，婴儿期或童年早期的依恋经验会积淀下来，到成年后变成一种与依恋有关的心理状态，这就是个体根据自己对依恋的信息进行组织或舍取的一套规则。

安全基地

安全基地是鲍尔比提出的另一个重要概念(Bowlby，1980)，是个体发挥最佳功能和维持心理健康的必备条件。称职的照顾者(父母)能够为孩子提供一个安全基地，让孩子安心去探索外面的世界。当感受到痛苦或惊吓时，孩子可以在那里归于平静或得到安抚。如果父母无法成为孩子的安全基地，孩子的成长过程就可能形成不健康的内部工作模型，这影响其后续的发展。安全基地为儿童社会工作提供了重要的指引。图 4.2 表明，建立安全基地包括可及性、家庭成员身份、敏感性、合作和接纳五个维度。

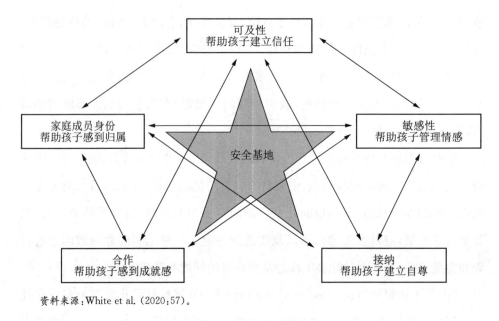

资料来源:White et al. (2020:57)。

图 4.2 安全基地模型

第三节 实践框架

实践原则

客体关系心理学介入的重点就是放弃坏的客体或者对不同客体的不良意象。介入的成功要素是案主将社工当成一个好的客体来体验,这样的关系有利于案主的正面发展。戈德斯坦(Goldstein,2001)归纳出了客体关系心理学的六个重要原则:

(1)早期婴儿-照顾者的互动导致个人内化了自己和他人的基本态度、关系模式、防卫以及内在能量的库存。主要的发展过程包括:依恋、分离-个体化、早期的客体丧失、经历到不良客体、从依赖到独立的转变,这是考察案主的基本视角。

（2）案主的问题源自早期的客体关系病态，诸如适应不良的依恋形式，分离-个体化亚阶段面临的困难，自恋、狂躁、分裂性障碍，以及严重的和慢性的抑郁。

（3）案主会将病态的或内化的客体关系、原始防御、发展缺陷以及能量和优势带入干预的情景之中。

（4）治疗应该聚焦于修正病态的内部结构或者创造一种有利的、治疗性的体验以获得新的、更加强大的结构。

（5）治疗中的变化过程源自修复性的和新的体验，在这一过程中，治疗关系本身和洞察可以修正病态的客体关系。

（6）提供一个治疗性的支持环境，指出功能失调的关系模式和防卫机制，采用一系列发展性共鸣（attuned）技术，聚焦于移情与反移情的动态过程。

自体心理学认为所有的心理病态都源于自体缺陷，因此要给予人们第二次机会以完成自己的发展，从而形成或强化某种人格。自体心理学倾向于从一个更具建设性的视角来考察案主。在科胡特（Kohut，1974）看来，鼓励案主发展出某种内在自由感和按照自己的方式行事的能力比帮助案主直面现实更为重要，因此自体心理学的干预目标是建立新的自体结构和更大程度的自体一致感（self cohesion）。自体心理学的实践原则包括：

（1）婴儿生而具有自体发展的内在能量，但需要具有回应性的照顾环境，从而发展出一个强大的、具有一致感的自体。个人需要一个理想化的照顾者、被认同的体验、与他人一样的感受，以及其他同理性的自身客体回应性。

（2）如果照顾不良，自体结构就很脆弱并容易受到伤害，自我概念和自尊就会受到损害。个人就很有可能出现自体障碍或自恋，并出现慢性问题或急性事件。

（3）案主将早期没有得到满足的自身客体需要带到治疗情景中，这是自我成长的第二次机会。

（4）治疗旨在强化自身结构，形成新的自我一致感和自尊，促进自我实现和享受生活。

(5) 变化源自社会工作者对案主的主观经验的同理性理解,对案主需要的最大程度回应,对案主当前需要和问题与早期被照顾经历之间关联的同理性解释。

(6) 实现同理性共鸣和回应性,帮助案主形成和维持自身客体移情,探索过去的照顾者的错失,消除案主同理的障碍,这些是治疗的重要组成部分。

(7) 社工要进行"近距离体验的同理"(experience-near empathy)。社工要尝试理解对于案主而言这意味着什么,将自己嵌入案主的经验之中,放弃专家的角色和自己的看法,认识到社工和案主并存于一个互为主体的脉络中,两者相互影响(Goldstein,2001)。

依恋理论的核心原则是给案主提供安全基地和发展环境,是理解、支持和治理治疗三者的结合(Howe,2013)。这样的干预包括五个原则(Howe,2013:226):

(1) 社工要提供一个安全基地,这样案主就可以探索痛苦的事件,这时社工要一直陪伴并且体贴入微。

(2) 社工帮助案主探索、发现并承认某种关系引起的情感和行为反应。

(3) 社工和案主需要认识到案主正在如何看待、理解和利用他们之间的治疗关系。

(4) 社工帮助案主认知过去的依恋经验是否影响现在的关系、行为和情感。

(5) 社工帮助案主重塑自我、防御和学会更好地应对社会关系。

评估

客体关系与自体心理学评估

客体关系心理学和自体心理学在评估层面有很多共同之处,评估的过程也是干预的一个重要组成部分,两者密不可分。社工一般聚焦于案主的四个相互关联的层面:当前的问题,涉及案主问题的案主生理心理社会情景中的因素,这些问题与当前问题的关联程度,案主的动机和期望(Goldstein & Noonan, 1999)。因此社工要向案主提出以下四个问题:(1)案主当前的症状或问题是对当前生活压力的反应还是长期人格障碍的证据? 这个问题可以帮助社工了解案主的问题并作出回应。(2)案主的症状和问题在何种程度上体现为客体关系或自我的病态? 这一问题可以帮助社工明确干预应该聚焦于何处。(3)案主当前的症状和问题是否体现了内在心理结构、冲突或发展缺陷? (4)案主解决问题的内在的能量、动机、环境资源和社会支持是什么(Goldstein,2001)?

为了回答上述四个问题,戈德斯坦(Goldstein, 2001)提出一个评估指引,这个指引包括十点内容:

(1)探索案主当前生活情景中有意义的关系和社会支持,并明确它们是如何影响案主的。

(2)探索案主是否正在经历生活转变或生活事件,它们可能激发了分离-个体化议题、重要自身客体及其支持的丧失、罪恶感或自我惩罚的感觉。

(3)思考案主的当前问题是否与其独特的,与自己、他人和世界观察方式和联结方式有关。

(4)明确案主的当前问题是否与其将自体的需要屈从于他人需要、寻求他人提供某种自我感或依赖他人满足特定的自我客体需要的方式有关。

(5)理解案主自体概念的本质是否是现实的,案主是否接受生活中并不乐见的部分。

(6)辨识案主是否拥有稳定的、整合的、关于自己和他人的概念。

(7)评估案主的依恋方式、分离-个体化成就、防御、内在能量的本质。

(8)调查案主重要的早期经历和关系以理解案主问题的发展是如何进展的或脱序的。

(9)尊重案主的文化背景、性别、性取向和其他层面的多样性以及案主独特经验的影响。

(10) 确认关系的性质和可以动用的环境资源。

依恋理论的评估

从依恋理论的角度而言,评估聚焦依恋类型、工作模型、依恋行为系统、关系管理方式、对自己的感知与家人的关系;案主处于关系的烦恼、失常还是无序阶段;案主的社会支持水平、体验到的压力大小、社会经济状况;与家庭结构相关的风险因素,包括父母曾有病史及治疗史、父母曾有问题行为史、再婚、离婚等。评估关系要注重关系的内容和质量,即人们在关系中如何表现、如何互动,人们投入关系的动机是什么,对他人的兴趣水平怎样,由关系引起的情感如何,情感投资水平如何(Howe, 2013)。

成人依恋访谈是极为重要的工具。1985 年,南希·卡普兰(Nancy Kaplan)和玛丽·梅因(Mary Main)设计了"成人依恋访谈"(Adult Attachment Interview, AAI),用以评估成人的依恋模式。AAI 的理论基础是鲍尔比的内部工作模型。成人依恋访谈评估的是成人对自己早期与父母依恋关系的心理表征,这样的心理表征可能是真实的,也可能不是真实的,但会对自己与孩子所形成的依恋关系产生影响。也就是说,成人依恋访谈就是基于个体对早年依恋的回顾以确定成人依恋的"内部工作模型"。成人依恋访谈是半结构化的,探索的问题包括:他们的父母,对儿童期的认知,儿童期与父母的关系,依恋、分离与失落的体验等。

专业关系

从客体关系、自体心理学和依恋理论的角度而言,干预的核心在于形成一种有利于治疗的环境(therapeutic holding environment)或安全基地,这样可以让案主感到安全且得到了支持和理解,从而可以表达自己的感情,激励其动机,促进工作关系的形成(Goldstein, 2001; Howe, 2013)。治疗关系提供这样一个情境:案主于其中能够得到他们小时候未曾有过的照顾和接纳。

在客体关系心理学和自体心理学中，社工与案主的关系聚焦于移情与反移情，关系以案主的自身客体移情为中心，或者社工成为替代性的安全客体。客体关系理论倾向于认为社工是案主可以利用的客体，社工就如同案主的母亲一样，可以在这样的安全关系中重新成长，此时，社工就是案主良好的内化对象，如同温尼科特所言的"足够好的母爱"(good enough mothering)。社工要对案主想要获得一个可使其满足的理想自身客体的持续需要具有同理心，这样的同理是一种近距离的体验，在此基础上可以帮助案主重新开始其原本陷入僵局的发展。在依恋理论中，社工与案主就是在建立一种理解与支持的关系，从而为心理治疗提供安全的关系基础。

干预技巧

客体关系心理学、自体心理学和依恋理论沿袭了精神分析的很多干预技巧，并在新的概念体系下进行了一定的发展。具体的干预技术包括维持(sustainment)、探索(exploration)、解释(interpretation)、宣泄(ventilation)、澄清(clarification)、个人-情景反思(person situation reflection)、类型-动力反思(pattern dynamic reflection)、发展性反思(development reflection)、教育和结构化(education and structuring)、修通(working through)和支持(Hollis，1972；Goldstein，1995；Howe，2013)。以下介绍澄清、解释和修通这三个重要的干预策略。

澄清是霍利斯所倡导的个案工作的两个重要策略之一(另一个是支持性干预)，旨在修复适应性系统。它主要帮助案主区分客观现实和外部世界的扭曲，从而能够面对案主心理现象的产生过程并进一步加以观察，挖掘出有意义的细节。这样，案主可以对自己的行为模式有更好的自我认识，并形成一种新的视角去解释自己的行为和问题(Brandell，2004)。

解释是心理动力社会工作的核心治疗活动，它体现的是社工对案主的精神生活的理解,旨在让案主认识到阻抗,并使潜意识的意义、来源、历史和模式变为意识。因此,解释的目的是辨识案主当前的状态与其早期历史的关联,洞察到案主生活经验中的冲突,检测案主的特定动机对自我的自身观察功能的干预,揭示出治疗关系中出现的移情。布兰岱尔(Brandell,2004)认为解释可以分为四种:根源解释(genetic)、动态解释(dynamic)、阻抗解释(resistance)和移情解释(transference)。

修通,即形成一种新的路径,旨在打破经验和记忆中情感与冲突的禁锢;是解释的延伸、深化和扩展,也是行为的各种前提和来源的各种功能和决定性因素;能够将环境中的案主及重要他人置于活生生的情景之中进行自我形象的重构;协助裹足不前的案主在面对其一直认为是危险的冲动和客体之时尝试新的反应和行为模式以促其改变。修通的目的是继续个体的发展,直至形成一个能够进行移情性交流的自我,这样的交流是一个人和他的自我客体之间的交流。因此在科胡特看来,修通就是个体发育的恢复。

第四节　贡献与局限

客体关系心理学、自体心理学和依恋理论作为心理动力理论的后续演进,在一定程度上超越了弗洛伊德的传统精神分析框架,更加注重个人成长过程中的关系环境,这对于社会工作具有重要影响,也在某种意义上延续了心理动力理论对社会工作的传统影响。库珀和莱塞(Cooper & Lesser,2005)认为客体关系理论对临床社会工作具有重要意义,因为它有助于理解自我在早期和后来的人际关系之中的意义,是洞察案主内部世界的一面镜子,为治疗师帮助案主用一种新的方式反观世界提供了方法。由此,案主与社工之间建立成熟关系才有可能。自体心理学是从一个全人的立场出发去考察个人的早期经历中的自身客体、主观体验和自身客体移情。在诸多问题领域，客体关系心理学和自体心理学的干预效果得到了一定的经验证据支持（Goldstein，2001；Walsh，2006）。

　　然而，客体关系心理学、自体心理学和依恋理论都是以谈话为主的理论模式，对那些具有实际困难的案主而言恐怕并不适合，因为他们可能不善言辞，且容易将社工视作权威人士，在此关系情景下，他们可能更容易处于弱势。心理动力理论可能会忽视实际物质需求，这样，案主受益就限定在一定范围之内。更宏观的环境因素在这三个理论里都没有受到足够的重视，仅仅从一个比较狭窄的心理视角来看待案主和思考案主的问题，很容易陷于归责"家庭"或"父母"的思维定式，这限制了社工的专业领域。心理动力理论就其本质而言是中产阶级取向的，是以接受现存秩序并内化问题为取向的做法，很少考虑社会变革，这在一定程度上弱化了社会工作"社会"面向。考虑到客体关系心理学和自体心理学采用了更多的抽象概念，具有形而上的倾向，社工可能认为这些都是空洞的且缺乏操作性。进而，他们可能对文化多样性的关注不够，这无疑影响社工对个人体验的理解，因为个人体验的形成和表达受到了文化的形塑（Walsh，2006；Payne，2005）。女性主义认为客体关系心理学和依恋理论倾向于过分强调母亲-婴儿的关系对未来人际功能的影响是不合适的，因为它将发展中的缺陷和扭曲主要归咎于母亲的责任，而父亲在这样的关于早期发展的理论中则如同陌路人，因此母亲可能因为不恰当的养育而受到谴责（Enns，1993）。

§　本章小结

　　本章的目的在于介绍心理动力理论的三个理论——客体关系心理学、自体心理学和依恋理论,它们都拓展了精神分析学说的关系聚焦,这样的理论进展丰富了社会工作的心理动力基础。本章第二节介绍了这三个理论的核心概念:客体、分离-个体化、自身客体、自身客体移情、蜕变性内化和依恋。第三节聚焦于它们的实践原则、评估、专业关系和干预技巧。尽管客体关系心理学和自体心理学丰富了心理动力理论的知识库存,也为临床社会工作提供了重要的智识支持,但它们没有摆脱这一理论流派的先天局限性,过分聚焦于心理层面,而忽视了"社会"这一重要的层面。

§关键概念

客体关系心理学　自体心理学　依恋理论　客体　分离-个体化　自身客体　自身客体移情　蜕变性内化　依恋

§拓展阅读

1. Brandell,J.（2004）*Psychodynamic Social Work*,Columbia University Press.

2. Goldstein,E.(2001) *Object Relations and Self Psychology in Social Work Practice*,Free Press.

3. [英]David Howe(2013)《依恋理论与社会工作实践》,章淼榕译,华东理工大学出版社。

§思考和练习

1. 尝试从客体关系心理学、自体心理学和依恋理论的视角提出一个针对灰姑娘的干预计划。

2. 客体关系心理学和自体心理学的区别是什么?

第五章 认知/行为理论

人们之所以烦恼,并不是因为事物本身,而是因为他们对事物的看法……人们的烦恼是由发生在他们身上的事和他们的看法、情感与行动带来的。

——Ellis,2001:16

行为治疗本质上是一个学习过程。

——Cooper & Lesser,2005:168

尽管认知治疗和行为治疗是从不同的理论路径进入到社会工作领域的,但两者在发展过程中不断交融。本章将认知治疗、行为治疗和认知行为治疗三者整合为认知/行为理论以实现一个较具整体性的理解。它们以结构化的方式干预个人的行为或认知,从而实现个人层面的改变。大量的经验证据表明,其在回应不同的行为与情绪问题上是有效的,现已成为流行的、应用广泛的社会工作理论。

第一节 理论脉络

行为主义心理学 20 世纪初期创立于美国,受到了当时美国社会转型的现实背景和实用主义的哲学背景影响,旨在将心理学的聚焦从意识转变为适应性行为,以回应现实问题。行为治疗起源于 20 世纪 50 年代末、60 年代初,用以治疗各种问题行为,它是在心理学的行为主义思潮的基础上发展起来的,是对弗洛伊德理论的某种背离,主要聚焦于此时此刻。华生和斯金纳是该理论学派的领军人物。众多研究表明,行为技术训练是有效的,并且成为传统精神分析的可行的替代选择。20 世纪 60 年代,班杜拉发展出了社会学习理论,将经典条件反射、操作条件反射与观察学习结合在一起,形成了一个分析人的思维和行为的统一的理论框架。社会学习理论强调替代的、符号的和自我调节过程的重要性,这样就将认知视为行为理论的一个重要组成部分。社会学习理论是整合了认知的、行为的和环境的视角,从交互的角度考察人类的行为,因此班杜拉宣称自己是新行为主义者,这有别于华生的传统行为主义与认知心理学,是中间路线(Bandura,2015)。社会学习理论构成了认知行为治疗的重要理论基础,深刻地影响了诸种认知行为治疗流派的发展。

尽管 20 世纪 60 年代之前,行为治疗对社会工作的影响甚微,但 20 世纪 70 年代以来,行为治疗作为一个重要力量进入社会工作领域,并得到了广泛的应用。甘布里尔(Gambrill,1995)对不同的行为主义流派进行了辨识。行为学派聚焦于改变偶发事件和行为。激进行为主义将思想和感觉包括到行为中,并将它们视为行为的缘由。思想和感觉是被引发的,因此我们可像改变行为那样改变它们。认知行为治疗则是聚焦于改变伴随行为的想法和感觉的一套治疗程序,但并不把这两者看作改变行为前的准备。社会学习理论是认知行为理论中的一种形式,聚焦于我们如何通过观察社会环境中他人成功的行为来学习。新行为主义是特别关注压力和焦虑症的行为治疗。尽管如此,准确定义行为治疗是困难的,因为这个领域比较复杂,但认知行为治疗和社会学习理论似乎是当代行为治疗的主流(Corey,2004)。

认知理论基于这样的观念:在我们想什么、怎么感觉和怎么行动之间有一种相互作用。我们的思维决定我们的情绪,我们的情绪决定我们的行为(Cooper &

Lesser, 2005)。与心理动力理论比较起来,它更关注当前的事件而非潜意识的冲突,其目标在于改变案主的思维过程,使之更为"理性"。

认知心理学兴起于 20 世纪 50 年代,其理论聚焦是人类行为的心理机制,特别是如何进行信息加工。认知心理学聚焦认知过程,如注意、知觉、表象、记忆、思维和言语等。贝克和艾利斯是两位创立认知治疗具体模式的重要人物。阿尔伯特·艾利斯(Albert Ellis)于 20 世纪 50 年代创立了理性情绪治疗,也就是著名的 ABC 理论:人的情绪和行为障碍不是某一激发事件直接所引起,而是个人对这一事件的不正确的认知和评价所引起的信念导致的特定情景下的情绪和行为后果。因此艾利斯(Ellis, 1962)的理性情感治疗聚焦于非理性思维和非理性信念,艾利斯坚信它们是导致自我伤害行为和心理痛苦的重要因素。贝克是在大量的临床治疗案例和深入的理论研究的基础之上提出认知治疗的。1976 年贝克出版的《认知治疗和情绪困扰》一书考察了思维模式与抑郁和焦虑之间的关联。他明确提出,心理问题是在错误的前提下对现实误解的结果,个体的情感和行为在很大程度上受其自身认识外部世界的方式所决定,即思想决定内心体验和行为反应。

认知意义的凸显被称为行为科学中的"认知革命",这一革命已经渗透到社会工作领域。哈罗德·沃纳是使用认知理论的先驱,他先后出版了 *A Rational Approach to Social Case Work* (1962) 和 *Cognitive Therapy*:*A Humanistic Approach* (1983),戈德斯坦出版了 *Social Learning and Change*:*A Cognitive Approach to Human Services* (1981) 等(Turner, 1996)。根据格林(Greene, 1999),到 20 世纪 90 年代有超过 20 种基于认知理论的治疗模式。

格林(Greene, 1999)认为社会工作中的认知理论包含以下内容:人类认知的成长和发展存在于整个生命周期;个人在任何既定领域的认知能力会因个人功能发挥的情境而变化。认知(知识、思维和问题解决)既是个人对环境事件的接触,也是个人对这些事件的意义的建构;个人的行为是为了回应对环境事件的认知意象,比如他们会选择性地注意或解释事件的意义;思维、感觉、行为及其结果都是因果相关的;认知意象,包括对自己的思考,会影响社会功能和情感愉悦感,并且认知意象是可以改变的;行为改变可受到认识改变的影响。

正如前文所述,无论是认知理论还是行为理论都有一种整合对方的取向,旨在进一步拓展解释能力和应用空间。学者尝试将社会学习理论、认知理论和行为理论整合起来,形成认知行为治疗(Meichenbaum,1985)。谢尔登(Sheldon,1995)将认知治疗有限度地融入了传统行为理论,伯林(Berlin,2003)的整合则更进一步,强调了人们从环境之中获取信息的能力。尽管赫德森和麦克唐纳(Hudson and MacDonald,1986)对把认知观点整合到行为治疗模式中持怀疑态度,但这样的融合似乎已然成为某种趋势。

第二节　概念框架

基于认知/行为治疗涵盖众多的实践模式,它们的理论基础也略有不同。限于篇幅,本节选择性地介绍若干核心概念,包括认知理论中的认知、ABC 人格理论,以及行为理论中的反应性制约、操作性制约和社会学习。

认知

所谓认知包含各种心理现象和活动过程,诸如知识、意识、智力、思考、想象、创意、规划、策略、理性、推论、问题解决、概念化、分类、归属、象征化、幻想、梦想,可谓涵盖广阔,甚至连知觉、记忆和专注等高级心理活动也属于认知的范畴。因为在一定程度上,几乎人类的所有心理活动都与认知有关,或者至少涉及认知的领域(Greene,1999)。正是因为认知处理人类生活中的各种信息并建构生活的意义,因而从认知的角度切入助人实践在理论上具有重要意义。库尔文(Kuehlwein,1998)指出,认知包括三个层面:最表面的自动思维(automatic thoughts)、更为深层次的条件性假设(conditional assumption)、最深层次的图式或核心信念(schemas or core beliefs)。

自动思维是自发出现的,个体没有经过选择和努力。在心理障碍中,自动思维往往是扭曲的、极端的或不正确的。贝克是从研究抑郁起家的,他颠覆了弗洛伊德的抑郁理论,即忧郁是朝向自己的、向内的,他认为抑郁源于抑郁者的负面思维。这样的认知错误包括:(1)专断的推论。在没有足够支持性证据的情况下得出特定结论或者证据与得出的结论截然相反;(2)选择性抽象。聚焦于情景中的细节或者从细节概念化整体;(3)过分概括化。从一个或更多的孤立事件出发得出一个普遍结论;(4)夸大和贬低。夸大或贬低一件事的重要性,这构成了扭曲;(5)个体化。案主将事情揽向自身,即便是与案主毫无关联的事情也是这样;(6)二分法思维。案主将自己的体验放置在两个相反类型中的其中之一的趋势。

图式是关于个体如何看待他们对世界、对人、对事件和环境的重要信念和假设,基本的认知图式是积极的(适应的)或消极的(不适应的)。图式包括五个因子:每个图式都有一个强的情绪因子,它和信念系统有关;个体拥有这个图式的时间不同;图式是从别人那里获得的,这个人越重要,这个图式就越重要;图式的细节和分散程度的认识是在人的思想之中;图式有行为成分,它决定个体如何根据信念而行为(Sharf,2000)。贝克认为图式或潜在的认知结构或核心信念组织案主的经历并在思维上形成混乱的基础。

ABC 人格理论

ABC 人格理论是从艾利斯的理性情绪治疗中提炼出来的,它是构成认知理论的重要组成部分。A 代表一个事实、一个事件或一个个体的行为或态度的客观存在,C 是个体的情绪和行为的结果或反应,这一反应可以是健康的,也可以是不健康的,但 A(诱发性事件)并不必然导致 C(情绪结果)。B(个体关于 A 的信念)在很大程度上导致了 C,即情绪反应。如果进行干预,则会产生 D(质疑不合理的信念),进而产生 E(新的信念),这样就会出现新的情感或结果(Corey, 2004)。认知治疗也是致力于纠正功能失调的思维,并从一个更深的层次揭示隐藏在其后的潜在图式。这一潜在图式表达案主的经历,并为认知扭曲提供基础。潜在图式在一定意义上与非理性信念类似,只不过这样的图式辨识起来更难,只有洞察案主的不安或困扰之后才能让其显示出来。

反应性制约

反应性制约(respondent conditioning)是最早出现的行为理论,也称为经典制约(classical conditioning)或刺激-反应理论(stimulus response theory),它来自巴甫洛夫在这个领域进行的关于狗的实验:狗听到铃声就可以获得食物,不断重复之后,铃声能够造成狗的反应。当一个本来不会自然引发某种反应的刺激能够引起或伴随这种反应,这就是行为的条件化。这类刺激和反应我们称为条件刺激或条件反应。如果在条件反应和条件刺激之间的联系不再持续,消退就发生了。条件反应渐渐衰退,不再与条件刺激有联结(Payne,2005)。反应性制约关注的行为是对刺激的反应,条件作用就是这样一个行为习得的过程,即在行为与刺激之间建立不同牢固程度的联系的过程。当我们针对一个刺激习得某种反应,我们就改变了我们的行为(Sands,2003)。系统脱敏法就是基于这一原理。

操作性制约

操作性制约与反应性制约的不同之处在于强调后果或随之而来的行为,即强化(reinforcement),也称为工具性制约(instrumental conditioning)。它认为当前行为的后果决定未来的行为。前导事件 A 导致行为 B,行为 B 的目的是处理事件 A,由于行为 B,结果 C 产生,行为造成的后果会以增强或惩罚的方式来强化或弱化此行为（Payne，2005）。强化可以是奖赏、行动、后果或事件，从而可以提高过去行为重复出现的可能性，包括正面的强化和负面的强化。正面强化（positive reinforcement）是在行为发生之后的行动、刺激或后果，它们导致满意度提高。负面强化（negative reinforcement）是让人逃脱或回避难堪情景的后果。惩罚是一种导致减少行为的令人讨厌的或恶心的后果，惩罚可以是正向的或负向的，它可以减少过去某种行为的重复出现。代币经济是应用操作性制约原则的典型策略（Sands，2003）。

社会学习

社会学习立足于班杜拉（Bandura，1977）的理论洞见。根据班杜拉的观点，行为是经由观察其他的人或事而习得的。观察者可以通过看、听、读而获得或学习新行为。观察包括注意到出现的过程和结果，这样观察者可以作出这样的推论：什么是可预期的以及指导示范者行为的规则是什么。观察者对他们所见到的事物形成内在符号呈现并将自己的行为与之匹配，由此他们可再生产自己观察到的行为。相应地，行为、外在环境和内在事件（包括认知）之间存在三方互动，环境透过认知的中介而影响个人行为，个人的行为和认知依次影响环境（Bandura，2015）。

四个相互关联的过程促进观察性学习——注意、保持、动作再现以及强化和动机（Bandura，2015）。第一，示范要能够吸引观察者的注意，美丽、地位、权力和感情似乎更容易引起注意。第二，观察者要能够记住并储存即保持所观察到的东西。对观察到的事物可以用两个系统进行编码而呈现：其一是图像式的，由观察到的事物的图像呈现组成，其二是口头式的，由形容所见事物的词语组成。第三个过程是动作再现，即将所谓的符号呈现转化为行为，人们将行为与心理意象或口头呈现进行匹配，在这个过程中，人们可以纠正错误、作出调整。第四个过程是强化和动机过程，并包括再现已观察到的行为。当人们意识到示范受到奖赏而非惩罚,或者观察到的行为受到奖赏的时候,就更倾向于再现或复制这一行为。行为改变、维持或控制都可以经由使用强化、惩罚和自我规制而实现。

第三节 实践框架

认知/行为理论的干预目标是清晰地改变行为或者改变认知,在改变行为或认知之前辨识出它们的前导因素,澄清前导因素与关注问题之间的关联,尝试以新的认识方式去思考或以新的行为方式去应对,从而消除或化解前导因素与关注问题之间的必然联系。

实践原则

认知/行为理论下的各个实践模式有一定的差异,但认知取向和行为取向的基本实践原则是可以辨识的。这些原则都立足于前述的概念框架。认知/行为治疗都体现出了较强的结构性,并严格遵循实证逻辑,干预的时间跨度是受到控制的,社会工作者扮演指导性和教育性的角色,行为技巧和认知技巧都是经由社工与案主关系一般化到真实的社会情境。

行为取向的治疗是以改变行为为直接目标的。甘布里尔(Gambrill,1995)辨识出行为治疗的主要原则:(1)聚焦于让案主和他人焦虑的案主特定行为,如果行为改变了,则治疗完成;(2)以行为主义原则和学习理论为治疗基础;(3)社工在直接观察的基础上分析和描述问题,并明确界定干预前评估、干预和干预后评估的方法;(4)通过改变情境中的因素和搜寻所导致的改变来辨别行为的影响因素;(5)发现并运用案主有价值的部分;(6)引入案主环境中的重要他人;(7)运用有研究证明其有效性的干预方法;(8)监控进步的方法是运用客观和主观指标,将现在的数据与干预前的数据作比较;(9)工作者致力于在案主关注的方面取得成效;(10)工作者要帮助案主在不同的情境下运用新行为,并在干预撤除后保持改变。

认知治疗聚焦认知,并由此导出改变。所以认知治疗的基本原则包括:(1)聚焦于案主扭曲的自动思维或错误的认知图式,如果这样的认知代之以更为理性的认知,问题或行为就会得到改变;(2)认知治疗的前提是对认知、信念、图式和自动思维的探索;(3)社工要辨识出案主的特定认知,据此提出特定的假设,并在干预过程中监测认知的改变从而检验假设;(4)教导案主采用新的认知应对能力,实现认知重建;(5)逐步让案主成为自己的治疗师。

评估

认知/行为治疗的评估是聚焦于认知或行为,这个聚焦是清晰的,跟其他的视角比较起来,更具有操作性,社会工作者的评估任务也更加明确。

沃尔什(Walsh,2013)指出,可以用功能行为分析对案主进行全面的评估,评估的内容包括具体细节、引发行为问题的环境和行为的后果。卡罗尔(Carroll,1995)认为行为受到多种线索或暗示的影响,包括社会的、环境的、情感的、认知的和物质的,社工应针对上述领域提出问题。行为评估的具体问题可以包括(Bertolino & O'Hanlon,2002):你在何时何地有这样的行为? 你与谁一起时发生这样的行为? 这样的行为一般会持续多久? 行为出现之后发生了什么? 行为的同时你有什么身体反应? 这样的反应持续多长时间? 这样的行为以怎样的频率出现? 当行为出现之时,你周围的人经常做什么? 马丁尼(Mattaini,2008)提出了一个更为全面的生态行为评估框架(ecobehavioral assessment),强调系统因素。

认知评估的问题主要是辨识与案主相关的认知扭曲。对案主思维评估采用苏格拉底式的提问,向案主提问直到案主自己找到答案(Granvold,1994)。评估之时可以探索以下问题:当你最难受的时候脑子里想什么? 案主信念背后的逻辑是什么? 支持案主观点的证据是什么? 案主的认知是否有另外的解释? 特定的信念是如何影响案主赋予特定事件以意义的? 社工要与案主就其思维模式达成初步的结论。

谢尔登(Sheldon,1995)提出了一个比较全面的关于认知行为评估的框架(见表 5.1),包括从不同视角对问题进行描述,追踪问题的开端、如何变化、什么影响了问题,评估改变的动机,辨识问题行为事件发生前、之中、之后的思考模式和感觉;辨认案主自身及其环境中有助于改变的优势和资源(Payne,2005)。

表 5.1　谢尔登的认知行为评估框架

焦点	评估内容
聚焦于引起问题的可见行为	谁、什么、时间、如何、和谁在一起。做过什么、什么没做、什么做太多、什么做太少、什么出现的地点或时间。
人们对刺激的意义的归因	由所牵涉的人解释的及由行为或期望行为的缺失暴露的怀疑、担忧、害怕、挫折、抑郁。
与此相伴的行为、想法、感觉	寻找过去的原因会分散注意力;努力控制问题的范围以限制行动的范围。在现在的影响因素中探索什么东西维持了这个行为。习得此行为的历史(如,不适当的反应、学习上的无能、在辨别情境关键方面上的无能)。
目标行为序列	什么行为需要增加或减少? 为了做出新的行为,要学习什么新技巧或减少何种情感?
辨认控制条件	问题在哪儿发生的? 前导事件是什么? 在这个序列中有什么发生? 序列完成后有什么发生?
辨认人们对此如何加标签,要避免有偏见的归因	相关人士如何描述或解释这个问题? 非解释性的、偏见性的程度如何?
在形成清晰假设的倾听中,注意倾听的灵活性	不要太过任务或行为中心,以至于压缩人们故事中的复杂性。探索那些看起来似乎无关的或被排除掉的事情。就需改变的行为及如何改变形成一个清晰的陈述。

资料来源:Sheldon(1995);Payne(2005)。

专业关系

在认知/行为治疗中,社工要扮演一种更为积极和指导性的角色,具有强烈的教育取向,包括明确问题、聚焦特定议题、实施认知和行为技巧的扮演等,具有强烈的教育取向。社工要向案主解释认知/行为理论、进行结构化的面谈、询问案主、布置家庭功课。

在认知疗法中,社工是一个特别擅长从案主的视角来看待事物的人,是重视逻辑的思想家,能够从别人的推理中发现细微的瑕疵,并探求同一事件的不同解释。这决定了认知治疗取向的社工是活跃的且占据主导地位的(Cooper & Lesser,2005)。

在行为治疗中,学习居于干预的中心。社工假定特定的行为技术的应用是案主得以改变的重要原因,所以社工与案主的关系聚焦于提供一个良好的环境学习新的行为技巧并实践之,因此行为治疗在一定意义上是一种教育方法。由此可见,在认识/行为治疗中,社会工作者更像一个教育者、一个导师。但社工会鼓励案主不断提高自己的学习能力,并最终成为自己的“治疗师”。

干预技巧

认知/行为治疗中有很多应用广泛的干预技巧,它们甚至已经成为社会工作实践的主要方法,诸如社交技巧训练、认知重建、系统脱敏法和压力免疫训练。

社交技巧训练

社交技巧训练是一种行为治疗的策略(Liberman,1988),它可以广泛应用于各个问题领域和不同的人群,并被应用于不同的实践模式。它旨在根据社会学习和认知理论促进个人的人际交往、就业和自信,提升沟通和控制能力,以促进案主与环境的交流。社交技巧训练主要是利用一系列问题情境中的角色扮演,教会参与者更有效的互动技巧。主要方法包括行为预演、示范、强化、形整和激励。行为预演是通过模仿或角色扮演来进行的一种社交技巧实践,要求案主完成他们过去已经能够行使的技巧,在他们认识到困难并得到替代方式的建议之后,案主可以更有效地实践这一技巧。示范(modeling)是指由他人对角色示范所期望的技巧进行预演,随后由示范的观察者——案主进行模仿。在小组社交技巧训练中,其他的案主和社工可以进行行为的示范。当一个案主能模仿示范的行为之时,社工和在场的他人应给予赞扬和强化,并给予那些随后成功地完成这一符合期望技巧的案主以正面支持和强化,这一过程被视为"形整"(shaping)。另一个用于社交技巧训练的方法是"激励"(prompting)或"指导"。社工或训练者提供暗示,以提醒案主在一定情境下的某些要求以及某技巧必须满足的要求(Sands,2003)。

认知重建

认知重建(cognitive restructuring)应用于辨识与问题或症状相关的案主的错误和非理性的观念,这样的认知是解释其感受的未曾证明的假设,它的目标就是辨识、挑战焦虑思维并代之以更精确的思维。首先,要帮助案主辨识伴随案主问题的非理性自动思维,用家庭功课记录和描述相关体验,即发生了什么、案主在想什么、案主的感觉如何。随后,社工挑战案主思维的合理性,让案主探索替代性的解释并比较可能的结果与想象的结果之间的差异。所以社工要鼓励案主建立在某种场合下出现的替代性思维和反应(Sands,2003)。

系统脱敏法

系统脱敏法(systematic desensitization)是沃尔普(Wolpe,1982)提出的,立足于交互抑制原则,即人们可以凭借竞争性刺激对抗神经质焦虑从而减轻它。采取的策略是运用一个更强的刺激去抑制稍弱的神经质焦虑。沃尔普认为更强的刺激导致肌肉深层放松,从而产生一种与焦虑相反的生理反应。系统脱敏法分四步进行。首先向案主介绍相关的量表,比如主观焦虑量表,社工要求案主给自己最差的体验评定为 100 分,而绝对平静状态为 0 分,并评定自己现在的状况,分值在 0 到 100 之间。然后案主开始学习肌肉深层松弛。随后,社工在案主的协助下建构一个引发不良反应的事件的层级。确定每个层级都与不同的主题联系。最后,实施脱敏程序,先进行放松训练,在案主达到一个非常深入的放松状态、双眼紧闭的时候,社工询问案主的放松程度,然后给出一个控制的场景,如果这个场景不导致焦虑,社工就从任一等级列表的最低级开始,要求案主去想象。案主在想象到场景的时候就以竖起手指为信号。5—7秒之后,临床社工要求案主停下来并给出评分。这样就可以慢慢升级实现脱敏目标(Sands,2003)。

压力免疫训练

梅肯鲍姆(Meichenbaum,1985)的压力免疫训练(stress inoculation training)目标是通过教导案主在困难的情境中如何说和如何做来减轻和预防压力。我们也可对案主所处环境做些改变以减少压力,它的主要目标是协助案主建立应对压力技巧的方式。社工的任务是接触案主,并从其日常体验中收集诱发压力的数据并选择相应的应对压力策略。案主学会了解其适应不良的思维、解决问题、控制情感反应和执行应对技巧。它整合了众多的认知技巧和行为技巧(放松训练、逐级暴露、明确自动思维和示范)以及问题解决技巧(Sands,2003)。

第四节 贡献与局限

认知/行为理论受到社会工作者的青睐,因为它们的聚焦是清晰的,方法是结构性的。认知治疗、行为治疗和认知行为治疗以及具体的实践技巧在不同问题领域的有效性得到经验证据的支持。认知治疗在抑郁、焦虑、社交恐惧等领域都有较好的证据表明其有效性(Beck & Emery，1985；Gottlib & Hammern，2002；Walsh，2013)。因此，认知/行为的诸种实践模式在证据为本的浪潮下成为广受欢迎的干预方法。

认知/行为治疗的优点是有明确的实践指导和常用评估工具，这对社会工作领域的新手而言比较容易掌握。然而，这样的结构性似乎会限制社工对案主问题的弹性反应或者说将案主标准化，消解了案主的独特性。认知/行为理论的特殊聚焦可能在一定程度上忽视了人类生活的丰富性，众多的层面没有考虑到，这使得它在回应人们的多元需要之时有心无力，难以应用到宏观实践的层面。比如，行为取向的治疗重视行为的学习或模仿，但行为是在互动的场景下实现的，有时候在控制情景下，学习的行为模式在特定的生活领域并不一定有效。因此，一个更为融合的视角也许更为合适。

沃尔什(Walsh，2013)指出，认知取向的治疗强调思维影响情感经验，而实际上情感经验也会影响人们的认知，认知理论对此没有予以重视和回应。与心理动力理论相比，认知治疗重视意识，忽视无意识。认知治疗是个人聚焦的，过分强调理性和客观性，是一种基于个人主义的科学方法，对关系的重视不够。

尽管班杜拉强调交互机制，但后续的认知与行为理论的各个实践流派都没有很好地重视环境因素。社会工作应对此进行纠偏，重申班杜拉对人与环境相互影响的关注。但是，认知、行为和环境之间的交互关系是复杂的，甚至是难以辨识的，认知/行为理论需要在这一关键理论上作出新的贡献。

§本章小结

认知/行为理论是多方面的，但这两者的整合是一个重要趋势，因为这样可以回应更多的问题，两者的汇流已经形成众多的社会工作实践模式。行为主义的发展是围绕经典性制约、操作性制约和社会学习而展开的,但晚近时期融入了更多的认知因素。认知理论的主要代表人物是艾利斯和贝克,理性情绪治疗建立在 ABC 人格理论基础上,贝克对扭曲认知的讨论是其独特治疗方式的基础。社交技巧训练、认知重建、系统脱敏法和压力免疫训练是最常用的认知/行为干预技巧。

§关键概念

认知治疗　行为治疗　认知行为治疗　认知　ABC 人格理论　反应性制约　操作性制约　社会学习　认知重建　社交技巧训练　系统脱敏法　压力免疫训练

§拓展阅读

1. 黄富强(2005)《走出抑郁的深谷:"认知治疗"自学/辅导手册》,香港天健出版社。

2. [美]Judith S. Beck(2001)《认知疗法:基础与应用》,翟书涛译,中国轻工业出版社。

3. [美]阿尔伯特·班杜拉(2015)《社会学习理论》,陈欣银等译,中国人民大学出版社。

§思考和练习

1. 认知理论和行为理论是如何结合起来应用于社会工作实践的？

2. 贝克是如何分析和治疗抑郁的？

3. 认知/行为理论的局限性是什么？

4. 以电影《发条橙》为例讨论行为治疗的贡献与局限。

第六章　系统视角

系统理论是为了回应对心理动力学理论的不满而出现的众多不同的理论进展之一。其社会学聚焦似乎抵消了心理动力学理论对于不能充分回应社会工作的"社会"的缺失。

——Payne，2005:150

一般系统理论提供了这样一个概念框架,它旨在理解不同变量之间的交互作用,而非将行为化约解释为某一因素。

——Greene，1999:219

系统理论对社会工作的广泛影响肇始于 20 世纪 70 年代,它对个人和环境的双重聚焦、对众多因素的综合考察、对关联性的重视都纳入社会工作的综融模式,成为主流社会工作实践的基础性要素。

第一节　理论脉络

有必要说明的是,系统理论是高度抽象的,甚至可以说它是了无内容的(content free)，很多理论元素都可以纳入其中。根据伍兹和霍利斯（Woods & Hollis，1990），美国史密斯社会工作学院的汉金斯（Hankins）于 1930 年将"系统理论"这一术语引入社会工作，但这一时期的系统理论是初步的。系统理论直到 20 世纪 60 年代才对社会工作产生巨大的影响并产生独特的实践视角，原因有三：其一，系统理论本身有了长足的进展，影响力扩大；其二，尽管社会工作一直强调人在情景中，但很长一段时间内，心理聚焦占据了社会工作的核心地位，这一局面到了 20 世纪 70 年代才得以改变，更多的社会工作者致力于个人和社会的双重聚焦；其三，社会工作与生态学有天然的契合，其目的是促进人与环境之间健康且相互依存的交互。系统理论正是在这样的背景下成为影响社会工作的重要理论视角。

希利（Healy，2005）认为社会工作有三波系统理论：第一波为贝塔朗菲的一般系统理论。这一生物学理论主张所有的机体都是系统，各个系统由不同的亚系统组成并相应地是更大系统的一部分。由此，人是社会的一部分，且由流通系统和细胞构成，它们由原子构成，相应地，原子由更小的物质构成。尽管这一理论的社会系统面向发展得不如生物系统或技术系统那样成熟，但是这一理论仍被广泛应用于群体、家庭和社会等社会系统以及生物系统（Payne，2005）。系统理论的主要观点包括：系统具有边界，在边界之中而非边界之外，物质和精神能量可以进行交换；封闭的系统没有跨边界的交换，如同一个密封的真空杯；当能源跨过可以穿越的边界时，开放的系统就出现了（Payne，2005）。赫恩（Hearn，1958）是将系统理论应用于社会工作的早期贡献者之一，他提出了"全人"的概念（holistic conception），挑战了心理动力的个人聚焦，并要求社会工作者给予环境变化以更多的关注。戈德斯坦（Goldstein，1973）提出了整合视角（unitary approach），平卡斯和米纳汉（Pincus & Minahan，1973）较为详细地讨论了如何将系统观点纳入社会工作的实践模式，之后，这一模式迅速流行起来，并且成为社会工作的基础理论。

系统理论的第二波是生态系统视角，这一理论视角是在 20 世纪 70 年代兴起的。杰曼和吉特曼（Germain & Gitterman，1996）认为，生活模式是其中的引领者。它聚焦于系统之内和系统之间的互动,个人与环境的不适就成为问题的原因,这一理论视角将留到下一章进行更为详细的讨论。

系统理论的第三波是复杂系统理论,包括复杂论和混沌论,主要源自数学、物理学和工程学的理论进展。过去二十年来,它们逐渐被尝试应用于不同的学科领域,包括社会工作。澳大利亚的皮尔(Peile,1994)是复杂论的最早支持者之一,将其引入了社会工作;赫德森(Hudson,2000)也进行了同样的尝试。这一理论的主要观点包括:系统大于部分的总和、非线性、变化的常态性、敏感于系统的原初状态、系统具有深层次的模式结构、系统具有阶段变化。这些重要观点都对社会工作具有启示意义。然而,复杂系统理论过于抽象,它在社会工作领域的应用还只是初步的。

卢曼社会理论的核心是致力于建构一种新型的系统理论,这一理论承接了帕森斯的思考,又是在欧洲理论传统的基础之上创立的。其理论的要点是围绕沟通理解系统的复杂性,进而重新理解个体与社会之间的关联。卢曼认为,社会由沟通组成,人只是沟通的环境,沟通是社会的基本单位,没有沟通就没有社会,人类的沟通交流即构成社会(Luhmann,2012)。以沟通为起点理解社会系统,对于社会工作具有重要的启示意义。

考虑到下一章将要讨论生态视角,复杂系统理论的应用还不太成熟,所以本章将聚焦于源自一般生态系统理论的系统视角。

第二节　概念框架

系统视角是用一般系统理论的系统概念隐喻人类生存期间的环境,将人类发展置于一个特定的系统进行考察。所以本节先介绍系统这一重要概念,然后再讨论系统理论如何阐释人类发展、适应系统、社会工作系统和复杂适应系统。

系统

　　系统理论包括五个重要的概念：（1）输入，即能量跨过边界进入系统；（2）流通，即能量在系统之中如何被利用；（3）产出，即透过系统的边界所产生的能源对环境的影响；（4）反馈回路，即信息和能量传递至为"输出"所影响的系统以显示输出的结果；（5）熵，即系统以自身的能量保持运行，这意味着除非它能接受边界之外的输入，否则它将退化且毁灭（Payne，2005）。一个简单的例子是，你告诉我关于某个同事的消息（输入我的系统），这肯定会影响我的行为（我的系统），我的行为发生了变化（产出），而你注意到这种变化，因此你接收到反馈，这样我已经听到并理解了你所说的话（反馈回路）。

　　一个系统的状况可以由五个特征进行界定：（1）稳态（steady state），它经由接受输入和使用而维持自己；（2）均衡（homoeostasis 或 equilibrium），这是一种维持我们的本质的能力。因此，我吃青菜，但我不会变成青菜，我还是我，青菜被消化、为我提供能量和营养，其中部分经由热量、活动和排泄而变成输出。（3）分化（differentiation），随着时间的推移，系统因更多不同类型的要素而变得更加复杂。（4）非加总性（non summativity），整体不仅仅是部分的总和。（5）交互性（reciprocity），如果系统的一部分发生变化，这一变化跟其他部分相互作用，因此，它们也会变化。交互性的结果是，系统呈现等效性（equifnality，以不同的方式达到同样的结果）和多结果性（multi finality，同一情景导致不同的结果），因为系统的各个部分以不同的方式发生交互影响。社会系统也许具有协同作用，即他们可以自己创造能源以维持自身。人类以婚姻或群体的形式交互影响以相互刺激从而维持或强化关系，在群体内建立联结或促使关系更加坚固。这就是一个"非加总性"的范例，因为如果没有系统内的相互作用，这些联结就不可能出现。如果没有协同作用，群体或婚姻就不得不由外在的能量提供支持或者熵存在。因此，协同作用抵消熵，有时亦被称为负熵（Payne，2005：149）。

　　卢曼从社会理论的角度提供了不同的视角,他将社会系统分为三种基本的类型:互动系统(interaction system)、组织系统(organization system)和全社会系统(society system)。互动系统产生于成员们共同存在并互相感知之时(Luhmann,2012)。"感知"这一行为本身就是在复杂的环境中进行排序的选择机制,它划定边界,将人与环境区分开来从而形成互动系统。互动系统常常发展出组织规则以应对复杂的环境,由此形成组织系统。组织系统按照具体条件协调成员的行动,需要有规则和固定的行为模式。这样,全社会系统就出现了,这是兼顾互动系统和组织系统的高度抽象的系统。实际上,建立新的子系统都是为了降低复杂性,事实上却悖论性地为社会系统增添了新的复杂性。这表明,前述的复杂性理论是重要的。

人类发展

　　人类发展是一个复杂的生物、心理和社会文化因素的产物,这是一种"全人"的观点。这在评估中是很重要的,因为这样可以全面检视生理心理社会功能的多重影响以及案主涉及其间的多个系统。与此同时,这也是一个互动的观点,个人的行为是目标取向的,因回应环境的需要而作出调整。家庭也是一个发展单位,它要经历正常的、可预期的生命阶段,从而测试家庭的适应能力。每次变化都带来一系列新的状况需要家庭去适应。家庭作为一个系统可以这样理解:每个成员都占据一定的家庭位置,成员之间相互依赖;家庭是一个以界限维持的单位,有一定的弹性;家庭是一个适应性的和寻求平衡的单位,互动模式可能会自我复制;家庭是一个完成任务的单位,既要符合外在环境要求也要满足内部需要(Greene,1999)。

适应系统

　　系统必须适应外在环境的要求而作出调整,这个问题的实质就是系统如何在成长或改变的同时保持其稳定性。适应性系统不断变化,变得更加复杂,但仍维持在一个稳定的状态。适应性系统的内部组织需要能够作用于环境或回应环境。信息对组织运作和适应性而言是至关重要的。反馈回路或错误控制是适应性系统异变的关键。适应性系统能够发展出一系列的替代性观念和行为。开放是适应性系统异变、延续和变迁能力的核心因素。开放的系统具有更具渗透性的边界,能与环境进行积极的能源交换,具有分化的能力,能为个体的发展提供潜能,亚系统之间有动态的交互界面;适应性系统具有关于环境的清晰认识;适应性系统能够有效回应环境的要求;适应性系统能够选择性地与其环境进行配合;适应性系统的结构变化有助于更具竞争性地作用于环境;适应性系统的选择过程可促进成长;适应性系统能够从不同的初始状态和以不同的方式达到同样的最终状态(Greene,1999)。

社会工作系统

平卡斯和米纳汉(Pincus & Minahan,1973)认为社会工作系统包括社会工作者这样的改变主体系统、案主自身系统、尝试改变的目标系统和实际上的行动系统。他们注意到案主的周边社会环境有三类系统可以帮助他们:家庭、朋友和同事这样的非正式支持系统,社区组织和社团这样的正式系统,医院、学校和社工这样的专业支持系统。然而,案主可能无法使用这样的助人系统,因为此类系统可能不存在,或者与其问题不契合,或者案主不知道或不希望利用它们(担心家丑外扬);系统里的政策可能给案主带来新的问题;系统之间可能相互冲突,案主无所适从。对社会工作系统的辨识有助于辨识干预或聚焦的层面。

图 6.1　社会工作系统图

复杂适应系统

　　复杂理论聚焦复杂适应系统（complex adaptive systems，CAS），系统具有如下特征：(1)嵌入性/嵌套系统：通常嵌套在更广泛的背景和其他复杂适应系统之中。(2)模糊的边界：系统之间的边界是可渗透且难以清晰界定的。(3)分布式控制和自组织：这是各能动主体之间自主互动、自然涌现的结果。(4)涌现性：能动者之间的互动会产生系统结果，结果并非直接意图的产物，并且超越了单个能动者行为的总和。(5)不可预测性：无法明确因果关系，只能观察情境中的效果，行为不可预测。(6)非线性：系统输入的规模和能动者的互动与系统变化的程度之间并不呈线性关系，可能对细微的输入作出突然反应。(7)相变：系统输入的微小变化可能引发系统状态的质变。(8)对初始条件和历史的敏感性：未来的能动者行为会受到系统过去变化的影响，初始条件对未来行为产生深远影响。(9)非平衡性：复杂适应系统的特点是持续变化，无法达到平衡。(10)适应与共演化：能动者和系统会随着环境变化共同演化，并进行相应调整，以确保最佳功能和生存能力（Long et al.，2018；Ladyman & Wiesner，2020；McDermott et al.，2024）。随着社会不确定性的增加，社会工作面对的情景更加复杂，复杂适应系统可能成为系统视角的中轴概念。

第三节　实践框架

实践原则

　　在系统视角下，社工试图找出在案主及其与环境的互动之中是什么因素导致了问题的出现。在这里,既非案主亦非环境必然被视为有问题,而是它们之间的互动有障碍。因此,社工的目的就是协助人们完成生活任务、减轻痛苦、实现目标。社工关注到"个人烦恼"和"公共困扰"之间的关系,他们致力于处理个人问题的一般后果和更为一般的议题对个人的影响,并协助案主寻求系统的支持以促进个人和环境的双重改变(Payne,2005)。

埃文斯和卡尼(Evans & Kearney,1996)提出了系统模式实践的若干原则,这些原则较好地阐述了系统理论如何以不同的方式应用于社会工作。他们强调要在社会网络和社会系统内寻求可能的行动策略,洞察其间的权力关系并在整个社会工作过程中考虑这样的因素。

(1)系统的观点有助于维持实践的一致性,从案主所处的情境出发,看到他们的限制和机会,辨识案主和社工的权力、责任及其可能发挥的影响力。

(2)认识到情境的重要性,情境决定社工的目标和可能的回应方式。

(3)采用积极的视角,要在不利境遇中看到改变和进步的可能性。

(4)辨识行为模式以看到积极的可能性和应改变之处。

(5)系统理论重视过程,即关系和互动是如何产生的,内容和结果如何,要看到案主的正面技巧和积极的关系并尝试将此转移到另外的情景中。

(6)与他人一起工作也是系统理论的重点,包括重要他人、个人支持网络、机构和社区资源,并与他人一起工作。

如果是从系统的视角进行家庭层面的工作,也需首先将家庭看作一个从属于更大系统的小系统,其实践原则如下(Greene,1999):

(1)假设家庭是一个具有独特结构和沟通模式的系统。评估的目的就是与家庭一起确定是什么导致了其功能的失调。

(2)与家庭一起明确其成员从而确定家庭系统的边界。观察功能和行为以及文化规范,了解家庭与更大社会系统的交换范围从而评估相对开放或封闭的边界的特征。

(3)确定家庭与其环境的配合程度。评估家庭需要获得或接触另外的什么样的资源以改善家庭-环境的配合度。

（4）理解家庭的组织从而发展出一个家庭结构图。探索社会化过程，亚系统是如何形成的，层级的本质是什么，角色分化的机制是什么，从中了解文化是如何影响组织结构的。

（5）检视家庭的沟通系统。跟踪系统之间和系统与环境之间的信息和资源的传递。评估系统反馈的特点，考察它是如何与家庭互动模式联系在一起的。询问家庭是否可以描述一下其规则。与家庭一起辨识沟通中功能失调的三角关系。询问家庭成员以了解特定的文化沟通暗示。

（6）考察家庭对压力具有怎样的回应性。与家庭成员一起辨识家庭结构和沟通模式并致力于寻求新的平衡。探索系统降低压力、迈向新水平的适应（更可能是重构）的方式。

评估

根据系统视角，评估首先要决定案主系统的界限，明确何谓"系统"、何谓"环境"。其次要确定一个聚焦系统，并且考察系统之间的成员是如何相互关联的。系统实践的评估是一个多元的综合性的评估，要考察的内容包括个人、家庭、学校、社区以及更大的社会、文化与政治背景，所以系统视角的评估一定要保持文化敏感性。对于外在环境的评估，要认识到实际的环境、案主所认知的环境和社会工作者所认知的环境之间的差距，并思考社工和案主是如何看待这些环境的以及改变的策略是什么。

专业关系

系统视角下，社工面对的是一个"案主系统"，包括案主、家属、非正式的群体、社区乃至组织和政府。社工提供的服务包括直接服务、间接服务或者服务的整合以及宏观层面的倡导,因此社工与他们的关系可能是合作性的,也可能是协商性的,甚至是冲突的。所以社会工作者要分析每一个系统的关系的实质且以适当和诚恳的方式介入关系(Payne,2005)。

社工作为促进案主改变的变迁主体(change agent),其作用在于协助案主认识到功能失调和问题解决的根源;引导家庭或个人检视系统内外的结构和沟通模式;指出及时的行为可能有助于问题的解决;和案主系统一起寻找问题的解决方法和资源,并提供系统的功能(Stein,1979)。

干预技巧

平卡斯和米纳汉(Pincus & Minahan,1973)认为社会工作的任务是:协助人们使用和提升他们自己的能力以解决问题;建立人们与资源系统之间的新的联系;协助或改善人与资源系统之间的互动;改善资源系统内的人们之间的互动;协助建构和改变社会政策;提供实质性帮助。系统实践的阶段和技巧请参见表6.1。

表 6.1　系统视角的实践技巧

阶段	活动	技巧和方法
评估问题	陈述问题	任一问题都应该有三个部分需要陈述:社会境遇、确定这一境遇为问题的人以及这一决定的原因
	分析系统	考虑它们如何影响社会情景
	设定目标	包含达成目标的步骤;决定目标的可行性和优先次序
	设定策略	四个基本系统之中谁参与其中?这些系统和资源的切入点,需要的关系和预期的障碍
	稳定改变努力	关注案主因改变而出现的问题并试图阻止
收集数据	询问	口头的、书面的或进行投射测试
	观察	查看案主在家的情况、模拟或运用模拟方法

（续表）

阶段	活动	技巧和方法
收集数据	检查记录	书面的、其他的、口头的
进行初步接触	可得性	案主系统中的人
	联络	在接触到一个之后再接触系统的其他部分
	克服含混性	去除接受帮助的障碍
	改善	显示机构的工作对案主系统的目标的作用
协商合约	初次	社工与案主之间
	第二次	社工与别的系统之间
	界定内容	各方的重要目标、各方应承担的任务、描述改变的过程
	建立良好关系	解释合约的目的、条文清晰、处理不同意见
	处理对抗	接触系统的另外成员或别的系统(例如去除对他们的反应的担忧或证实他们将提供协助)，接纳和了解对抗，提供新信息，鼓励希望，设立试验性目标，为群体影响运用团体
形成行动系统	决定大小和组成	案主＋社工、案主＋家庭＋社工、社工＋其他机构、案主＋社工＋其他机构
	操作程序	合约的时间长短，见面的次数、频率、地方、行为准则
维持和协调行动系统	避免系统负熵	建立良好关系，让角色、沟通、权力、忠诚、价值和目标一致；避免改变或要清楚角色、操作程序、系统活动和系统的改变
影响行动系统	影响系统的任何一方都影响到另外的各方——多结果性	运用知识和经验、物质奖励和服务以及建立关系、声望、魅力和个人权威的合法性
中止改变努力	总结鉴定关系分离稳定改变努力	全面评估过程中出现的进展

资料来源：Payne(2005)。

第四节　贡献与局限

系统视角避免了对行为或社会现象的直线的、决定主义的因果解释,因为同样的和多重的结果可显示众多的原因如何以不同的方式影响系统(Payne,2005)。尤其是,它在一定程度上摆脱了社会工作致力于寻求单一原因的医学模式,而从多因的脉络理解人类行为(Petr,1988)。复杂系统理论的兴起,为解释和干预涌现性等议题提供了新的可能性。系统理论为如此理解提供了一个情境以显示个人与环境如何交互影响、不同的变迁主体如何牵涉其间、社工及其机构如何成为改变的目标,这促使社工要从一个更为广阔的社会情境出发以实现对案主问题的理解并寻求可能的解决方案,从而真正践行"人在情景中"这一核心理念。这一视角的说明性特质使得观点易于把握,同时让社会的不同层次与个人行为建立联系。它没有放弃人类行为层面的理论而成功地将心理学理论联结起来,并将它们整合进更为广阔的架构。它的包容性使得其理论体系之中可以纳入来自各个领域的知识进展,这成为系统理论盛行的重要原因。系统理论接受现存的社会秩序而非进行激进的批评,这在一定程度上契合了社会工作运行的政治经济环境,因为政府是社会服务的主要购买者,这明显有别于激进理论的进路。

作为社会工作基础理论的系统视角逐渐演变成为一个无所不包、但又空洞无物的描述性概念架构,对生态系统内各个主体之间的关系以及系统整体的复杂性缺乏有力的陈述,这使得生态系统视角缺乏强有力的解释力和洞察力。系统视角不能告诉我们要做什么以及如何影响系统,我们也难以控制系统中干预的效果,这使得干预有时候流于肤浅或者不着边际,因此引入复杂性理论和卢曼的系统理论也许有所助益。它的包容性过强,从另一个侧面表明它过于普通或者概化,没有提供很特别的贡献,难以应用于任何特定的情景,对整体的关注可能导致"见林不见树"。它的概念并不清晰,很多概念也没有得到经验的证实,比如,"系统"似乎是一个很抽象的概念,在实践中,它的边界是难以辨析的。一个可能的解决方案是引入社会资本这样的概念,从而为个人与环境之间的关联提供更为有力的中层解释框架。系统视角似乎假定了一种非政治的解决方式,接受现存秩序的理论视角,放弃了"社会"的宏观使命,而这正是激进传统所反对的。

§本章小结

本章介绍了社会工作的系统视角,这一视角直接受惠于自然科学的系统论思想,系统论的后续进展也被引入社会工作的实践模式。系统视角是以一般系统理论的系统概念隐喻人类生存其间的环境,将人类发展置于一个特定的系统进行考察。因此,社会工作实践就要考虑案主所处的系统,要洞察到系统中的资源和障碍。系统视角很好地体现了社会工作的"人在情景中"这一核心理念。尽管系统视角被批评为描述性的,但它却成为综融社会工作模式的重要基础。

§关键概念

系统 适应系统 人类发展 社会工作系统 复杂适应系统

§拓展阅读

1. Pincus, A., & Minahan, A.(1973) *Social Work Practice：Model and Method*, Peacock.

2. Wakefield, J. C.(1996) "Does Social Work Need the Eco-systems Perspective" (Part Ⅰ & Part Ⅱ), *Social Service Review*, 70(1—2).

3. McDermott, F., Brydon, K., Haynes, A., & Moon, F.(2024) *Complexity Theory for Social Work Practice*. Springer.

§思考和练习

1. 系统视角是如何体现"人在情景中"这一原则的？

2. 你能辨识出自己所处的系统吗？

3. 系统视角的局限性是什么？

第七章　生态视角

没有任何单一的干预模式能够拓展至所有的问题,整合不同的模式可以实现这样的目标,实际上,这是唯一的可能途径。

——Meyer,1976

生态视角作为一个整合了不同人类行为和社会实践理论的宽泛框架,提供了一个丰富的、折中的社会工作知识与实践基础。

——Greene,1999:259

生态视角是 20 世纪 70 年代兴起的一个具有整合意义或折中意味的社会工作实践视角,它融合了不同的人类行为理论和社会工作实践理论,为社会工作提供了一个广泛的、折中的知识基础和实践框架,并成为社会工作综融模式的主要理论基础。格林(Greene,1999)认为生态视角的流行基于以下原因:首先,它回应了社会工作的一个长期传统,即致力于改善案主的心理和环境状况;其次,它提出了一个整合的框架,这个框架包括了众多的因素和不同的概念;再次,它是以个人和环境之间的界面为干预聚焦的;最后,生态系统视角认为案主所经历的困境为“生活中的问题”(problem in living)。

第一节　理论脉络

生态视角是一个开放的体系，它融合了不同的理论和概念（见表7.1）。它的早期传统可以追溯到达尔文1859年提出的进化论，尤其是"适者生存"这一重要概念。在社会工作领域，这一历史可以回溯到里士满"在情境中理解行为"这一论述。可见，社会工作实践脉络化一开始就受到了重视。社会工作的另一传统是倡导要将实质性服务和临床服务结合起来，这样才能更好地回应案主的需要。第三个传统来自米尔斯关于"个人困扰"和"公共议题"之间的区分，这一观点洞见到个人困扰背后的社会结构因素，因此对"环境"的改变是重要的。生态学无疑作为一个隐喻进入到社工领域，这一概念被赋予这样的含义："对案主的适应性潜能和他们的环境的滋养性品质需要给予双重和即时的关注。"(Germain，1979:8)随后，社会学中符号互动论的出现也为社会工作进一步认识人与人之间的互动提供了新的认识架构。戈登(Gordon，1940)认为社会工作应该双重聚焦，即关注个人和环境。

表7.1　系统理论的渊源

时间	代表人物	理论	主题	适用于实践的概念
1859	达尔文	进化理论	有机体与环境之间不断变化的配合	适者生存
1917	里士满	社会诊断	经由个人调整而提升社会经济状况	社会处置
1930	科伊尔	小组工作的社会目标模式	小组的互动过程	任务角色交互关系
1934	米德	角色理论	社会功能是一个交换过程	行为模式社会位置
1937	布鲁默	符号互动论	形成意义	自我、概化他人
1940	戈登	社会诊断	改善社会经济状况和心理功能	社会经济条件对人的影响

(续表)

时间	代表人物	理论	主题	适用于实践的概念
1949	M.米德	人类学	与文化环境的互动	民族志数据和人格发展的重要性
1959 1961	马斯洛 罗杰斯	人本主义心理学	赋予成长取向的生活经验	关爱性治疗关系
1951	勒温	场论	理解生活空间	人在环境中
1953	洛伦茨	人种学	研究自然情景下的动物	关键时期
1956	塞里	压力理论	应对压力	适应机制
1963 1958 1959	班德勒 哈特曼 怀特	自我心理学	改善自我的效率、个人的能力	自我、功能、能力和应对的统整性
1959	杜博斯	环境生物学 人类生态学	改善适应环境	交换
1973	鲍尔比	依恋理论	经由积极的交换而形成关系	依恋、关联性
1968	贝塔朗菲	一般系统理论	了解系统的变化	开放系统
1979	布朗芬 布伦纳	生态发展	形成个人-过程情境	微观、中观和宏观系统
1972 1976 1978	切斯坦 所罗门 平德林斯	增权	正面影响人的生活空间	交互性权力
1980	杰曼和吉特曼	生活模式	干预生活空间	时间、空间、生态地图
1983	迈耶	生态系统理论	环境的复杂性	生态系统

资料来源:Greene(1999)。

20 世纪 60 年代,贝塔朗菲提出了一般系统论,个人所在的系统得到了重视,并发展出了社会工作领域的一般系统理论。一般系统理论和生态视角的共同点在于:关注不同层次的系统,重视人与环境之间的交换,将系统作为一个整体进行考察,关注系统内和系统之间的压力和平衡。著名心理学家布朗芬布伦纳(Bronfenbrenner,1979)批评传统的儿童发展心理学是在陌生的情景中,对儿童的陌生行为进行研究,这是去情景化的发展研究,需要回到人生活的真实环境之中。他1979年出版的《人类发展生态学》(*The Ecology of Human Development*:*Experiments by Nature and Design*)比较系统地将生态学的隐喻引入到人类行为的研究。布朗芬布伦纳对发展进行了生态学式的理解。在他看来,发展过程可以这样理解:首先,一个发展着的个人不能仅仅被视为被环境所影响的傀儡,而是一个不断成长的、动态的重构环境的实体;其次,个人与环境之间的互动是双向的,这是一个相互适应的过程;最后,环境不能仅仅理解为家庭、朋辈群体这样的比较贴近的情境因素,而且要包括更大的社区和社会。在布朗芬布伦纳看来,环境应该包括四个层面:(1)微观系统(microsystem),包括面对面的群体;(2)中观系统(mesosystem);(3)外围系统(exosystem);(4)宏观系统(marcosystem),包括更大的文化与社会体系,如意识形态、信仰系统、风俗和法律。布朗芬布伦纳对个人-环境实践的启示是,个人-环境的匹配体现在不同的层次,个人与环境之间存在着复杂的交换关系。

杰曼(Germain,1973)、哈特曼(Hartman,1976)和史坡林(Siporin,1980)确立了社会工作生态视角的基础。迈耶(Meyer,1983)综合上述不同传统提供了一个综融性的生态系统框架,强调应该将聚焦调整至个人所处的生活空间,关注个人的生活经验、发展时期、生活空间和资源分布等人与环境之间的交流活动,并从生活变迁、环境品质和适合程度等三个层面的互动关系指导社会工作的实施。杰曼和吉特曼(Germain & Gitterman,1980,1996)提出的生命模式是应用生态视角的一个重要干预方式。生命模式认为人能够持续地与其环境的不同层面进行交换并适应之。他们改变环境亦为环境所改变,这是一种交互性适应(reciprocal adaptation)。社会问题污染社会环境,降低交互性适应的可能性。生活环境必须与其环境保持良好关系,这样我们经由适当的输入就可以维持自己并发展,即调适度良好。伯杰、费德里科和麦克布里恩(Berger,Federico & Mc-

Breen, 1991)的理论框架纳入了生理、心理、社会、经济、政治和物理动力,从一个全人的视角考察环境诸因素的交互作用如何影响人的功能。

生态理论的一个替代性阐释是迈耶(Meyer, 1983)的生态系统论(ecosystem)。它宣称比生命模式更为灵活,因为它清晰地采用了别的解释理论而非创造自己的理论。它特别有益于评估(Greif, 1986),且聚焦于家庭和环境支持的网络,利用家庭图(genogram)和生态图(ecomap)作为视觉工具(Gilgun, 1994)。

肯普、惠特克和特雷西(Kemp, Whitaker & Tracy, 1997)的个人环境实践是一种促进改变过程的社会生态学视角,这一视角是在整合已有的生态理论的基础上结合社会工作理论的最新进展而提出的。这一视角的提出是为了纠正社会工作实践过分沉迷于个人中心,而忽视了脉络,没有考虑到环境这个复杂的网这一问题。这一视角已经在直接实践中具有一定的影响,尤其是社会网络的评估对社会工作的启示意义甚巨。个人环境实践是这样一种直接实践模式,它策略性地应用时间以完成三个目标:(1)改善案主面对压力性生活情景、环境挑战和充分利用环境资源的控制感;(2)经由积极的评估、涉入和干预而实现这一目标,在这个过程中进行多维度的思考,尤其重视个人社会网络的动员;(3)经由集体行动促进社会层面的增权。这个定义清晰地强调了回应环境的挑战和把握资源的重要性,这一观点适用于任一层次的干预;环境评估和干预是多层次的,既包括主观的,也包括客观的,既包括远距离的,也包括近距离的。个人环境实践既强调社会层面的增权,也强调个人层面的增权。

生态视角在过去二十年有了新的进展,包括提出了生态-社会视角(eco social approach)、深生态学视角乃至生态女性主义视角。生态-社会视角在生态视角里加入了社会排斥这样的概念(Matties et al., 2000),受到英国的分配正义概念和法国社会资本概念的影响。它的主要观点包括整体性分析、促进原生资源和自我意识的正面利用,关注社会环境和合作性网络以及冒险教育。昂加尔(Ungar, 2002)在深生态学的基础之上提出了一个深度社会生态学视角,它的实践原则包括:每个人都有内在的价值,文化和社会组织的多样性为寻找解决方法提供了潜力,社区和服务的结构化联盟能够促进资源的多样性,服务输送系统应该由社区利益相关人管理,小且分权的服务输送系统是最有效的,公共政策应该旨在拓展社区的能力和培养社区成员的能力,符合个人和社区利益是社会和经济发展的标准,社工应该有伦理责任去促进改变。

第二节　概念框架

杰曼、奈特和吉特曼(Germain,Knight & Gitterman,2021)提出了生活模式的七个假设:(1)人与环境交互的互惠特征;(2)个人与环境的匹配程度和适应的重要性;(3)栖息地和生态位的重要意义;(4)权力和技术的滥用与误用的影响;(5)人的成长和发展在整个生命历程中影响环境,并为环境所影响;(6)压力和应对;(7)韧性和保护性因素的重要性。

根据格林(Greene,1999)的归纳,生态视角的基本假设包括以下内容:(1)一个人有能力与其环境互动,与其他人发生关联是其与生俱来的能力;(2)基因和其他生物因素经常被视为个人与环境交流的结果;(3)个人-环境构成一个统一的系统,在该系统中人与环境相互影响,形成一种互惠性关系;(4)调适度是一种个人与环境之间互惠性过程的结果,即一个适应性良好的人与其具有滋养性的环境之间的交流;(5)个人的行动是目标取向的,是有目的的,人类为了更好地生存而抗争,个人对环境的主观意义对于发展是重要的;(6)要理解个人,就必须将其置于其生长的自然环境及其所在的情境之中;(7)人格是人与环境长期交流的发展结果;(8)个人的生活经验是可以产生积极改变的;(9)生活中的问题需要在生活空间的整体之中进行理解;(10)为了帮助案主,社工应该随时准备干预案主所在生活空间的各个层面。格林(Greene,1999)认为生态视角包括以下几组核心概念。

生命历程、时间与空间

生命历程(life course)是影响个人发展的相关社会结构和历史变迁之生活事件,它们都对个人的生活产生意义,我们可以经由不同的方法重现案主所经历的集体历史事件并探索案主所受到的影响,尤其是时间线方法。生命历程是在空间和时间这两个重要的环境维度中展开的。这里的空间包括建筑风格、地域关系、个人对空间的认知。空间也可体现为生态位(niche)与栖息地(habitat),这两个词借自生态学,用以表述人所处的文化环境。栖息地是指个人所在文化脉络中的物理及社会情景,生态位是个人在其所在的周边环境或社区中所拥有的成员地位,经由生态位与栖息地可以看到个人与环境沟通的中间脉络。时间包括时钟时间、生物时间、心理时间、文化时间、社会时间和进化时间。生命周期在一定意义上就是一个随个人、家庭和历史时间而变动的个人与环境之间的互动过程。

人际关联与角色

人际关联(relatedness)就是个人拥有与他人联结而建立关系的能力,此种人际关系的发展开始于亲子间的依附关系,并因此建构了个人在未来生命周期内所发展出来的各种互惠性照顾关系。角色(role)是在人际关联中形成和发展的,它表现的是一种互惠性期待的社会层面的角色,并非个人的角色期待,是个人内在历程与社会参与的桥梁,受到个人的感受、情感、知觉和信念的影响。

胜任能力与调适

在个人与环境的交流过程中,个人与环境间相互影响和反应以达到最佳的调适度。生态观点认为适应良好并非病态、偏差的成果，而是天时、地利、人和的成功交流，而适应不良是由于个人的需要和环境所提供的资源、支持之间无法搭配和调和。调适就是这样一个互惠过程，它可导致有机体和环境之间的良好配合，也可能因为配合不好而导致不良配合。良好配合可以理解为个人所处的环境是具有滋养性的。"调适"这个生态学隐喻表明，具有滋养性的环境能够在适当的时间以适当的方式提供必要的资源、安全、支持，这样的环境可以改善社区成员的认知、社交和情感发展。胜任能力是指经由个人与环境之间的成功交流经验建构个人有效掌控环境的能力。这样的胜任能力包括自我效能感，能与他人建立有效而关怀的人际关系，有作出决定的信心以获得想要的结果，有能力动员环境资源和社会支持。

生活中的问题

将案主的问题定义为"生活中的问题"，而非行为病态或道德瑕疵的问题，这样的理解在一定程度上可以摆脱对案主的污名，强调了问题是在与环境的交互过程中形成的。这在一定程度上与社会学的想象力契合。生态视角将更大的经济和政治环境对个人在其内部的生活和在其外部的经历所包含的意义展现出来（Mills，1969）。或者如吉登斯（Giddens，2003）所言，我们只有这样才能注意到：生活中被称为"天意"的东西其实主要是历史和社会力量的产物。个体复杂而微妙的生活方式能够反映我们的生活经历。生态视角的生命模式（life model）认为，生活中的问题就是人与环境之间的失衡，包括三个类型：（1）艰难的人生转型或创伤性事件。个人或家庭的生活周期面临生理和社会的变动，这样的变动可能是预期的，也可能是非预期的，可能是长期的或慢性的，也可能是突发的，这会引发个人地位和角色的改变。创伤性实践包括各类个人危机，这样的危机可能是自然因素，也可能是社会因素导致的。（2）环境性压力源。个人需要从环境中获得足够的资源以增进自己的适应，但环境本身会阻碍个人的适应性发展，诸如结构、机会的不平等、政策、组织和社区缺乏回应性,等等。(3)功能失调的人际过程。不良的人际过程会影响个人生活的结果和对环境因素的应对(Payne,2005)。

第三节 实践框架

根据帕德克(Pardeck,1996),生态视角的社会工作实践在评估和干预的每一步都要强调宏观和微观环境对于回应案主问题的重要性,并聚焦个人与其环境之间的交互作用。一般而言,生态干预的步骤是:进入系统、画出生态图、评估生态系统、形成改变的愿景、协调和沟通、再次评估和鉴定结案。

实践原则

生态视角认为社会工作实践要立足于以下原则:视个人与环境是不可分离的;社工要成为促进改变过程中平等的伙伴;检视个人与环境之间的交换;评估影响案主适应性的所有层次的系统;评估导致高压力水平的生活情景和生活转型;致力于透过正面的关系和生活体验提高案主的个人胜任感;寻求在不同层面影响案主与其环境之间的调适度的干预;聚焦于寻求解决方法和案主的增权;干预之时要善用个人的生活体验和非正式的支持网络;干预之时要谨记问题的产生并非单一因素,因此解决之道应该是多元的(Greene,1999)。

惠特克和特雷西(Whitaker & Tracy,1997)对环境因素的强调更加明确,他们提出的个人环境实践要求:认识到环境或情境因素对促进个人、家庭、群体和社区的增权具有重要作用;聚焦于环境中可获得的现有和潜在资源,可强化案主的优势和抗逆力;认识到环境实践是发展性的,即个人、家庭、群体和社区的能力和增权的不断发展是为环境干预所支持的,而环境干预本身就体现为不同层面的;认识到环境既要从客观现实这个层面理解,也要从个人、群体和社区所赋予的意义这个层面来理解,而环境的意义受到种族、性别、性取向、文化和阶级的影响;环境实践既包括环境中的干预和经由批评性分析环境状况的影响而改变个人和集体视角的过程;环境代表了机会和限制,因此环境干预必须包括对环境的批评性反思以及相应的行动。这一实践原则相较而言更加突出了案主的优势和环境的资源。

生态评估

生态视角之所以成为综融实践的重要基础,就是因为它提供了一个很好的视角以指导评估。生态评估包含的要素是多元的,其评估也是容易操作的。帕德克(Pardeck, 1996)认为生态评估由三个部分组成:个人与环境间的交互关联、行为场景和生态系统。生态视角认为社工应该进行的评估工作的要素包括(Greene, 1999):

(1)描述核心系统,辨识那个需要初步关注的系统,无论是个人、家庭还是邻里;

(2)理解案主的压力水平和案主回应需要的应对和利用资源的能力之间的不平衡;

(3)理解作用于案主效能的情境和因素,包括案主对环境的行动能力;

(4)检视案主关系或依恋的范围和品质,回应不同的情感关系、人们和其微观与宏观环境之间的情感和社交联系;

(5)洞察案主与社工之间的关系以及服务的氛围,包括组织架构和项目结构;

(6)探索更大的或宏观的系统的社会脉络,涉及制度资源、法律、卫生、教育、学校、社会、媒体和技术服务。

生态图是生态视角进行评估的主要工具,这一图表可以清晰展现案主所在的环境以及可能的环境压力或环境资源。惠特克和特雷西(Whitaker & Tracy, 1990)的社会支持网络图也是很好的评估工具。

专业关系

社会工作者本身是案主所在的环境中最为重要的支持源。所以社工与案主的关系很重要,社工与案主要形成一种伙伴关系(partnership),有共同的前提并成为一个团队。案主和社工形成一个良好的相互关系(mutuality),这一关系是基于开放、相互尊重和信任的。案主与社工、案主与案主之间是一种相互给予的互惠关系(reciprocity),帮助不是单向的。

社工的角色可以包括:(1)启动(enabling),包括强化案主的动机,确认并支持案主,协助其控制情绪;(2)教导(teaching),包括协助案主学习问题解决技巧,澄清认知,提供合适的信息、行为示范;(3)推动(facilitating),包括保证案主免于非理性控制的行动自由,界定问题,动员环境资源;(4)中介(mediating),包括协助案主与环境中的资源接触;(5)倡导(advocating),包括采取社会行动,动员其他的机构介入;(6)组织(organizing),包括将案主联络起来或创建新的社会网络(Payne, 2005)。总之,社工要根据不同的问题领域或聚焦而确定自己的角色。

干预技巧

生态视角的干预技巧实际上融合了不同的实践模式。基于生态视角的生活模式的实践包括三个阶段:初期、持续和结案(见表7.2)。评估涉及明确主观和客观事实,形成供检验的假设并且同时保持对进一步信息的开放态度,回应案主的愿望。在初期,社工思考并探寻问题的理论解释,对案主的感觉和反应进行同理性理解,反思和了解自己对案主的感觉和反应是重要的。持续阶段集中于改变聚焦的领域(Payne, 2005)。

表 7.2 杰曼和吉特曼的生命模式实践

阶段	促进改变过程	行动
初期	创造一个接纳性的和支持性的服务环境	在与案主接触中表达同理心、鼓励案主表达希望和选择;清晰地描述服务、机构和社工的角色;消除案主群体经历的压制感受。
	类型	根据案主的选择和生活压力的类型选择个案、小组和社区工作。
	方法	选择时段性的、紧急的、短期的、有时间限制的结果开放的服务。
	技巧	评估个人-环境的配合度: ·背景:基本的个人和家庭数据; ·界定生活压力; ·辨识案主对社工和机构的期望; ·案主的优势和限制; ·物理环境。 同意计划。
持续过程	帮助应付压力性生活转型和创伤性事件	·表示跟案主在一起以强化其能力; ·以下列方式探索和澄清议题:提供聚焦、方向,细化问题,看到模式,提出假设,鼓励反思与回馈; ·以下列方式动员优势:辨识能量,确认或给予希望; ·指导:提供和纠正信息,给予建议,讨论和界定任务; ·促进:辨识回避模式,挑战错误的接触方式,直面不协调。
	帮助应对环境性压力	·辨识社会福利机构的角色和结构; ·辨识支持性社会网络; ·探索物理空间的影响:适当的个人空间、改变半固定空间(可移动的物品);减少固定空间的影响(建筑设计); ·统筹并连接案主与组织资源;与案主合作;与组织协调; ·与组织指令性的、自信的和劝导性的互动。
	给予家庭过程以帮助	·辨识家庭发挥的功能;儿童的养育和社会化;温饱;家庭成员的保护;促进接纳和自我实现的气氛;与外部世界的联系; ·加入家庭小组:确认正面的信息,追溯不同的生活故事;创造一个家庭在其间可以取得进步的治疗情境;监督家庭的范式(世界观和结构); ·与家庭互动:重构认知、布置家庭作业;给予反思。

(续表)

阶段	助人过程	行动
持续过程	给予小组过程以帮助	• 辨识小组的聚焦:教育、问题解决、特定的行为改变、实施任务和社会性目标; • 辨识内部压力:小组形成问题、结构和价值议题; • 组成小组:获得组织支持、辨识组织和结构、招募成员; • 提供支持、辨识差异和分离的需要;协调成员。
	减少社工和案主之间的人际压力	• 辨识压力的来源:机构权威和规定;工作人员的权威和权力;工作人员的专业社会化,社会差异,人际控制的抗争;禁忌内容; • 为可能的议题做准备;开放地探索人际障碍。
结案	组织时间和方法因素	辨识机构关于结案的政策、时间、方法的适当适用。
	关系因素	不断变化的工作人员-案主关系;案主或社工的不同背景。
	阶段	• 辨识结案和不想结案的负面感受并回应; • 认识到成功的苦或乐;认识到不再承担工作责任的解脱。

资料来源:Germain & Gitterman(1996);Payne(2005)。

第四节 贡献与局限

生态视角比系统视角更加强调系统内的互动,它致力于澄清人类问题、生活状况和社会条件之间的相互关联。生态视角在操作层面比系统视角更加清晰,尤其是提出了多个具体的实践模式,生态视角澄清了若干重要概念,舍弃了系统视角中那些很抽象的概念,这使得其理论架构更易懂、易学,容易受到新手的青睐。生态视角以其结构化的特点和专业术语的运用,形成了一种与传统的强调个人化和心理学的传统社会工作理论风格不同的理论,它是综合的、以社会学为基础的社会工作理论之一。它的优点在于:强调不断变化的环境而非心理学取向;它是互动性的,集中于个人与环境的交流,而非内在的思想和感觉;"生活中的问题"这一概念可以减少产生于行为和组织的多样性的污名。它是一个整合的视角,包括为个人、小组和社区服务,并不强调任何特定的介入方法,这是一种折中主义。它改变了对行为或社会现象的直线的、决定主义的因果解释,因为同样的和多重的结果可显示众多的原因如何以不同的方式影响系统(Payne,2005)。在一定意义上,生态视角体现了社会工作致力于寻求一种整体性理论的尝试,尽管这样的尝试只是初步的。

然而,生态视角跟系统理论一样具有以下缺点:它更像是说明性的,而非解释性的;将众多因素纳入一个框架,反而难以解释这样的现象何以产生;对问题的深度把握不够,显得比较肤浅,并且从实证上难以验证。它的包容性过强,反而显得没有实质性内容。它只是一个非常概化的理论,并不能显示出在特定议题上的优势似乎更适合于社会工作的综融实践。生态视角尽管关注到环境因素,但适应的强调似乎意味着对现存秩序的认同或妥协,而不寻求激进的改变。在韦克菲尔德(Wakefield,1996)看来,生态视角并没有解决社会工作的核心议题,它对循环因果关系的强调在实践上没有意义,综合的评估往往导致更多的混乱。他甚至认为,生态视角对于社会工作专门理论而言毫无新奇之处。

§本章小结

本章主要介绍了生态视角的理论渊源、核心概念和实践框架。生态视角是综融模式的主要理论基础,它在一定程度上突破了线性的因果关系,代之以交换的观点,融合了不同的理论模式,提供了一个综合的评估框架。但它缺乏明确的聚集,理论架构流于浅薄。

§关键概念

生态视角　生活中的问题　调适　人际关联　角色　胜任能力

§拓展阅读

1. Germain，C.，Knight，C.，& Gitterman，A.（2021）*The Life Model of Social Work Practice：Advance in Theory and Practice*（4th），Columbia University Press.

2. Wakefield，J. C.（1996）"Does Social Work Need the Eco-systems Perspective"（Part Ⅰ & Part Ⅱ），*Social Service Review*，70（1—2）.

3. Pardeck，J. T.（1996）*Social Work Practice：An Ecological Approach*，Greenwood Publishing Group.

4. Bronfenbrenner，U.（1979）*The Ecology of Human Development：Experiments by Nature and Design*. Harvard University Press.

§思考和练习

1. 生态视角与系统视角的差异是什么？
2. 画出自己的生态图。
3. 为什么生态视角被认为是说明性的而非解释性的？

第八章　社会发展视角

　　社会和经济发展构成一个硬币的两面,没有经济发展,社会发展无从谈起;然而,如果缺乏作为整体人口的社会福利改善,经济发展就毫无意义。

　　　　　　　　　　　　　　　　　　　　　　——Midgley,1995:24

　　社会工作的发展视角或发展型社会工作的兴起代表了社会工作致力于超越治疗目标的努力。这一方向的代表性人物是詹姆斯·米奇利(James Midgley)和迈克尔·谢若登(Michael Sherraden),前者较为系统地阐述了社会发展视角,后者提出了资产建设这一重要概念。尽管发展视角还只是初步的,然而它代表了某种努力,这一努力是从两个方面展开的:米奇利旨在汲取第三世界或全球南方(Global South)的发展经验以提供一个具有普遍意义的、能够从整体层面改善人的福利并注重经济增长的发展视角,这一视角在一定程度上是慈善工作、社会工作(更严格而言是传统意义上的社会工作)和社会行政之外的替代性选择,而且它惠及的人群将是更为广泛的。谢若登是从儿童发展账户出发,引入资产的视角,为改变贫困提供一个更加积极、更具生产性的思路。实际上,这两者最近融合在一起,被称为"发展型社会工作"(developmental social work)。詹姆斯·米奇利和迈克尔·谢若登是一直活跃于社会工作领域的资深教授和领军人物,本书认为发展型社会工作是社会工作内生理论的一个范例,尽管它还只是初步的。

第一节 理论脉络

发展视角的兴起是反思以往发展理论和反贫困实践的结果,特别是由于看到很多的发展计划和反贫困实践并没有取得预期的成果。这显示,发展和反贫困需要理论的创新。发展视角的兴起可以视为社会工作的"发展转向",这纠偏了以往主流社会工作理论的治疗与临床倾向,重新关注发展,实际上回到了社会工作关注贫困的早期传统。

众所周知,人类的社会发展观念经历了一个长期的历史发展过程。自工业革命以来,发展和进步就成为人类社会的基本目标。在很长一段时期,社会发展依赖于经济的增长,即经济总量的扩张。在西方世界,18 世纪资本主义的兴起导致了经济的增长和社会的重构。在韦伯看来,新教伦理是资本主义兴起和这一发展模式的重要精神动力,而中国、印度这样的国家因缺乏这一工作伦理而发展停滞而难以走向理性化的道路,这就是文明的分岔。尽管这是一个典型的西方中心主义论调,但这一论调在很长一段时间内成为社会发展观点关于传统与现代的核心论述,是现代化理论的重要组成部分。这一论述直到东亚新兴工业国家的兴起之后才受到一定程度的质疑,因为日本、韩国和新加坡等非欧洲国家取得了非凡的发展成就在一定程度上颠覆了"韦伯命题",尽管很多论著试图从东亚的文化中寻找新教伦理的对等精神。

与之相对立的论述是马克思主义理论及在其影响下的后续进展,包括依附理论和世界体系理论。这一理论的要旨是殖民地国家只有摆脱宗主国的控制才能实现真正的发展,因为欠发达国家作为边缘国家,在贸易、投资上总是依附于作为中心的工业化国家,全球化的资本主义体系限定了后发达国家的角色和可能的发展机会。尽管在第二次世界大战之前及之后,宗主国也试图在殖民地推行各种发展计划,这些发展计划都是围绕参与、民主等西方理念而展开的,但在既定的世界体系之下,殖民地国家是很难实现独立发展的,很多发展计划的绩效不彰。以拉丁美洲的"解放神学"和"希望的教育学"为主导的发展观念则另辟蹊径,聚焦于教育这一议题,洞察到教育屈从于霸权,成为阶层固化的工具。因此,他们要求改变教育的形态,强调对话和参与,以寻求受压迫群众的主体性(Freire, 2001)。社会变迁必须面对社会结构施加的结构性压迫,解放就成为重要且具体的目标。

随后,休姆和特纳(Hulme & Turner, 1990)提出了新民粹主义,即希望经由小范围的、立足于草根和基础的发展而推动社会层面的发展,包括农村的合作生产和聚焦于劳动力密集型技术。这样的观念符合舒马赫的"小即是美"的哲学,符合特定地区的文化传统,考虑到了村庄的社会结构的潜能。本土发展聚焦于本地的传统、资源、优势、资产和习俗,致力于将社会发展立足于"地方性知识"。但这样的发展理念并没有取得良好的效果,这与政府的不良干预、管理落后和生产方式之间的冲突有关联(Payne, 2005)。这显示,在宏观环境得不到根本改善之前,微观的实践是难以持续的。

新兴的东亚国家被视为"发展型国家",因为与典型的西方国家的发展路径不同,日本、韩国和新加坡的崛起在很大程度上受惠于国家的积极干预、以儒家为中心的传统伦理价值和以家庭为中心的社会结构。

发展理论的另一进展是生态发展、可持续发展或绿色发展,强调生态系统的承载能力,认为应该将发展控制在"可承受的"范围。特别是在气候变化成为主导性议题之后,这一发展话语成为主流。这一发展模式暗含的核心观点有二:其一,发展是有极限的,不应该以耗尽资源、污染环境为代价而寻求无节制的增长,因为从长期而言,这是不道德的;其二,生态环境是人的福利的重要组成部分,严重污染已经大大影响了人的福利。这一发展观念几乎成为国家社会的共识,但真正实现可持续发展却并非易事。

与社会发展紧密联系的一个概念是社区发展,这一理论受到以联合国为首的国际非政府组织和各类非政府组织的青睐,希望经由聚焦于社区的更为本土化、更为地方化的发展活动而实现地区发展,推动社区发展,旨在将西方的地区发展经验推广到第三世界。然而这一尝试似乎并没有取得预期的成功,因为社区发展是需要置于一个更为广泛的背景之中而实现的。

正是基于对现行发展观念的反思,米奇利(Midgley)从社会福利的角度提出了社会发展视角。这一视角的提出旨在超越目前社会福利残余模式和制度模式的对立,也在一定程度上汲取了第三世界的发展经验,即将经济发展和社会发展并置。犹有进之,它也是对发展的扭曲的反思。

残余模式和制度模式是社会福利的经典二分。残余模式认为应该将有限的资源提供给那些有需要的人士,而制度模式坚持国家应该涉及社会福利的各个层面,成为福利提供的主体。尽管两种模式立场迥异,但它们都将福利依附于经济,这必然带来一个风险,那就是社会政策和经济之间会出现不确定的关系,正如我们所看到的,经济状况不好的状况下,福利提供就会因财政支持的减少而受限(Midgley, 1995)。

米奇利(Midgley, 1995)认为第三世界的发展经验是具有启示意义的,这一点论述令人印象深刻,作为发达国家的学者有这样的认识和反思并不容易。米奇利认为应该将社会福利与经济政策和计划联系起来。在第三世界,由于经济依然处于落后状态,所以任何社会政策一定要与经济发展相容,否则只能沦为空谈。应该更加重视经济发展,并且社会干预计划一定要符合经济发展目标。非洲某些国家在20世纪四五十年代将社会福利与经济发展综合起来进行考虑的实践经验是这一理论判断的源头。

米奇利(Midgley, 1995)批评流行的发展模式导致亚非拉乃至英美一系列的扭曲发展(distorted development):持续贫困与经济富裕并存,区域发展不均衡,很多人被排斥在社会发展之外,女性的压制遭遇没有得到有效的缓解,生态环境退化严重。为了回应上述挑战,一个具有动态特征的、兼顾经济和社会的社会模式的提出就是必要的。因此,社会发展视角不仅要促进所有居民生活质量的提高,而且要回应扭曲发展的问题,它聚焦于社区和社会,强调有计划的干预,突出包容性和普遍性,并且将人民提升福利的过程与经济发展的过程联系起来。

谢若登(Sherraden,1991)明确指出,美国完全自足的保守主义意识形态和问题干预性的自由主义意识形态都不足以应付不断扩大的贫困和不平等问题,因此福利政策的主流意识形态应该转变,即强调参与和发展。他对以收入为基础的福利政策进行更为具体的批评,认为这是一种狭隘的视角,忽视了家庭福利的长期动态机制。资产为基础的观点追求社会政策与经济发展的融合,也就是设想一个不断扩大的经济蛋糕,所有社会成员都可以受惠其中,而非假定一个有限的蛋糕,分配之中充满了竞争。总体而言,资产收入的逐步增长,伴随着底层人群的实际工资的减少,单纯依靠劳动收入的人明显处于逆流,因此需要强调穷人经由资产获利以改善其生活。相反,资产是具有福利效应的,资产有各种重要的社会、心理和经济效应,人们在积累资产之时会产生不同的思想与行为,社会因而产生不同的回应。

第二节　概念框架

本节主要介绍米奇利社会发展理论的核心概念,包括社会福利、社会发展、意识形态、社会投资等。同时,也会进一步介绍谢若登的资产建设概念。以上概念构成社会工作发展视角的核心。

社会福利

米奇利强调要从社会福利的角度对社会发展进行界定,因此,"社会福利"这个概念是关键。社会福利无疑是一个难以界定的概念,因为它既有客观的层面也有主观的层面,既可以用描述性的语言也可以用数据来进行表达,比如主要的统计数据或者福利指数。但从概念层面而言,米奇利(Midgley,1995)认为社会福利应该包含三个层面:社会问题被控制的程度,需要得到满足的程度,以及上升机会的提供程度。

所有的家庭、社区和社会都可能遭遇社会问题,但受到控制的程度不一。如果一个社会能够有效控制失业、犯罪和家庭解组等社会问题,其社会福利的水平就较高。反之就可能是蒂特马斯(Titmuss,1974)所言的"恶利"(illfare)。

所有的人、家庭、社区和社会都有一定的社会需要。这里的"需要"包括衣食住行等物质需要,也包括个人安全、教育、医疗、和谐的社会关系等更高层次的需要。如果社区和社会能够满足这样的需要,就会有一种集体性的满意感和幸福感,这当然是社会福利应有之义。

社会应该创造上升的机会以促进个人的自我实现。僵化的社会障碍阻止人的向上流动,例如无法提供教育、就业机会,这势必会让人们以非制度化或非法的方式去提升其福利。因此缺乏机会是一个社会的恶利的最主要原因之一。

社会福利的三个层面以复杂的方式交织在一起,从而构成社会美好状态的基本条件。如果这三项在某个社区或社会得到满足,那么这些社区或社会无疑具有更高水平的福利。那么提升社会福利的方式有哪些呢?米奇利(Midgley,1995)认为有三种方式:社会慈善、社会工作和社会行政。社会慈善是依靠私人捐献、志愿服务和非营利组织以满足人们的需要,并解决问题和创造机会。社会工作就是依靠专业人士经由个案、小组和社区工作而促进福利。社会行政则是依赖政府的一系列强制性社会服务项目而实现。社会发展视角汲取了这三者的优点,但聚焦于社区或社会以及更大范围的社会结构和社会进程,注重一个动态的视角,强调社会发展和经济发展的联结。从这个意义上看,米奇利的社会发展视角是一个宏观层面的社会工作模式,这也是对社会工作历史使命的重申。

社会发展

在米奇利看来,社会发展是"一个旨在改善作为整体的人口的福利并伴之以一个动态的经济发展过程的有计划的社会变迁过程"(Midgley,1995:25)。这个概念可以从八个方面进行考察。

第一,社会发展的过程与经济发展的过程是密不可分的。正是这一点使得社会发展视角有了自己的独特性。社会发展要通过将社会发展和经济发展联结起来为社区创造资源,而非仅仅将福利看作依赖于经济增长。社会发展要与社会的经济目标相容,否则难以为继。因为当社会进步不能与经济发展并驾齐驱的时候,发展是扭曲的。例如,当一个群体在牺牲贫困的大多数的基础上而获得财富的时候,或者军费开支将改善福利的开支转移到另外的目标的时候,这一情形就出现了。

第二,社会发展应该是多学科聚焦的。它应该从不同社会科学的知识体系中获得洞察力。它不仅涉及考察社会问题的政治经济分析,而且需要在全国或国际的层面进行分析。社会发展也与价值、信仰和意识形态有关联。换句话说,多学科的视角丰富了社会发展的知识基础。

第三,社会发展的概念涉及一种过程感。社会发展是一个动态的过程,其间,成长和改变是核心的理念。当然,社会发展期望的是正面的、积极的改变。这个过程包括三个层面:社会发展寻求改变的既定社会状况,发展过程本身和社会发展目标已经实现的结束阶段。

第四,改变的过程就其本质而言是进步主义的。尽管进步主义在这个时代受到了挑战,但社会发展相信人类的不断发展和提升;回到社会发展的视角是重要的,因为历史进程表明,还没有任何的替代性选择可以逆转这一趋势。

第五,社会发展的过程是干预主义的。社会发展视角摈弃了那种"社会进步是自然出现的、是市场经济或不可避免的历史进程"的论调。相反,社会发展视角坚持认为,有组织的努力可以带来社会福利的改善,人可以在特定的社会、经济和政治脉络下影响自己的未来。因此,人可以经由实行特定的计划和策略而促进社会福利目标。

第六,社会发展目标可由不同的策略所推动。这些策略寻求整合社会干预计划和经济发展计划,它们源自不同的信念或意识形态。尽管这些意识形态或信念可能是冲突的,但社会发展视角以一个较少教条主义的或实用主义的立场对其进行了整合,因为它相信不同的意识形态是可以和谐并存的。

第七,社会发展关注作为整体的人群,就其范围而言是包容性的或普遍性的。社会发展视角所关注的人群,不仅仅是有需要的人群,而且在宏观上聚焦于社区或社会。社会发展视角关注那些被排斥在经济增长或发展之外的人群,但将其置于一个普遍性的脉络中进行考察以促进所有人的福利。社会发展视角也有较为强烈的空间意识,希望实行特定空间内(比如农村、内城区)的整体福利的提升。

最后,社会发展的目标是为了促进社会福利。正如前述的定义所揭示的,社会福利在宽泛意义上可以体现为社会问题得到有效控制、社会需要得到满足和社会机会不断被创造出来。社会发展的前述七个特征正好包容了当今促进社会福利的所有视角。

意识形态

社会发展是一个规范性概念,而这个概念的背后就折射出关于社会安排的不同价值、信念和偏好,即意识形态。米奇利(Midgley, 1995)认为有三种意识形态会影响社会发展的策略:个人主义、民粹主义和集体主义。

个人主义认为,个人是社会的中心,具有天赋权利和自由去进行理性选择,并具有决定自己未来的能力。这一意识形态是资本主义社会的核心价值。在社会发展层面,个人主义强调经由自我实现、自决和自我提高而促进社会进步。另外,以创新、自我责任、选择和对私利的追求的企业家精神的培养也有利于促进社会发展。

民粹主义认为,一个最好的社会就是"人民"的至高无上性。普通大众的美德、生活方式、信仰都应该受到尊重,人民的利益应该在政治上得到保证,"大公司"、腐败和脱离大众的知识分子都应受到严厉批评。在社会发展层面,民粹主义认为"社区"是人民活动的中心,社区构成社会,社区生活的改善可带来更多的机会,从而促进人们的幸福感、满足感和归属感。所以,社区发展策略在一定程度上受到了民粹主义的影响。

集体主义认为最好的社会应该是集体具有至高无上性。集体是人们的联结,在其中人们共享资源并分享决策的权力。集体主义相信国家是组织经济和社会事务、满足人民需要的最有效方式。在社会发展层面,国家促进社会福利的作用凸显,众多的社会发展计划被提出并予以实施。

正如下一节关于社会发展的实践框架中所论述的,不同的意识形态所偏好的策略是不一样的,但社会发展视角从其实用主义立场出发,致力于整合不同的策略以回应人们的需要,控制社会问题和创造上升的机会,相应地,社会发展是从个人层面、社区层面和政府层面三个层面展开的(详见下一节论述)。

社会投资

米奇利(Midgley,1999)系统阐述了社会投资这一概念,这个概念是希望为社会福利开支提供新的合法性。因为一直以来,社会福利制度的核心理念是再分配,即将经济增长所得的资源再分配以支持各类社会服务和收入保障项目。这一理念受到了很大的冲击,因为资源是稀缺的,投入社会项目中似乎是非生产性的,迫使有需要的人群依附于这个体制,阻碍了经济增长。基于此,社会福利体制处于一个相对被动或弱势的地位,因为削减社会福利开支以维持经济增长或从消费转变到生产似乎合乎逻辑或顺理成章。这样,立足于需要、利他主义和社会公民权的社会福利核心理念就受到了严重挑战。为了扭转这一局势,米奇利认为应该寻求一种替代性的解释框架。社会投资这个概念的提出,意味着再分配给社会项目的资源是具有生产性的,是投资取向的,是有利可图的,能够促进经济参与并且对经济增长具有正面意义。践行社会投资理念的项目包括在社会服务项目中推广节约成本的技术,投资于人力资本,促进社会资本的形成,发展个人和社区的资产,促进经济参与(就业和自雇),创造有利于经济增长的社会氛围,消除经济参与的障碍,发展小型企业。有理由相信,这样的实践是可以促进社会福利和经济增长的双赢,这一观点也延续了社会发展视角寻求社会政策和经济政策的整合的努力。

资产建设

谢若登(2005)认为贫困很大程度上源自资产传承和累积的不平等,因为资产具有稳定性和长期性,不太可能在一两代人之间发生改变。但现有的扶贫救济并没有关注这一点,实际上很少有机构鼓励和支持穷人的资产累积。正是在这个意义上,谢若登(2005)提出以资产为基础的福利理论,强调资产的重要意义,即有利于促进家庭稳定、创造未来取向、刺激其他资产的发展、促进专门化和专业化、提供承担风险的基础、增强个人效能、提高社会影响、增加政治参与、增进后代福利。以资产为基础的福利政策可以补充以收入为基础的政策,具有普遍有用性,对穷人提供更大的激励,以自愿参与为基础,具有特定目的,提供投资选择,鼓励渐进积累,促进经济信息和训练,提升个人发展。因此在政策设计上,个人和家庭层面的目标是:个人和家庭可以积累资产,建立和实现目标,从而促进家庭的稳定、未来取向和长远规划;国家层面可以持续减少贫困、增强贫困人群的经济活跃度、提高储蓄率。

第三节　实践框架

米奇利(Midgley，1995)的实践框架包括两个部分：社会发展的策略和社会发展的制度基础。社会发展策略可以从三个层面实现：个人层面、社区层面和政府层面，这三个层面与前述三种意识形态是一致的，其目标是促进社会福利。社会发展的制度基础立足于有控制的多元主义。米奇利对政府层面的论述较为薄弱，谢若登提出的资产建设的政策框架正好弥补了这一不足。

个人层面

个人主义策略聚焦于帮助人们自给自足和独立，尽管这并不必然是自我本位的。这样的策略在社会发展领域并没有受到足够的重视，因为提及社会发展，人们更容易想到政府和大型的非政府组织的作用。然而，个人功能的提升、企业文化的形成和更加有效地利用市场对于促进社会发展是有意义的。具体的策略包括：(1)培育企业文化以促进社会进步，因为人们如果有就业、自雇和投机的机会，他们提升福利的可能性就更大。因此应该寻求一个更好的架构以帮助人们实现自己的企业家愿望，并将其投入市场中去。(2)促进小企业的发展以服务于有需要的群体。尽管现代化模式更喜欢大型企业，但大型企业并不一定给有需要的人群带来机会和福利；相反，小型企业直接面对有需要的人群，可以提供就业和投资的机会，在这方面，小企业的作用越来越明显。(3)提升个人功能以促进社会福利。无论是企业文化还是小企业，都需要人们愿意利用这样的机会。然而，很多人在现有体制下无法发挥功能或者是功能失调的。因此，教育和培训，个人的、经济的和顾问性的支持以及所依赖的社会保障或亲属的转型性协助可有利于人们提升自己的能力。协助人们分享技巧和一起工作就能让他们受益(Midgley，1995)。

社区层面

社区层面推动的社会发展的背后是民粹主义的意识形态,它强调社区层面的发展和改变,因为它假定现有的社会群体可以组织起来去满足他们的需要并获得他们对面对的资源和问题的控制权。其策略包括三种:社区发展、社区行动以及性别增权的社区发展(Midgley, 1995)。社区发展强调地区性组织的重要性,鼓励兴建社区中心,要求专业人员的加入,致力于社区资源与外部资源的联结。这样地区性的社区发展就可能为提升当地人的福利创造机会,包括提供就业。社区行动是在批判社区发展的保守立场的基础上提出的,这一策略是反国家主义的,抛弃了国家对地区发展的支持,因为它认为这样的支持是一种控制。社区行动的支持者认为社区居民应该对社区所有事务有最后决定权,因此它秉持的是政治的、积极的立场。它最重要的手段就是意识化(conscientiazation),即认识到地区问题背后的社会结构因素,并经由社区会议、小组讨论构建"社区",并组成联盟以挑战政府和既得利益集团,提出有利于社区发展的计划。佩奇-亚当斯和谢若登(Page-Adams & Sherraden, 1997)指出,资产建设也是社区重建的重要策略,它有助于提升个人福利、经济安全、公民行为、女性的地位和儿童的福祉。

政府层面

米奇利认为,毫无疑问,政府应该实施发展工作,只有国家可以透过大范围的社会计划和动员可观的资源而实现发展。这包括:(1)致力于以一致的计划促进社会发展;(2)促进经济增长和收入分配的平等;(3)致力于满足人们的基本需要;(4)实现可持续发展(Midgley, 1995)。

谢若登(2005)提出了一个资产建设的政策框架,这个政策的基础是个人发展账户。资产建设政策的原则是补充以收入为基础的政策,并非试图取而代之;政策向所有自愿参与者开放,但对穷人给予更大的激励;强调政府与个人的相互责任;资产账户设定特定目标;投资范围具有限定性;进行长期的渐进性累积;注重经济和金融素养的提升;致力于个人发展的目标。而个人发展账户是可选择的,有增值和税收优惠的账户,立在个人名下,限定于指定用途(如教育、住房等),政府对穷人的账户存款予以补贴,从而形成创造性金融的潜力。

制度基础

米奇利(Midgley,1995)认为社会发展的实现离不开制度,这个制度可以多元化地包含所有三个层面的工作,它试图动员社会体制,包括市场、国家和社区组织去改善人们的福利。这在米奇利(Midgley,1995)看来应该称之为有控制的多元主义(managed pluralism),即接受和促进不同组织参与社会发展,与国家、地方组织和企业一起努力。社会发展的努力应该置于社会组织的每一个层面,不仅仅是地方的,而且是地区的和全国的,因为这样的努力可相互支持,形成合力。社会工作者作为专业人士可以发挥专家的作用,尤其是与个人、小组和社区工作相关的专长。然而,社会工作教育似乎并没有聚焦于社会发展领域的训练,因此社会发展视角要求社会工作课程的革新,即纳入更多的关于宏观层面的改变的课程与训练。

米奇利(Midgley,1995)尤其强调整合经济和社会发展的努力的重要性,因为社会发展的实现要求在制度上保证社会政策和经济发展可以联结起来。协调经济和社会发展的方式有三种:寻求一种可以将社会政策和经济政策更好协调的正式组织和制度安排;有计划地确保经济发展对社会福利有直接的益处,这允许包括新的产业发展惠及社会设施(例如在新的工厂旁边的日间照顾协会)或互助活动(例如慈善捐赠和计划);社会政策和项目应以让经济发展受益而设计,例如社区中心在高失业率地区进行工作培训,减少房地产发展项目区域的犯罪率,等等(Midgley, 1995)。

谢若登(2005)强调福利政策要与国家目标进行结合,形成一个结构化的计划和激励系统,从而更好地帮助穷人实现资产积累,从根本上改变贫穷境遇。他们倡导的实际上是一种积极的福利,是发展型福利。

第四节 贡献与局限

毫无疑问,米奇利(Midgley, 1995)和谢若登(2005)将社会发展视角引入社会工作是一个具有创意的努力,尽管这样的努力还只是初步的。但这对社会工作过于重视临床层面的介入是一个纠偏,实现了对宏观层面的改变的重申,为社工的介入提供了一个更为广阔且积极的视角。将社会政策与经济发展和资产建设联结起来的观点,对推动社会层面的变迁具有启示意义。米奇利和康利(Midgley & Conley, 2010)指出,社会发展视角是可以真正落地的,不像增权理论和批评视角陷入空想,未能实现社会发展。正是发展视角的发展取向和积极介入,赢得了国内学术界的青睐,并在多地进行了积极的实践探索,使之成为可以在中国落地的理论模式。主张非西方世界的发展经验对发达国家具有借鉴作用,这在一定程度上试图破除发展的迷思,体现了知识的分享是有所助益的。其实,过去四十年,中国的反贫困取得了突破性的进展,在很大程度上受益于将反贫困与经济发展结合并充分发挥了个体、家庭、社区和地方的积极性,这一经验有助于厚实发展视角的经验基础。中国的社会工作如果在推进共享发展、共同发展和乡村振兴上有更多的进展,就可以发展出中国的社会工作发展理论。

然而,米奇利和康利(Midgley & Conley, 2010)引入了社会发展的若干案例,但需要进一步的研究以证明其绩效。有不少的研究致力于为资产建设和儿童发展账户建立经验证据(Curley, Ssewamala & Han, 2010; Huang, Sherraden, Kim & Clancy，2014；Clancy, Beverly, Sherraden & Huang，2016）。发展视角的弱点在于接受现有的社会结构和社会秩序，是一种保守的改良主义，是在既定的社会秩序下寻求发展。虽然，米奇利批评了社会工作的治疗取向，但他并没有对制度进行挑战，相反，却接受正式的制度结构是社会发展和资产建设的主要组成部分，对具有压迫性的全球资本主义体系缺乏必要的批评和反省。进一步而言，无论是社会发展还是资产建设都在很大程度上依赖于国家介入、社会稳定和稳定的未来预期，这样的社会政治条件在很多发展中国家并不具备，因此它的应用范围受到了很大的限制。总体而言，社会发展视角从属于实证传统，而非激进传统。尽管社会发展和资产建设重视人的自我实现，但它对人性的把握还是初步的，而后续的三章将有更为深入的讨论。

§本章小结

本章主要介绍了米奇利教授提出的社会发展视角，这一视角旨在拓展社会工作的视域，从一个社会福利的角度来考察社会发展，因此是一种"福利型发展"或者"发展型福利"。这主要体现在将社会政策和经济政策并置起来进行考量，将社会福利开支视为社会投资，从个人、社区和政府三个层面入手，在制度上实行有控制的多元主义。本章还介绍了谢若登的资产建设理论。

§关键概念

社会福利　社会发展　意识形态　社会投资　资产建设　有控制的多元主义

§拓展阅读

1. Midgley，J.(1995) *Social Development：The Developmental Perspective in Social Welfare*，Sage.

2. Midgley，J.(1999) "Growth，Redistribution，and Welfare：Toward Social Investment"，*Social Service Review*，73(1)：3—21.

3. Midgley，J.，& Conley，A.(eds.)(2010) *Social work and Social Development：Theories and Skills for Developmental Social Work*.(1st Edition)，Oxford University Press.

4. [美]迈克尔·谢若登(2005)《资产与穷人：一项新的美国福利政策》,高鉴国译,商务印书馆。

§思考和练习

1. 为什么要将社会政策和经济政策并置起来考量?
2. 资产建设对于中国的启示是什么?
3. 如何理解社会投资这个概念?

第九章　关系视角

> 社会生活的健全靠分子之间关系的正常与各如其分,而关系的正常与
> 各如其分则靠认识准确。
>
> ——潘光旦,1997:24

关系是社会工作的核心内容,始终贯穿于社会工作的专业实践。社会工作
的关系视角正在兴起,因为改善人与人之间、人与社会之间、人与生态之间的关
系对于实现人类福祉至关重要。关系视角强调关系是社会工作干预的出发点和
落脚点。若干关系为本的社会工作著作已经出版,汇流为社会工作理论发展的
一个新趋势。"关系"是中华传统文化中最重要的日常生活概念之一,这是建构
社会工作关系视角的重要思想资源,是中国社会工作理论建设的重要切入口。

第一节　理论脉络

社会工作关系视角的历史发展在社会工作的发展历史和理论脉络中可以看

到,无论在理论还是实务中,关系在其中都有着重要的位置。在专业社会工作发展之初,里士满的社会诊断聚焦于案主个人的转变,但其诊断并非局限于个体本身,而是将其与家庭、亲密关系、社会环境等相互关联,这均彰显了其对于个体关系的重视(童敏,2009)。

20世纪三四十年代,心理动力理论有了进一步的发展,从一人心理学转变为二人心理学,自我心理学、客体关系理论学和依恋理论都强调了关系的重要性。20世纪50年代,沙利文(Sullivan,1953)提出了精神分析的人际关系方法,他的精神病学是人际关系的科学,强调了精神焦虑与重要他人的交往密切相关,认识到人类的社会性本质和人类适应人际关系的潜力。格林伯格(Greenberg,1983)等人创建了精神分析的关系学派,试图打破治疗关系在中产阶级主导下的统治与服从的关系结构,将治疗行动集中于探索临床医生和案主之间关于服务方案的商定,强调关系的主体间性是治疗的媒介,主体间性假设双方能够在关系中分享自己和对方的主观经验,从而共同创造一个共享的空间,在其中可以发生经验、感知、感觉、态度和行为的变化(Rosenberger,2014b)。女性主义心理学家米勒(Miller,1987)提出了关系文化理论,为精神分析的关系理论加入了文化的维度。

格根(Gergen,2009)全面吸收了涵盖个体与他者、个体与社会、个体与文化的关系思想,着眼于更为基本的关系范式,提出了心理学的关系本体论,认为自我是关系的总和,行动是关系驱动的结果,个人和社区都是"关系存在"。

过去十几年,为了应对新自由主义和新管理主义对社会工作的负面影响,越来越多的学者开始呼吁要让"关系"重返社会工作的中心,并试图进一步推动关系的理论化发展,与关系视角相关的理论逐步被提出(黄锐、孙斐,2022)。豪(Howe,1997,1998)对社会工作处理人际关系的技巧进行了论述,发展了关系为本的理论。他指出,关系为本是社会工作最佳实践的核心,并强调要把心理社会视角和关系视角结合起来。2004年,福尔盖赖特(Folgheraiter)出版了《关系社会工作:走向网络和社会实践》(*Relational Social Work：Toward Net-*

working and Societal Practices)一书,这代表了一种西方学者对于建构社会工作关系视角的重要尝试,强调了社会支持网络和个人社会福利之间的关系。其中,他论述了西方社会工作的某些实践模式割裂个人的社会支持网络,这样的做法不但强化了正式福利体系的责任和服务使用者的福利依赖,也降低了个人借助非正式资源寻求改变的可能性,对于社会工作实践来说是不可取的。福尔盖赖特主张将社会工作关系模型的轴心从精神分析理论和系统理论转移到微观社会学,日常生活中的社会网络虽然不是造成社会问题的根本原因,但相比于个人和结构却是最有效的干预点,更能够转化为实践并发挥效果(Folgheraiter,2007)。根据吉登斯的生活政治逻辑,福尔盖赖特主张社会工作的干预是进入案主的日常生活,在生活政治框架内自下而上地解构结构性政治,并在关系层面重组案主的日常生活,使案主制定新的生活规划(Folgheraiter,2007)。

弗里德伯格(Freedberg,2007)从女性主义的角度提出了社会工作的关系理论。随后,这一理论框架被进一步引入"关系-文化"视角(Freedberg,2015),但依旧被认为没有摆脱精神分析理论的框架,是一种微观取向的理论。2010年,吉利恩·鲁赫(Gillian Ruch)等人出版了《以关系为基础的社会工作——触及实践的核心》(*Relationship-Based Social Work: Getting to the Heart of Practice*),其中强调了关系在社会工作促进改变实践中的核心作用,认为社会工作者如果想要顺利地在内容庞杂的关系网络中展开服务和干预工作,就必须重视"关系"。帕顿(Parton,2013)等人提出,好的社会工作就在于建立"关系",关系的性质和质量对于社会工作实践有着重要的影响。罗森伯格(Rosenberger,2014a)讨论了针对不同文化群体的关系社会工作实践。以上的理论建构很大程度上都受限于心理学和社会工作的理论传统,没有充分重视到社会理论这一丰富资源(杨超、何雪松,2017)。而在中国语境里,关系视角更是有着深厚的传统。

关系视角的中国传统

中国一直以来就有着重视"关系"的思想和实践传统,这成为构建社会工作关系视角的重要基础。梁漱溟强调"伦理本位",认为中国是一个充满伦理的社会,人与人的关系问题就是伦理问题,"伦理关系,始于家庭,而不止于家庭。何为伦理? 伦即伦偶之意,就是说,人与人都在相关系中"(梁漱溟,2015)。对于梁漱溟来说,关系就是伦理,也是一种相互间的义务关系。

费孝通则在《乡土中国》中提出了"差序格局"的概念。他认为中国社会"好像把一块石头丢在水面上所发生的一圈圈推出去的波纹。每个人都是他社会影响所推出去的圈子的中心。被圈子的波纹所推及的就发生联系。每个人在某一时间某一地点所动用的圈子是不一定相同的"(费孝通,1998)。在这一基础上,费孝通指出,关系是"以'己'为中心,像石子一般投入水中,和别人所联系成的社会关系,不像团体中的分子一般大家都在同一个平面上的,而是像水的波纹一般,一圈圈推出去,愈推愈远,也愈推愈薄"(费孝通,1998)。这种波纹的差序在费孝通看来就是"人伦",而关系则是伦的条理和次序。

许烺光(1989)提出"情境中心"概念,他认为美国人是自我依赖的个人中心生活方式,中国是相互依赖的情境中心生活方式。他所提出的心理社会均衡(psychosocial homeostasis, PSH)理论强调人是心理社会的平衡体。心理社会均衡的核心概念是"基本人际状态",许烺光理论的最独特视角是将人理解为一个"场"而非独立的个体。杨国枢(1993)提出了中国人的社会取向论点。金耀基(2002)指出,关系是理解中国文化的重要概念之一。黄光国等指出,每个人都建构了一个关系网,而每个关系网络之间又互有重叠,这些共同构成了复杂的人际关系网络,正是这种网络塑造了独具特色的中国人行为方式。而这种网络中的混合性关系是最能体现中国人"人情""面子"的关系,中国人以礼尚往来方式维系这种关系,以人情法则来给予特殊帮助(黄光国、胡先缙,2010)。翟学伟

(2011，2013)指出，关系网是中西共有的东西，但与西方不同的是，中国人喜欢运用人情来构建和运作关系网，由此形成了人缘、人情和人伦三位一体的关系模式。边燕杰(2004)总结了三种中国关系主义理论模型：家族亲情伦理的社会延伸，特殊主义的工具性关系和非对称性的社会交换关系。边燕杰(2010)还提出了关系社会学，从熟、亲、信出发，理解中国的社会关系，这些对于社会工作理论的建构具有重要意义。

关系社会学

多纳蒂回溯了社会学的关系理论，系统阐述了"关系社会学"，将关系置于社会之存在的根本性位置，假定任何人与任何社会制度都是在关系意义上被建构的(多纳蒂，2018)，这致力于突破社会学个体主义和整体主义。关系社会学借助反身性调和个体主义与结构主义的矛盾。以往社会学对于社会关系的理解总是借助于个体或结构，一种是韦伯式的"社会关系是个体的投射"，另一种是马克思主义或涂尔干式的"社会关系是结构或系统的限定"，关系社会学主张利用反身性来促进关系的协调一致，从而管理关系的风险和不确定性，并在贝克和吉登斯的反身性概念的基础上，划分出个体和系统这两种不同类型的反身性(何雪松、王天齐，2021)。

早期社会工作的关系实践聚焦于微观心理层面。随着系统理论和"人在情境中"范式的融合以及系统理论对于精神分析的批判，社会工作的关系视角逐步吸收了系统理论。这一转向表明，西方社会工作的关系思维不再局限于精神分析。社会工作的关系思维不仅仅停留在对个人功能障碍的归因，还开始将问题视为个人能力不足与环境压力之间的矛盾，那么就应对办法而言，仅增强个人的应对能力并不足以应对环境的资源紧张，因而要将工作重点放在增强支持网络上，用流通性更强的、跨越不同系统的生态网络来获取更多的资源，调解个人与环境之间的矛盾(何雪松、王天齐，2021)。

在转向宏观社会工作的过程中,社会工作的关系思维逐步吸纳了关系社会学的思想,运用反身性来连接行动者和社会结构。关系社会学通过反身性阐明了"自我是怎样由'广义的他者'从社会秩序推导出来的"(Pozzuto,2006)这一内在原理,为社会工作的关系视角开拓了宏观视野。关系实践者既可以选择利用情境规范塑造出一个符合社会期待的行动者,也可以选择帮助行动者制定抵抗策略。中国的关系主义思想资源更是从本体论上启示社会工作的想象力。

第二节　概念框架

"人即关系性存在"

精神分析学的关系视角聚焦于人际层面的"交互",在工作关系中,利用人际关系的交互性所产生的共同意义来应对价值文化冲突,与案主建立相互理解和信赖的协作关系;在外部关系中,通过增强案主与重要他人的交互性,增加案主积极的情感体验,帮助案主重塑自我。系统理论的网络思想注重人与环境的"连接",用家庭、社区、其他活动场所之间的"连接"所带来的资源增强案主应对问题的能力。关系社会学的反身性则强调批判性反思,注重人与人之间和人与情境之间的"对话",用"对话"来解构人际互动的情境规范和社会系统的主流话语,建构有利于自身的知识,从而采取行动反抗关系涌现性对于行动者的抑制(何雪松、王天齐,2021)。

关系主义与传统观点争论的焦点在于个体与关系的优先性。关系主义视角下,个体需要放在关系中,关系是第一位的。换言之,人即关系性存在。关系性存在所要表明的含义在于,在社会中存在的行动者必然是关系性的,唯有关系性的行动者才能存在于社会。关系性存在说明了关系的彻底性,也是理解案主生活世界的出发点、构建社会工作关系视角的理论起点(杨超、何雪松,2017)。关系主义下,社会工作中案主个人的问题并不存在,而是案主与社会关系网络的问题。这意味着,案主的生理、心理和社会问题是共在关系或者我-你关系失衡的问题。由此,社会工作的干预将面向关系结构中的排斥他人、自我孤立以及追求过多独占利益的行为与姿态,并且积极创造最优的共在关系结构(杨超、何雪松,2017)。

行动网络与自然帮助网络

对于社会工作来说,从发展之初的慈善组织会社到现代社会中的社会工作服务,其所关心的问题始终都是个体和他所处的社会的关系,其工作重点也一直在于协助案主处理与其周围的关系问题,因此,"关系"这一概念在社会工作专业中占据着极其重要的位置(文军、高艺多,2016),是社会工作实践中行动网络的基础。

福尔盖赖特的网络分析法认为,体现在个人身上的功能障碍是个人能力与社会任务不匹配的结果,是社会-个人的问题。应对问题并非个人的任务,而是行动网络的任务。行动网络根据任务的不同分为三种类型:第一种是个人任务网络,案主周围的人帮助案主解决问题。如果没有完成任务,案主个人承受代价。第二种是团体任务网络,互助小组共同面临问题。如果任务失败,共同负责。第三种是社区任务网络。

自然帮助网络(Natural Helping Networks)是福尔盖赖特非常重视的概念,也是外在观察者所面对的社会现实。在正式的干预中,当社工第一次观察案主时,他们所看到的、在社工有意开始提供指导之前就"自发存在"的社会关系即自然帮助网络。这种关系网络不受任何人的制约,是社工干预之前,甚至是问题出现之前就存在的关系网络。当其因社会工作的干预而改变形式时,它就不再是自然的,而是成了正式帮助网络。正式帮助网络指的是在社工的指导下重组或激活的一组自然关系。在压力大的情况下,自然关系网络可能会经历某种达尔文式的过程,该过程能够选择并留下那些能够"应对"当前问题并愿意提供帮助的人,即严重问题的出现可能会疏远案主社会网络中那些不愿意或不能给予帮助的人。但另一方面,网络的自发转变也可能导致其扩展,形成应对问题行动的"集群"(cluster),这就构成了自然帮助网络(Folgheraiter,2004:166—167,171)。

主要的自然帮助关系与次要的自然帮助关系非常重要。前者是一种当问题出现时,在日常的长期关系中进行自我选择而形成的、持续存在的帮助关系。它们在问题出现之前就已经存在,在问题出现后继续执行着其功能。这些关系有时也可能成为正式的,因为它们可能受到了诸如社工等专业人员的影响。后者是在问题出现后形成的,这些关系可能是与社工等专业人士或志愿工作者共同形成的正式关系,也可能是与同伴形成的非正式关系等(Folgheraiter,2004:171)。

"点、线、面、体"

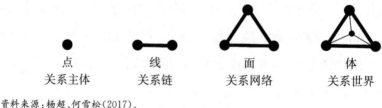

资料来源:杨超、何雪松(2017)。

图9.1 关系概念连续谱

"点、线、面、体"是中国语境下关系操作化的尝试,这一点受到了潘光旦的启发。关系主体、关系链、关系网络、关系世界分别可以对应关系的点、线、面、体四个层次。

"点"——关系主体

关系主体是参与关系的个体,意指"行动者",既包含人类也包含非人类,既可以是一个通过与他人互动而构成的关系自我,也可以是社会产品或自然产物,前者掌握社交技能,后者为社交提供物质或技术支持,它们是组成社会的基本元素(何雪松、王天齐,2021)。主体是关系性的,只有在关系中才能存在主体性;主体也具有建立关系的倾向,因此,主体的本质是社会性的、关系性的(杨超、何雪松,2017)。

"线"——关系链

关系链概念的提出受益于柯林斯(2012)的仪式互动链理论。关系链呈现线性关系结构,尚未形成网状。它是关系主体之间沟通、互动的结果,既包含人际互动,也包含人与非人的互动,在积极建构的人际关系中,互动的意义得以产生,共同的目标和价值取向引发了集体行动,进而使集体情感得到进一步增强。在人与社会产品的互动中,人创造了社会产品,社会产品又反过来维持了互动模式的稳定与秩序,个体与社会产品都存在于彼此的互动之中,如同"点"存在于"线"之中。

"面"——关系网络

关系网络是关系链编织所形成的社会网络。为了使行动者与其所需要的人或物连接到一起,关系视角在"面"的层面上促进系统的开放性,为行动者拓展支持网络和生存空间,在社会的诸多系统之外,还强调社会与自然的交互,在社会与自然之间发展如同蜜蜂与花朵一样的互惠互利的生态网络。

"体"——关系世界

关系世界是由历史发展过程中的行动者网络积累而成的,是关系网络在历史中不断生产的宏观结果,是加入时间维度的关系网络的累积。它随着时间而演化,在更为宏观的层面体现为政社关系的调整与变动。"体"的变革离不开"面"的改变,要为不同方位的"面"寻找连接点,促进公共对话和社会团结,通过合作来推动社会变革。

关系主体、关系链、关系网络和关系世界构成了关系的概念体系。由此,我们可以将前述断裂的微观与宏观的关系理论脉络统一起来,形成一个整合性的关系概念,为社会工作的实践框架提供理论基础,从而更好地推动专业实践,促成从微观到宏观各个层次的改变(杨超、何雪松,2017)。

第三节　实践框架

实践原则

福尔盖赖特(Folgheraiter,2007)将社会工作的关系视角定义为一种实践范式,在这种实践范式中,从业者通过促进应对网络来识别和解决问题,以增强个人和集体层面的应变能力和行动能力。参与性和包容性的工作方式被用来动员和发展支持性和解决问题的网络,这些网络包括家庭成员、朋友、邻居和教师、卫生工作者和社工等专业人员。社会工作的关系视角侧重于将关系作为变革的基础,其核心思想是变化来自互惠援助(Folgheraiter & Raineri,2012)。关系视角的基本理念是:专家系统和社会之间需要密切合作和互惠。这一理念符合社会工作原则,主要是自决、赋权、伙伴关系促进、反身性和自我评估、价值化和服务使用者的参与以及辅助性(Folgheraiter,2007)。而且,与传统的社会工作关注点一致,关系视角肯定了社会工作实践的核心信念,在此基础上,博登(Borden,2000)指出,与社会工作实践相结合的关系视角可能包括以下核心信念:

(1)社会工作的关系视角必须寻求涵盖生理、心理和社会领域的经验;

(2)社会工作的关系视角在面向过程的人类功能模型中将人与环境的概念联系起来;

（3）社会工作的关系视角肯定了人的内在成长和变化的能力；

（4）社会工作的关系视角认识到人际关系的复杂性和社交生活的相互依存性；

（5）社会工作的关系视角优先考虑专业关系在变化过程中的作用。

福尔盖赖特（Folgheraiter，2017）认为社会工作的关系视角与建构性社会工作、反压迫社会工作和反歧视社会工作是息息相关的，幸福感和社会生活问题的解决方案不是来自个人，而是来自应对网络的反身性和行动。基于此，他提出了关系视角的社会工作的主要实践原则：

（1）尊重人性。关系视角的社会工作实践需要参与帮助关系的人们"拉着彼此的手"，并共同产生某种额外的动力和希望，以此推进改变并产生"关系良好"的共享价值（Folgheraiter，2017）。

（2）互惠。互惠原则是关系视角的核心，因为只有当案主能够向他们接受帮助的人提供帮助时，他们才能获得真正的帮助。同样，只有当社工知道如何从他们"有需求的"案主那里请求和接受帮助时，他们才能提供帮助。在这样的放权过程中，交出的权力并没有丢失，而是"投资"在社会关系中，从而为社工带来高额回报（Folgheraiter，2017）。

（3）自助原则。当我帮助另一个人解决问题时，我也在帮助自己。通过为他人承担责任，该人同时接受其他人为他承担责任，这种人与人之间的相互依赖就是通常所说的"互助"。其基础必须是信任，这是社会关系之间的黏合剂，通过积累，可以创造所谓的"社会资本"（Folgheraiter & Pasini，2009）。

（4）网络行动而非个人行动。从关系视角角度来看，社会生活问题的幸福感和解决方案不是来自个人，而是来自应对网络的反身性和行动。"应对网络"是一组关注共同目标的人之间的关系，例如解决社会生活问题的目标。当一个人与其他人一起行动时，这种共同行动会构建出复杂程度各不相同的关系模式，只有当它们真正具有对话性时，才称其为"应对网络"（Folgheraiter，2011）。

（5）行动自由和创造力。为了显示有效的共享反身性和行动，应对网络需要对话,而这种对话性则需要多元化和自由。网络是一种并不寻求不融合成统一的多元主义,具体来说是指一种声音和意图的多元主义,其中每个人都受到尊重,在网络中,没有预先建立的连贯性,唯一的连贯性在于将所有网络成员团结起来共同追求应对目标(Folgheraiter,2017)。因此,从不可预测中产生的自由和创造力是必要的。最大程度的自由或许是由一定程度的"无知"所赋予的,但如果知识的缺乏是由于纯粹的疏忽所致,那么这种缺乏是可悲的。因此社工在实践中需要尽其所能管理应对网络,同时保持开放的心态,推动该网络的所有成员共同学习(Folgheraiter,2011)。

评估

在关系视角的社会工作实践过程中,社工主要评估的就是案主的关系网络,需要考虑的关键问题在于"从关系网络的角度看,案主问题是如何产生的"。

弱势群体的关系网络弱势使其在压力事件的冲击下,产生各类问题。关系网络是一个展现参与者关系力量不断斗争、动态的过程(布迪厄、华康德,2004)。在某一时间段内,关系网络是相对平衡的。然而,内外部力量的变化要求关系网络必须应对由此带来的震荡,如果应对得当则重新保持平衡;反之则导致关系网络的扭曲。当然,在关系力量的推拉变动中,关系主体自身的力量不能被忽视。在面对风险或危机时,案主的主体性"缺席"、能动性的掩盖,以至于无法胜任处理关系网络变动的能力,只能任由问题产生(杨超、何雪松,2017)。在实践中,要基于关系对案主进行评估。群体的关系网络在结构和资源上表现为关系网络的弱势。在面对压力事件中,弱势的关系网络无法有效地应对风险,呈现关系网络的不平衡,从而产生了困难并出现问题。社会工作评估聚焦于案主的关系网络,特别要重视自然帮助网络。

专业关系

社工作为专业人士试图通过将有动力寻求解决方案的人们联系起来,来产生未知的解决方案,他们努力建立或加强足够"亲密"和"深刻"的信任关系,以帮助个体追求他们的目标,提升福祉(Folgheraiter & Raineri,2012)。社会工作的关系视角高度重视社工与案主之间的专业关系,这是影响着社会工作服务效果的关键因素,案主与社工实际是共同体(Folgheraiter,2017)。从理性的角度而言,实证主义是对客观理性的强调,人文主义是对主观理性的强调,它们都无法调和自我与他人的关系问题。关系理性是关系主义的体现,是一种新的理性,既保留了个人的主观理性,又打开了其个人与他人的通道,展现了人的交互性、互存性(贺来,2015)。因此,从关系理性出发,关系主义下的社会工作专业关系拒绝实体思维下将二者关系固化为社工对案主的单方面权力控制或者虚化、轻视社工的看法。

关系取向的社工是促进改变的专业行动者,案主也是促进改变的实践者,案主与社工的专业关系因为促进改变的实践而发生,也必然要体现促进改变。在关系视角中,社工与案主之间不应以社工或者案主为中心,而是要构建一种社工与案主平等对话的关系。在此基础上,关系社工应更进一步倡导理论与实践的对话,推进个体与结构双重层面的改变,实现案主与社工的反思性对话。平等对话和反思性对话是关系主义思维的必然要求,展现了关系视角下案主与社工专业关系的特点。在中国语境下,专业关系可能并非纯粹基于理性,更有可能情理结合,这就意味着需要更多的实践智慧以应对专业关系的动态性、复杂性,"动态合宜"可能是一个合适的原则。

干预技巧

关系社会工作干预的有效性取决于其能够与案主及其社会关系网络所建立的协同作用(Folgheraiter,2004:22)。在这一过程中,社工可以通过促进关系增强、开展关系指导、聚焦关系实践连续谱等方式来实现干预的推进和问题的解决。

关系增权

福尔盖赖特指出,增权(empowerment)是网络的基础,是一种为社会(即一组相互关联的人)提供或恢复行动能力的努力。增权是一个过程、一种心理状态和一种平衡权力的福利策略,这个概念对于诸如社工等对话促进者来说是至关重要的。这是一种"战略态度",如果一个人相信另一个人的行为是有价值的,那么这个人就能够感到一种自我效能感,即它增加了人们感到自己"有能力"从而采取行动的可能性,同时也防止人们感到自己"无能为力"(Folgheraiter,2004:145—146)。增权是社会行动不可或缺的要素。"增权"的实现必须在一个积极的逻辑框架内,要求社工在一种不妨碍案主的情况下采取行动,这样他们不仅可以避免"去责任化"(deresponsibilization)的不利影响,而且还能增加案主的"个人能力感"。而"关系增权"则在此基础上更进一步,强调社工必须采取行动,而不是因被案主所宣称的"无能为力"误导才采取行动。

关系指导

关系指导指的是社工在案主的关系网络中所担任"监督"的角色和任务,社工需要通过"关系指导"为整个网络提供向导和帮助(Folgheraiter,2004:163—164)。案主的自然帮助网络中所涉及的每个人员都能执行不同的功能,但他们之间没有直接联系,这意味着,无论是从认知还是行为来看,案主的自然帮助网络都缺乏整合性,其交叉连接非常弱,是一个链接松散的帮助网络。从这个角度来说,在案主的社交网络中,相关人员的行动没有联系,也不会因为直接互动的影响而改变,他们只会根据任务并随着时间的演变而变化。这种网络结构的"碎片化"阻碍了关系网络的创新,也阻碍了共享解决方案的出现。因此,社工作为网络的外部观察者,应该通过干预活动促使不同个体在关系网络中实现协调和共享,以便更好应对问题(Folgheraiter,2004:168—169)。

社会工作干预既是"指导"的过程,也是"反馈"的过程。简而言之,这意味着社工在观察案主的网络后会将观察到的网络中成员的行为以重新定义的方式反馈给他们。案主的"网络"会告诉社会工作者下一步的行动,例如当社工观察到网络中"好"的部分会予以强化,观察到网络可以做些什么就会给予"刺激以推动其做出行动"。这种对反馈的强调坚持这样一个原则,即必须调动社会现实以达到帮助目的,社工不能违背现实的意愿行事,或刺激它拒绝的任何事物(Folgheraiter,2004:181—182)。

关系实践连续谱

关系视角下的社会工作干预实践是多层次的,与关系概念的连续谱相对应,关系的实践包括胜任能力、人际互动、社会支持、结构变革,它们指明了关系视角下社会工作干预的方向(杨超、何雪松,2017)。

点	线	面	体	层次
关系主体	关系链	关系网络	关系世界	关系概念
胜任能力	人际互动	社会支持	结构变革	关系实践

资料来源:杨超、何雪松(2017)。

图9.2 关系实践连续谱

胜任能力。包括自我效能感、人际关系能力、动员资源和社会支持的能力,以及作出决定以获得其他想要结果的信心。胜任能力是综合性能力,涵盖面向关系链、关系网络和关系世界改变的能力。胜任能力是关系主体能动性和积极性的具体表现,通过胜任能力建设,关系主体的能动性和积极性得以复归或增强。

人际互动。关系链形成、维持的基本方式是人际互动,互动是人际关系的主要行动策略。作为人类的独特行为方式,互动也是人类社会相互联系、相互整合的纽带,其基本内容包括谈话、倾听和观察。正是通过互动,人际关系得以建立,而且互动以胜任能力为基础。

社会支持。社会支持是在胜任能力和人际互动的基础上,社会网络结构使用后的结果。基本的社会支持体系包括家庭支持、同伴支持、社区支持和专业支持等。社会支持的动员既要推进社会支持体系搭建,也要动用其中的资源,因此也包含社会资本的意义。

结构变革。关系世界的实践需要政策和制度的变革,代表社会结构的变革,这是宏观社会工作的价值目标。结构变革是结构和体制层面的改变,这样就有着更大的影响力。社会工作的发展体现了政社关系的历史变革,也在一定程度上展现了社会工作推动转型的宏观使命,反映了社会工作的结构视角。

关系实践概念连续谱的四个层次呈现递进性,对于后一个层次的讨论总要牵涉前一个或前几个层次的讨论。关系主体、关系链、关系网络和关系世界构成了关系的概念体系。由此,我们可以将前述断裂的微观与宏观的关系理论脉络统一起来,形成一个整合性的关系概念,为社会工作的实践框架提供理论基础,从而更好地推动专业实践,促成从微观到宏观各个层次的改变(杨超、何雪松,2017)

第四节　贡献与局限

从传统的个体视角转向关系视角,是社会工作理论发展的一个重要进展。

社会工作的关系视角具有较大的兼容性和整合力，社会工作的系统理论、社会支持理论、赋权理论、交互分析理论等都可以在关系视角中得到应用。

但总体而言，西方的社会工作关系视角倾向于注重微观，落实到人际关系这个层面，社会问题的个体化并不能在人际环境中得到解决。就美国的语境而言，阶级、性别、种族是三个重要的结构变量，但社会工作在面对种族歧视、两极分化等宏观议题时，尽管社会工作界认识到这是"大挑战"，但具体的理论建构是无力的，实践是乏善可陈的。反观中国的语境，社会工作所面对的社会问题和服务需求，需要置于城乡、区域、阶层、代际等宏观层面的关系格局之中进行认识，也需要有更广阔的结构想象力，因为社会工作要回应社会转型的乡村振兴、共同富裕、流动儿童、留守儿童、城市更新等议题，都需要从改革、发展的宏大脉络之中寻求解决方案。目前关系视角的理论传统大多集中于人与人之间的关系，而人却不仅生存在人际关系之中，还需要进一步探索人与物、人与智之间的关系对于社会工作实践的意义，特别是人工智能广泛应用之后，需要拓展关系视角的边界。尤其是数字交往形态的不断演化，这是社会工作的关系视角需要解决的新课题。由此可见，现有的理论存在重系统而轻行动者、重效率而轻质量、重社会而轻自然的弊端，需要在中国语境下予以文化自觉的审视。

进一步而言，重视关系是一回事，确认关系的本体性是另外一回事。在这个意义上，西方的社会工作关系视角不太可能是彻底的，因为社会的基础是个体主义，但中国社会是以关系为本的，这为建构真正的、彻底的社会工作关系视角奠定了基础。但我们必须承认，关系的社会理论基础是厚实的，但社会工作关系视角的理论建构只是刚刚起步，要形成一整套理论、概念和方法体系，还需时日。毫无疑问的是，如果我们能够推进社会工作关系视角理论框架的搭建，这对于建构全球的社会工作理论体系，就是作出了中国贡献。

§本章小结

本章介绍了社会工作关系视角的理论脉络、核心概念和实践框架。关系视角的起源可追溯到专业社会工作的发端,其在发展过程中涉及精神分析理论、系统理论和关系社会学三大理论基础。社会工作的关系视角强调个体的主体性地位和能动性,尤其关注主体之间的平等、尊重和接纳。在开展实践时,关系社工需要承担起"关系指导"的角色和任务,重视与案主之间平等性和反思性的对话,实现对案主的关系增权,从关系主体、关系链、关系网络和关系世界四个层面展开服务,将问题置于个体的关系网络中去理解并提升网络成员自我指导的能力,这一点与"人在情境中"的社会工作理念形成了呼应。社会工作由个人视角转向关系视角,是实践和理论的一个新起点,如果我们能够融会多重理论资源,可以结合社会工作的丰富实践,就可能建构更具一般意义的关系视角。但不可否认的是,目前国内有关社会工作关系视角的学术研究还处于探索阶段,关系视角理论框架的构建并未完成,还需要进一步探究和在实践之中确认。

§关键概念

关系　关系实践连续谱　自然帮助网络　关系主义

§拓展阅读

Folgheraiter F.(2004) *Relational Social Work：Toward Networking and Societal Practices*. Jessica Kingsley Publishers.

§思考和练习

1. 如何理解"人即关系性存在"这一论断？
2. "关系"与"社会资本"这两个概念的联系与区别是什么？

第十章　存在主义

感谢你敞开双手的家园,让我了解到我有选择权。我将一直保持孤独,但这真是一个差别,一个美妙的差别,去选择我所做的事情。阿摩法提——选择你的命运,热爱你的命运。

——Yalom,2003:353

加缪笔下的西西弗日复一日地重复着单调且看似无望的努力,但他从未放弃。这是存在主义的论题。从形而上的存在主义到形而下的社会工作,无疑是巨大的跨越。但这一努力将社会工作提升到从哲学层次反思和回应人类的生存困境。它强调每个人都是自由的,都可以进行选择,并对自己的选择和行动负有责任,这样每个人都被视为自己生活蓝图的艺术大师。如同亚隆(Yalom,2003:141)所言,"一旦个体认识到他们在制造自己生活困境中的角色,他们就会认识到,只有自己才有力量改变这样的情境"。因此,存在主义理论认为,社会工作是一种艺术,一种帮助他人寻求一种有意义的存在方式的艺术,这样的认知无疑是基于人本传统的,与实证传统形成了对立。克里尔(Krill,1978)和汤普森(Thompson,1992)都是存在主义社会工作的推动者。而本章的论述主要基于后者。尽管存在主义社会工作的概念框架和实践架构还只是初步的,但考虑到它代表了人本传统的重要进展,故专辟一章进行介绍。

第一节　理论脉络

作为一种社会工作干预模式的存在主义无疑发轫于存在主义的哲学。存在主义聚焦于人类的局限性和生活的悲剧、荒诞、不幸、孤立、异化和焦虑。克尔凯郭尔对恐惧(angst)的关注,讨论了害怕、焦虑和担忧在生活中的作用,而人的目的就是创造自己。尼采强调了主观的重要意义,因为人类更多的是意志的产物。这样,如果我们赋予自己以掌握权力意志的自由,我们就会发现自己的创造力和本来的潜能。海德格尔鼓励寻求真正的体验,而情绪和感觉可以了解我们的生活是如何构建的,如果从一种模糊的感觉转换为明确的自觉,就可能对未来提出更为积极的答案。萨特认为人的价值就是我们可以选择(但选择要负责任),选择就可以使我们成为不同的人。可见,存在主义哲学关注人类对其生存的意义的本位性思考。人既是"主体",也是"客体",这样能思的主体就可以反观自身。人受制于环境,又可作用于环境,环境可能包含着荒诞和异化的体验与苦难,人又可能超越这样的环境。总体而言,存在主义关注四个主题:强调个人的自由以及人的独特性这一基本价值;苦难是生命的必要组成部分,对人类成长和意义的实现具有重要价值;当下是发现生命意义最真实的方式;强调生活的责任感(Turner,1996)。

存在主义成为一种助人模式是从心理治疗开始的。科里(Corey,2004)认为,弗兰克尔(Frankl)、罗洛·梅(Rollo May)、詹姆斯·布根塔尔(James Bugental)和欧文·亚隆(Irvin Yalom)是存在主义心理治疗的四个先驱人物。弗兰克尔从20世纪30年代开始主张心理治疗的对象并非心理动力理论所言的人类的"潜意识",而是"存在"这一人类本质。助人应该从人类的存在出发,分析人生的意义和存在的价值,帮助案主寻求生活的意义,发现和发挥自身独特存在的意义。然而,我们生活的现状就是"无意义",而治疗的目标就是促使个体经由爱、苦难和工作而发现意义,"通过意义而进行治疗",这样案主会更具有责任性和伦理性。梅的《存在:心理治疗和心理学的一个新的方面》进一步确认了我们的选择决定着我们成为什么样的人。亚隆辨识了人类四个基本的存在性思考:死亡、自由、存在疏离、无意义。这恰恰是现代人遭遇的心灵困境。他撰写的教科书《存在主义心理治疗》(*Existential Psychotherapy*)(Yalom,1980)和《团体心理治疗理论与实践》(*The Theory and Practice of Group Psychotherapy*)(Yalom,1975)是具有开创性意义的著作。心理小说《当尼采哭泣》(Yalom,2003)更是一个了解存在主义心理治疗的文学读本。

在社会工作领域,克里尔(Krill,1978)提出了存在主义社会工作(existential social work)这一概念并进行了较为系统的阐述。汤普森(Thompson,1992)的《存在主义与社会工作》无疑是最重要的文本。他们都致力于将存在主义引入社会工作的理论体系,从而推进了人本传统。

第二节 概念框架

存在主义作为一个哲学流派,包含了众多的概念,并且不同的概念在不同的哲学家看来含义迥异,尽管他们都是存在主义者。正如汤普森(Thompson,1992)所言,试图以一种简单和清晰的方式表达某些哲学概念无疑会有过分简化之虞,它可能会损失特定概念的丰富含义。尽管如此,本书还是要介绍若干与社会工作关联性较强的概念,并且主要来自汤普森(Thopmson,1992)对萨特进行的社会工作式阐释。

存在

存在无疑是存在主义的核心概念。萨特区分了两种类型的存在：自在的存在和自为的存在。自在的存在是纯粹的存在，自在即"是其所是"，所以自在的存在是不思、不想、不动。它仅仅在那儿，无所谓好与坏，没有分化，没有意见，是中立的、静止的，没有内在的意义。自为的存在是我们意识到的存在，自为即"是其所不是"，所以自为的存在是一个动态的、不断变化的过程，它是有意识的、有潜力的、可以改变的，体现了积极性和创造性。更为重要的是，自为的存在将意义引入世界，并对人和世界进行区分。从自在的存在转变到自为的存在对个人而言是一个重要的过程，社会工作可以作用于这个过程，帮助案主认识到改变是必要的且可能的。

自由和责任

自由和责任对于人类存在而言是对立统一的。人可以自由选择不同的道路，这样人自己就成为塑造自己生活的主体。然而，人们应该为自己的自由选择承担责任。因为我们在创造自己的命运之时，也制造了自己的问题。毫无疑问，承认责任是变化的基本条件，因此鼓励案主直面自己的责任是极其重要的。人们因此而为自己的行动承担全部责任，这是存在伦理的重要层面。我们有行动自由，但没有免于回应我们的环境和施加给我们的压力的责任的自由；这些都是存在的事实。认识到自由和责任的辩证关系对于个人是关键的，尤其是在生活转变时期。

自欺

绝对自由意味着绝对的责任，一个人只要选择了一个事件，他就得为这一事件的后果承担全部责任。他不能把责任推诿于他无法控制的条件,把自己的选择及其后果说成是不可避免、命中注定、迫不得已、顺乎自然、随波逐流,等等。人不能逃避自由,却能找出种种借口推卸责任,这些借口就是自欺。很多人相信自己不能作出选择或没有责任,这就是自欺。可见,自欺是一种自我描述,旨在回避因存在自由而产生的焦虑,但这注定会失败。自欺也是一种"虚假意识",这会阻碍我们去体验存在自由的潜在解放效果。自欺的伦理后果是,如果我们以自欺的方式行动,我们就加诸自欺于他人,如果我们否定自己的自由,也就否定了别人的自由(Thompson, 1992)。社会工作者就是要让人们认识到自欺,并尝试回到本真性。

本真性

没有自欺即为本真,本真的行动与自由和责任保持一致,这样的行为是与人类自由和自我创造一致的。要实现本真性的存在就要控制自己的生活,包括接受选择和责任、学会与焦虑共存,并且要以自己的价值观进行选择,而非屈从于外部影响。所以本真性就是存在的自我发现,它消解了自欺腐化性的一面(Thompson,1992)。

意向性

意向性即人具有根据他们希望未来如何而行事的能力。存在主义拒绝关于人或社会应该如何的任何先前的期望。这与行为主义或心理动力理论的观点不一样,它们宣称过去对现在有重要影响。因此,我们如何解读它并为了未来而如何行动为我们的生活赋予意义。结果是,人类能够透过他们的个人自由去创造或界定自我。人格和社会结构是自由的人类的选择的结果。然而,他人将我们的行为贴上标签,这让我们不得不紧紧握住。因此,我们开始接纳被应用于我们所作所为以及我们是谁的社会期望的局限。这是我们应对关于生活的"荒诞"感觉的一种方式(Payne，2005)。

关系

人们努力取得认同和与他人的关系。我们都在试图与他人建立关系,这样才可以免于孤独、焦虑和异化。但我们经常会体验到没有自我,为他人而活,或者成为自我的陌生人。因此人类处于一种独立和与他人相连的矛盾处境。这样,与他人建立一种共同成长的关系就是重要的,与此同时找回自我也是变化的重要条件。汤普森(Thompson，1992)甚至认为存在主义社会工作也是某种关系为本的社会工作形式,可见关系之重要性,因为存在的即关系的。

焦虑

焦虑是存在主义的一个核心概念,焦虑来自生存的抗争,从而确保个体的存在,它是死亡、自由、隔离和无意义导致的结果(Yalom，1980)。焦虑可以视为成长的潜在来源或成长的刺激,没有焦虑就无法生活,也不能面对死亡。为此,干预的目标不是消除焦虑,而是鼓励案主直面生活、坚定立场、作出选择,从而体验到新的生活方式的满意感。

死亡

存在主义对死亡有着较为积极的认识,因为认识到死亡是人类存在的一个基本状态,可以赋予生活更多的意义。这样,我们就了解到死亡是不可避免的现实,因此对死亡的思考是必要的。只有这样,死亡才能激励我们更为完整地生活,抓住当前的任何一个有意义的事件。一言以蔽之,关于死亡的积极思考可以拯救我们的生活。亚隆(Yalom,2003)认为治疗师可以在治疗过程中直接谈及死亡,因为直面死亡的恐惧可以帮助我们将死气沉沉的生活转变为更为真实的生活。

第三节　实践框架

实践原则

存在主义社会工作的基本目标是让案主直面并接受令人敬畏的自由和行动的责任,洞见自己生活的非本真性或"自欺"成分,转向本真,作出决定,寻求改变。汤普森(Thompson,1992)提供了一个立足于萨特的存在主义思想的关于社会工作的实践理论架构,这一架构提出了若干具有实践操作意义的基本原则(见表10.1)。

表 10.1　汤普森存在主义社会工作的实践原则

原则	实践意涵
自由和责任是人类经验的主要基石	避免认为案主的行为是既定的或不可改变的。寻找案主可进行选择的生活领域并帮助他们这样做。旨在认识限制案主的选择的情景之中的要素并移除。
自由是解放和负担	将自由的负面,例如焦虑、担忧和自欺,转化为积极的一面,例如自我控制、自信和本真。
本真性是解放的关键,"自欺"是处理问题的普遍的不成功策略	社工必须瞄准本真性,即接受和采用他们自己的能力为他们的生活和他人的生活"制造差别"。案主要在别的工作被完成之前确立本真性。不然,他们将依赖于他人或规章和制度的金箍棒去把握他们的生活。
存在被体验为无能为力;每个人都应该接受责任	案主与众多问题抗争。社工要协助他们在可能的有限领域承担责任。如果这个实现了。承担更多的集体责任是可以实现的。
存在主义需要共享的主观历程和伙伴取向	出发点是接受和认识到案主对其经验的感觉以及分享承担责任、采取行动的过程。

（续表）

原则	实践意涵
认知到控制性、权威性与非指导性工作之间的张力	了解和洞察社会工作的这两个层面之间的复杂冲突统一于认识到形成于案主的自由和责任的总体观点的冲突之中。
存在是运动	自然的稳定是不可能的。社会工作寻求发展和进步而非四分五裂。
存在的自由和自我创造的过程是政治解放的基础	在有可能实现后者之前要先实现前者。

资料来源：Thompson（1992）；Payne（2005）。

存在主义思想强调"整全主义"的人本主义价值观，即视个人和社会系统为一个整体。"总体化"意味着尝试形成我们对情景及其历史的综合理解，这样的综合有助于我们从不同的观点的交织和冲突之中形成理解。"辩证理性"就是这样一个我们透过持续的内在的和存在主义式的争辩而发展出我们对世界的总体看法的过程（Payne，2005）。

人具有自我知觉能力。人都能够进行自我知觉、思考和决策。知觉得越多，获得自由的可能性就越大。所以，扩展我们的知觉就能够增加充分生活的能力。因此，扩展自己的知觉能力对于人的成长是最基本的。当我们把自己世界的门打开之时，可能会有更多的抗争，但同时也为更多的成就赋予了可能性（Corey，2004）。

人类可以实行自我定义和自我创造。如果我们能够接受和利用我们的自由，在我们诱致或作用于持续变动的人格和社会情景的时候，我们可以乐观地期待"自我定义"或"自我创造"。自由即创造我们自己的责任，而可怕的是，知晓在我们的创造之中既有负面的东西也有正面的东西（Payne，2005）。

社工要协助案主寻找意义。从生活中寻求重要性和意义是人的重要特点。但价值观的混乱可能成为意义缺失的重要根源，因为人们无所依托，甚至会体验到空虚和肤浅的无意义感乃至无能力感。因此，寻求一种与自己生存方式一致的价值观或建构生命的新意义是改变的重要动力。即便是苦难也可以经由赋予新的意义而成为人类成就的肇始。

政治层面的行动是必要的。社工应该在工作中具有政治敏感性,即注意到影响案主的一般政治和社会议题。政治和社会限制阻止人们利用自己的个人自由,异化就来自所有形式的压迫。因此,存在主义寻求一种彻底的社会重构——"再社会化",由此人们可以根据他们的愿望和需要自由地参与持续的重新建构过程。如此,自由将允许人们克服异化,参与者的持续建构将形成一个新的存在(Payne,2005)。

评估

存在主义社会工作的评估并没有一个明确、结构化的评估指引,这与其基本实践立场是一致的,因为它认为应该基于案主的独特性展开实践。然而,从其概念框架出发,我们可以辨识出评估的主要面向:

(1) 辨识案主生活中关于自由、责任、焦虑、关系、选择、命运乃至死亡的主题,这样的主题可以从案主最初的诉说中发现,比如他可能觉得没有选择、命运不济。

(2) 探索案主目前的选择困境和影响选择的因素、生活情景中的重要关系和资源,以及生活的期望。

(3) 探索案主的"自欺",了解案主对世界和人生的看法,考察"自欺"的影响。

(4) 了解案主价值系统的来源和他们认可的权威或偶像,这是价值重建的重要前提。

专业关系

存在主义社会工作将社工与案主的关系置于最为重要的地位,因为在干预情景中,这样的关系本身就是激励积极改变的因素。因此,在专业关系上,它秉持了人本传统,即以诚实、同理、支持和正直面对案主,让案主体会到社工的勇气、态度和责任。这样的关系应该为改变提供能量和支持,社工成为案主漫长、艰辛的改变历程中的伙伴。在这个意义上,存在主义社会工作不主张干预的客观性和专业距离,而是一种非控制性、非指导性的介入,它旨在极力创造一种对案主的关怀与密切关系,从而形成一种良好的在场感。

干预技巧

　　存在主义社会工作并不以特殊的干预技巧见长,它往往会依照案主的独特性而作出反应,本书只提供三个可能的策略作为参考。

　　增强沟通。存在主义思想认为一个家庭的不同群体需要跟一个具有整合性的群体进行交往。社工也许需要寻求改善整合,即为群体利益作贡献。这有助于在追寻所有的个人计划之中提供相互支持。很多关系难以经由行为的一般原则而实现最好的理解。相反,我们可考虑它们的具体计划以及限制它们付诸实施的障碍。成功关系的重要层面就是能够对特定状况进行沟通。如果父母担心和心烦意乱,如果小孩了解父母的处境,他们就能够理解对于一个要求的冷漠反应或激烈反应。如果他们不理解,他们就会很困惑。如果他们理解,如果沟通是有效的,他们才可接受自由行动的责任(Payne, 2005)。

　　消除限制感。在存在主义看来,人们会遭遇诸多的限制,这些限制让他们无法自由进行选择,久而久之,人们会接受这样的限制,他们会感觉到比他们面对的限制更多的限制。存在主义将此视为接受选择自由的非现实性限制的"自欺"。社工要试图消除案主的这种受限制感,从而使其可以作出更多选择。

　　赋予意义。社工要与案主一起赋予生活以"意义"。对存在主义而言,这只能来自进行选择和已经作出了选择。当前的问题可能会阻碍人们对他们作出的选择以及仍将作出的选择的价值形成一个现实的评估。已经形成的自我感可能被当前的问题经历所破坏,根据存在主义的假设,这需要重构。

第四节 贡献与局限

存在主义将"人"带回了中心位置,关注人类生存的中心:问题、知觉、自由、责任乃至死亡。尤其是,死亡被积极地看作一种积极的力量,人际关系受到了高度的重视。存在主义社会工作强调了人类存在的精神生活和生命意义,充分关心人类独特的存在意识,并致力于挖掘深蕴的心理体验,这沿袭了社会工作的人本传统,实现了从决定论到自由论的转变,在某种意义上,它是对心理动力理论、认知/行为理论的纠偏,因为正如汤普森(Thompson,1992)所争辩的,大多数社会工作理论在考虑人性的这些层面上比较薄弱,这使得在理解社会关系和人际关系方面难以令人满意。存在主义社会工作还从一个特定的层面展现了社会工作的艺术性,因为它试图颠覆实证传统的冷漠和机械,以更为人情的、具有同理性的方式与案主建构关系并一起成长。存在主义社会工作主要适用于面对发展危机、有痛苦体验、面对死亡、自觉命运不佳、遭遇生活焦虑的案主,对那些处于生活交叉路口、质疑当前生活状况且乐意接受挑战的人效果更佳(Corey,2004)。然而,在社会工作文献中,关于存在主义社会工作的干预研究较少。正是在这个意义上,存在主义社会工作的影响主要是哲学或价值层面的。

汤普森(Thompson,1992)将萨特的存在主义引入社会工作还只是初步的,他还没有很好整合存在主义诸多流派的精髓,也没有将存在主义心理治疗的进展纳入其中。但这样的尝试是值得赞赏的,因为这对社会工作理论的演进具有重要的意义。存在主义社会工作缺乏干预的具体框架和实践技巧,并且使用了神秘的语言和抽象的概念,这对于许多社工而言可能是充满困惑、无法理解、难以接受、无法接近甚至是望而却步的。因此,存在主义实践要进一步澄清其概念,明确其干预程序,凸显其干预技术,以使干预过程具有可测量性。存在主义可能对部分案主是不适合的,因为哲学层面的思考可能无法使那些思维受损的案主受惠。

§本章小结

存在主义社会工作在一定程度上是边缘的，因为它对社会工作的艺术性的强调阻碍了结构化指引的形成，它的实践有效性还需要进一步的证实。然而，这个发轫于存在主义的社会工作实践理论承袭了人本传统，并尝试将存在主义这一对社工而言似乎高深莫测的哲学概念化为一个社会工作的理论体系，克里尔（Krill，1978）和汤普森（Thompson，1992）是代表人物。这个理论体系的核心概念是存在、自由、选择、责任、焦虑、本真性和自欺。存在主义社会工作鼓励社工与案主形成一种非指导性的充满关爱的真诚专业关系，并协助案主看到自己的困境和"自欺"，从而一起寻求改变，促进成长。相较而言，存在主义社会工作的发展还只是初步的，概念有待澄清，干预的结构化指引尚付阙如。

§关键概念

存在　自由　选择　责任　焦虑　本真性　自欺

§拓展阅读

1. ［美］欧文·亚隆（2003）《当尼采哭泣》，侯维之译，中央编译出版社。
2. Thompson，N.(1992) *Existentialism and Social Work*，Avebury.

§思考和练习

1. 如何将自欺转化为本真性？
2. 你自己的生命历程中是否遭遇过存在的焦虑？这样的焦虑是否已经得到化解？如何化解的？
3. 如何理解自由和责任之间的辩证关系？

第十一章　灵性视角

> 灵性是助人的核心。它是同理和照顾的核心、同情的脉搏、实践智慧的涓涓细流，是服务行动的动力。

——Canda & Furman，1999：xv

尽管传统社会工作一直致力于从全人的视角去考察人与环境之间的关系，但生理、心理和社会维度之外的"灵性"的引入是较为晚期的进展，这是一个充满神秘和启示意义的领域。尽管灵性视角还只是处于初步的发展阶段，但它有助于我们更为深刻地理解"人"（personhood），从而致力于重构社会工作的理论架构。尽管灵性的理论框架并未成型，但这是一个很有希望的发展方向，在这样一个如贝克所言的"风险社会"里，很多不确定性和未知需要灵性视角予以回应。

第一节　理论脉络

从历史的角度来看，西方的社会工作是植根于宗教传统的。基于宗教的慈善事业为社会工作奠定了基础,犹太教和基督教的某些理念成为社会工作的价值前提。随着社会工作的职业化和世俗化,宗教和灵性问题成为生物-心理-社会之外的私人议题,社会工作鲜有涉及,这一状况的出现是实证主义占据主导地位所决定的,因为灵性似乎是难以测量和定量的,以追求科学性为己任的社会工作势必会忽视这一重要的维度。这一局面到 20 世纪 80 年代才得以改变,这一改变源自存在主义、超个人心理学的兴起和社会工作自身的反思。

正如前一章所揭示的那样,存在主义将人带回了中心位置,并强调人类生存的精神生活和生活意义,这样的理念也进入了社会工作的理论架构(Thompson, 1992)。尽管存在主义并不注重终极现实,但它强调灵性的体验并洞察到本真的信仰是成功建立意义的核心因素。因此,坎达和弗曼(Canda & Furman, 1999)认为,存在主义是灵性视角的理论脉络之一。

考利(Cowley, 1993)认为超个人心理学与人类本性的灵性维度有着重要的关联,并认为基于这样的理论可以形成所谓的"超个人社会工作"(transpersonal social work)。超个人理论旨在探求终极关怀、巅峰或神秘体验和灵性实践的合理性。超个人理论是为了探求超过生存水平的意义并整合更高层面的意识和灵性关联(Cowley, 1993)。超个人心理学关注的是灵性的成长和意识的转变,成为心理学的"第四势力"。就超个人社会工作为社会工作带入灵性维度而言,可以称之为"第四维"。

超个人心理学认为灵性健康是灵性实践的结果,需要整合身、心、灵。灵性幸福感就是个人丰盛感、生命满足感、与他人和世界的和谐感、与终极世界的同一感(Bloomfield, 1980)。超个人理论的出现是为了回应道德价值的失落和人们在新的风险面前的无助感,灵性实践正是在这样的领域有了发挥的空间。超个人实践引发精神领域的转向,即从自我实现的西方模式转化为更关注自我超验的东方视角,东方哲学或宗教的很多价值得以重估,包括对阴阳、道家、佛学(包括禅宗)的认识和应用,李等人(Lee et al., 2009)的著作即为其例。

社会工作本身也在不断扩展自己的理论视域,从早期仰仗于实证传统和弗洛伊德的精神分析学说到今天哲理基础的多元化和理论框架的多样化。其中最为重要的变化体现在更加关注人的优势和潜能,更加倾向于从一个全人的视角来看待案主。因此,在生物-心理-社会这个框架之上再加上灵性的维度是自然而然的理论进展。致力于回应案主的多元需要的社会工作必须直面这一现实的需要,特别是我们正在进入一个个体化时代和风险社会,灵性是必须受到关注的(Gray,2008)。

坎达(Canda,1988)对灵性与社会工作的关联进行了初步的探讨,他自己与疾病共存的个人体验是重要的注脚(Saleabey,2016)。近三十年来,更多的人加入了建构社会工作的灵性视角的阵营,其中包括埃洛、内廷和蒂博(Ellor,Netting & Thibault,1999),坎达和弗曼(Canda & Furman,1999)以及布利斯(Bullis,1996),李、恩吉、勒尔格和陈(Lee, Ng, Leurg & Chan,2009)试图建构一个基于东方哲学的"身心灵"模式。

第二节 概念框架

灵性的定义

什么是灵性(spirituality)呢?这一直是一个问题,在一定程度上,澄清这个概念将是灵性视角进一步推进的切入点。既是神学家也是社会工作专家的布利斯(Bullis,1996)认为,从临床的意义上讲,我们关于自己和世界的信仰即为灵性,它唤起感受并指引行动,最终成为我们的个人现实。卡罗尔(Caroll,2001)辨识出灵性有两个主题:第一个主题是个人关于现实的超验和终极源泉的存在知识以及与它们的关联;第二个主题涉及源自人类最深层次的内核,即人的本质、人的基石、人的灵魂或人类终其一生的原则或动力。当然,这两者是相互关联和互为补充的。

相应地，卡罗尔（Caroll，1998）认为灵性有两重意义：作为本质的灵性（spirituality as essence）和作为一个维度的灵性（spirituality as one dimension）。作为本质的灵性是指赋予自我发展和自我转变以动机性能量的核心本质。作为一个维度的灵性是指个人对意义、与上帝的关系和超验或终极现实的追求。作为一个维度的灵性可以被视为人的"超个人"维度。

布拉德福德（Bradford，1995）认为，灵性是一个包含三重意义的概念，这三个部分是人性的、奉献的和实践的，三者紧密联系在一起，作为一个整体互为补充，并在实践中体现为多元文化和不同信念的结合。因此灵性就是一种健康、积极涉入的方式，这里的涉入包括与自己和家庭、与上天和自己的信仰、与我们每天的活动以及与他人的联结。这个概念强调的是联结。

坎达（Canda，1990）对灵性的界定是从广义和狭义两个层面进行的。从广义而言，灵性是人类生活和人类发展的整体过程的格式塔（gestalt），包括生理的、精神的、社会的和灵性的层面，它不可以化约为上述任何一个层面，它即为人的整体。从狭义而言，它涉及个人或群体的经验的灵性部分，这里的灵性是与个人寻求意义感和与自己、他人、宇宙和存在的本体基础的道德成就感。坎达认为灵性与宗教是有区分的，因为宗教是需要加入一定的社会设置的，并且业已形成模式化的灵性信念和实践，是高度组织化和制度化的。因此，宗教是灵性的一部分，但灵性不仅仅包括宗教，也包括那些非宗教对意义、终极现实和上天的追求和体验。

坎达和弗曼（Canda & Furman，1999）认为社会工作中关于灵性的定义包含了六个普遍要素：（1）被视为无价的、不可化约的个人精髓或全人特质；（2）回应寻求意义、道德框架、与他人关系（包括终极现实）的个人特定层面；（3）超个人本质的特殊体验；（4）转变为某种关于自己和他人的整体感的发展过程；（5）参与灵性支持群体而非必然加入正式的宗教；（6）涉及特殊的信仰或行为。这样的澄清也许有助于我们对灵性的初步理解，而关于灵性的具有共识性的定义恐怕还有待时日。

灵性的模型

　　定义的论证无疑决定了其模型的多样化。卡罗尔（Caroll，2001）综述了灵性的多种模型，包括埃利森（Ellison，1983）的垂直-水平（vertical-horizontal）视角，沃恩（Vaughan，1985）五层次模型，法兰、菲切特、奎林-恩布伦和伯克（Farran, Fitchett, Quiring-Emblen & Burck，1989）提出的整合视角（integrated approach）和统整视角（unifying approach）以及自我-他人-情境-灵性循环模型（self-other-context-spiritual circle），坎达和弗曼（Canda & Furman，1999）的全人模型（holistic model），埃洛、内廷和蒂博（Ellor, Netting & Thibault，1999）的全人模型。卡罗尔（Caroll，2001）的全人模型整合了上述模型的主要因素。

　　首先介绍坎达和弗曼（Canda & Furman，1999）的全人模型。这个模型是从三个层面对灵性进行理解的：作为个人整体的灵性、作为人的核心的灵性和作为

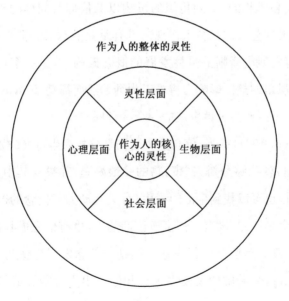

资料来源：Canda & Furman(1999)。

图11.1　灵性的全人模型

人的精神层面的灵性。如图 11.1,根据这一模型,灵性可以从六个层面进行理解:精神动力、灵性体验、灵性的功能、灵性的发展、个人或群体灵性视角的组成要素,以及个人和群体的宗教表达。

精神动力是指个人寻求一种可以丰富生命并获得意义感和统整感的深刻体验。灵性体验包括人关于神圣、超自然、超个人和神秘的体验。灵性的功能包括认知、阐释和关联。灵性的发展经历一个过程,可能是逐步成长,可能是阶段性转变,也可能是危机。灵性体验、功能和发展过程就构成个人灵性视角的组成部分。宗教的表达包括诸如对超自然的认知、道德体系、神话系统、仪式(Canda & Furman,1999)。

灵性的发展

灵性的发展是一个持续的、螺旋式上升的过程:我们的灵性是在与他们的关系和关注下建立和成长的,受到传统的影响以及信仰共同体的支持。认识灵性的发展,对于将灵性整合进社会工作视角具有重要的意义。但目前,社会工作的灵性视角还没有发展出清晰的灵性发展的概念架构,这是一个迫切需要突破的领域,否则灵性视角的整体影响力将难以为继。然而福勒(Fowler,1987)提出的信念发展阶段论可以作为灵性发展的一个参考框架。

福勒(Fowler,1987)认为,信念这个名词是寻找人生意义的别称,有了信念,人就有价值取向,就能够分辨人、事、物的爱恨好恶,并投身其中,即便在人生的危机或痛苦之时,也可以找到生活的缘由、意义和动力。信念的产生有其宗教的性质,但也不完全是这样,没有任何宗教信仰的人,也有信念成长的过程,只不过并非以宗教的语言对其信念进行表达。福勒的信念发展论认为,人一出生就有产生信念的潜质,这个潜质的发展立足于我们的出生背景和成长环境。外在的人与事会影响我们的信念形成,信念的发展按照预期的阶段,每个阶段都有其特点。福勒参照皮亚杰的发展阶段的划分将信念成长划分为以下几个阶段:

(1) 原初信念(primal faith)(3 岁之前)。婴儿对父母有一种前语言期水平的信任,这样的信任可以平衡因分离而导致的焦虑。

(2) 直觉-投射式信念(intuitive projective faith)(3 岁至 8 岁左右)。人与生俱来具有自然与超然的直觉信念。婴儿与孩童时期的信念观通常没有什么思想逻辑,像一幅幅不按次序的图画。但宗教仪式会给孩子留下深刻的印象,如同一幅幅长久不可磨灭的图画。

(3) 童话-字面式信念(mythic literal faith)(8 岁至 12 岁之间)。这是直接接受知识的阶段,儿童不以分辨、分析为主,但注重因果关系的思考。这一阶段,说故事是传递信息的主要方式,这时候孩子最喜欢知道关于那些属于自己群体的"故事",包括信仰、神话。

(4) 综合-惯例式信念(synthetic conventional faith)(12 岁至 18 岁之间)。这是一个比较尴尬的阶段。青少年一方面已培养了认知、分辨、判断的能力,另一方面又想打入同辈群体去认同群体的信念。这样,自己的信念或父母所灌输的信念可能因为要进入同辈群体而被搁置。这一阶段是少年人最富好奇心的阶段,也是最愿意尝试的阶段。尴尬之处在于同辈信念和被传承的信念之间存在冲突,可能无所适从。

(5) 个人-反思式信念(individuative reflective faith)(18 岁以上)。这一阶段致力于对以前的信念发出挑战,寻找自己终生信念的依据。由此,可能产生多种信念危机:过分理性地对待信念,抗拒传承下的信念,寻求新的信念。

(6) 契合式信念(conjunctive faith)(大多在 30 岁以上)。踏入中年之后,人们可能开始期望整合信念与生命并接纳人生的限制性,明白人生与事物的含糊性。

(7) 普世化信念(universalizing faith)。很少有人可以达到这个阶段,因为在这一阶段,人们已经找到使其接受事实的依据,对尖锐的理念保持中肯的态度。这大概就相当我们所言的高僧大德或儒家所说的"从心所欲不逾矩"吧。

由此可见,信念是贯穿人的一生的,并且经历了诸多的变化和发展,人正是在信念的发展过程中不断实现灵性的成长。然而,基于生活周期的信念成长理论难以解释人何以在特定时间发生灵性的改变,并且这样的改变带来了人类发展的正面后果,因此灵性发展议题值得进一步探索,新的研究发现将让我们更清晰地看到灵性变化的阶段、因素和障碍。

超越力

坎达(Canda,2016)提出了超越力(transilience)这一概念,这个概念的学术含义是超越发展的飞跃,即致力于生活的幸福与发展的向前、向后、向上、向下、向侧面或往回的完整的个人过程。超越力不再受限于健康和生活质量指标的刻度上向前或向后移动的线性思维。它不仅是对问题或疾病的回应,也是行动、参与、预防、促进和超越。它是健康和生活质量指标之外的超越,是不受社会公众对于健康、疾病、健身、优势、美德、能力或残疾的想法限制的生活转变。当一个人在灵性之路的成长和转变中,解决所有诸如活着与死亡、快乐与不幸的议题,平凡而深刻的事件可以促成意识的成长,与世界建立更加亲密的关系,实现从身体约束的自我解放。超越力是生活的一种转变方式,在灵性之路上将关系与自我、他人、宇宙和存在的本源结合起来。

第三节 实践框架

实践原则

尽管灵性视角的实践框架并不系统化或结构化,但依然可以辨识出这一视角下的社会工作实践有着与众不同的原则,这些原则是促进案主灵性成长和问题解决的重要基础。但有必要说明的是,此处概括出的实践原则是初步的,它有待进一步的发展和完善。

　　灵性视角试图从一个整体的视角来看待个人与群体,这必然要将生理、心理、社会、灵性因素都纳入其中,这就要将个人、群体、社区、国家乃至终极现实都联结起来。

　　灵性视角关注人的灵性需求,这样的需要包括爱、安全感、创造性体验、他人的认同、分享、信心。灵性视角相信人类发展是有目标的,即追求整体、融合和自我超越。如考利(Cowley,1996)所指出的,在这个视角下,人的健康或幸福包括:寻求自我超验,致力于个人的平衡和自我的整合,建立自我与他人的和谐关系。

　　所有的案主都被视为有成长的可能,无论他们面对怎样的困难。无条件的

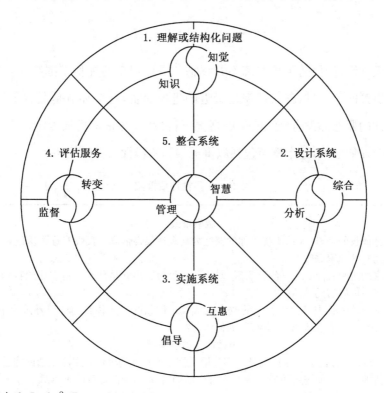

资料来源:Canda & Furman(1999)。

图 11.2　作为整体活动的社会工作

爱和相互赞赏是专业关系的重要基础。社工要随时检视案主的灵性成长过程，并与其一起成长和分享。

社工要帮助案主认识到自己的灵性及其优势，形成一个更为清晰的自我感，并超越当前自我认同的限制，从而最大化改变的可能性。

灵性取向的社会工作是一个整体的活动体系，包括理解问题、设计系统、实施系统、评估服务和整合系统，构成元素包括知识和知觉、分析和综合、倡导和互惠、监督和转变、管理和智慧(见图 11.2)。灵性取向的社会工作的主要策略包括给出理想的示范、建立与更高力量的关系、社会支持、经由反思而实现的自我认识、赋予意义和寻找精神动力。

评估

毫无疑问，任何的干预都离不开评估。灵性视角的评估是围绕探索案主的灵性而展开的。不过，就灵性视角最近的进展而言，这个环节是最有争议的，因为在灵性的概念都没有辨识清楚的情况下，灵性的评估就更加困难。表 11.1 提供了一个评估框架，这个框架包括叙事框架和阐释性人类学框架。

表 11.1　灵性评估框架

叙事框架

1. 描述你成长的宗教/灵性传统。你的家庭如何表达灵性信念？灵性对你的家庭的重要程度如何？其他家庭呢？

2. 你在家的时候，什么个人经验(实践)对你而言最为突出？是什么使得它比较特殊？它是如何指引你以后的生活的？

3. 你从这样的体验中获得了怎样的改变或成长？你怎样描述你目前的灵性或宗教取向？你的灵性是个人优势吗？如果是，如何体现？

阐释性人类学框架

1. 情感(affect)：你的灵性生活的哪一部分给予你愉悦？你的灵性在回应生活的痛苦方面发挥了何种作用？促进生活的喜悦？应对生活的苦痛？你的灵性是如何赋予你未来的希望的？你希望未来获取什么？

（续表）

2. 行为（behavior）：这些特殊的灵性仪式或实践有助于你克服生活障碍吗？你介入宗教团体的程度如何？它们是支持性的吗？你跟那些具有如此信仰的人是否保持密切的联系？
3. 认知（cognition）：你目前的宗教或灵性信仰是什么？它们是基于什么的？你发现什么信念特别有意义？这些信念如何帮助你克服障碍？你的信念如何影响你的健康？
4. 交流（communication）：描述你与终极之间的关系。你关于终极的体验是什么？终极如何与你交流？这些经验如何鼓励你？你与终极之间是否有过多次的深度灵性亲密接触？你与终极的关系如何帮助你直面生活挑战？终极是如何描述你的？
5. 直觉（intuition）：你在多大范围内体验到直觉（hunch）（创意洞见的一闪而过，灵性洞察力）？这些洞察力是你生活中的优势吗？如果是，如何体验？

资料来源：Hodge（2001）。

专业关系

正如前述所及，灵性视角将案主视为一个有尊严、有目标、有潜能和有改变机会的人，这一假设决定了社工与案主的关系是伙伴关系。这一伙伴关系是建立在相互尊重对方的信念和灵性体验的基础上的。因此社会工作者在进入助人关系之前必须澄清自己的灵性体验，只有了解自己，才有可能去从灵性层面去帮助别人。这一专业关系也是共同转变的关系，这个关系涉及美学、情感乃至戏剧的特质，因此案主和社会工作者更像艺术家。因此，这一关系的艺术特质就决定了灵性取向的视角难以形成标准化的结构、策略和技巧，而是"剑在心中，随心而发"，这当然对社会工作者的个人素质提出了更高的要求。

干预技巧

坎达和弗曼（Canda & Furman，1999）列出了一系列的灵性取向的助人活动，包括积极想象、艺术治疗、音乐治疗、诗歌治疗、舞蹈治疗、身体照顾、梦的解释、家庭头脑风暴、聚焦放松(focused relaxing)、宽恕(forgiveness)、有意识的呼吸(intentional breathing)、双赢寻解(win-win solution making)、冥想、祈祷、对话、关注。这里仅仅介绍关注、有意识的呼吸和宽恕这三个常见的且易行的技巧。

"关注"这一简单的行为具有治疗和痊愈的效果。当我们关注某物之时,我们就为其所影响,关注自己就可以洞察自己的思维、感觉和直觉,关注他人可以认知和同理。关注就可以探索到新的事物,因此,关注就成为享受生活的重要机制。

"有意识的呼吸"是另一个重要技巧。呼吸是习以为常的,当我们关注它的时候就可以受益更多。静坐下来,从腹部进行舒缓而深深的呼吸,吸入,然后缓慢呼出(时间为吸入的两倍),注意自己身体和心灵的感受,这样可以让你保持平静和化解痛苦。

"宽恕"自己或他人是缓解痛苦和摆脱罪恶感、羞耻感乃至愤怒的有效方式。宽恕并非要忘记,因为忘记不公和痛苦有时候是很难的。我们需要从错误中学习,继续前行而不固结于负面的情绪和生活方式。因此,宽恕为更为有效的行动提供了能量和洞见。

第四节　贡献与局限

正如坎达(Canda,1997)所理解的,其一,灵性超越了纯粹生理、心理、社会、政治或者文化而将它们整合在一起,而非将其彼此机械地分割开来;其二,灵性反映了寻找生命意义,时时刻刻敏感地关注外界道德的目标,而非自私自利的关注;其三,灵性超越了能够自我控制的那部分的实质内容,反映了我们对生活的神秘性和复杂多变的敬畏。相应地,灵性视角为社会工作回应作为整体的人和作为致力于灵性发展的人的需要和危机提供了契机,这超越了心理动力理论、行为理论和认知理论的聚焦。灵性要素的引入可以更为全面地和整体性地理解我们自己和我们的案主，它也为尊重文化和宗教的多样性提供了理论支持，因为不同的文化、宗教和信仰都可能成为我们化解苦难、不幸，促进改变和成长的源泉。

　　然而，灵性视角还只是处在草创阶段，灵性这个概念还相当模糊，理论尚不清晰，实践框架和指引还有待系统化（Holloway，2007）。对于中国的社工界来说，需要进一步研究中国人的灵性，特别要关注地区、民族、宗教和代际的差异，注重修养、修身、修炼等本土的概念及其实践意义，这可为建立中国的理论和实践架构提供基础。从证据为本的角度，灵性实践的有效性需要更多的经验证据，因此需要继续探讨如何测量灵性。灵性所涉及的领域往往是不容易揭示的，这对社会工作实践者和研究者而言是很大的挑战，这就要求我们强调对体验的研究。另外，灵性似乎忽视了人类生活的物质基础和制度层面的问题与障碍，有将社会问题个人化的倾向，需要思考将灵性与社会结构进行关联。

§本章小结

　　本章揭示的是社会工作理论的一个最新进展——灵性视角。灵性无论是作为人的一个重要层面还是作为人的整体性，都对社会工作具有不可低估的理论和实践意义。然而，到目前为止，灵性视角的进展还只是初步的。

§关键概念

　　灵性　灵性评估　灵性发展

§拓展阅读

1. Ellor, J.W., Netting, F., & Thibault, M.(1999) *Understanding Religious and Spiritual Aspects of Human Service Practice*, University of South Carolina Press.

2. Canda, E., & Furman, L.(1999) *Spiritual Diversity in Social Work Practice: The Heart of Helping*, Free Press.

3. Holloway, M., & Moss, B.(2010) *Spirituality and Social Work*, Palgrave Macmillan.

4. Lee, Ng, Leurg, & Chan (2009) *Integrative Body-Mind-Spirit Social Work: An Empirically Based Approach to Assessment and Treatment*, Oxford University Press.

§思考和练习

1. 灵性视角对于社会工作实践的启示意义是什么?
2. 阅读《六祖坛经》,思考禅宗对于精神健康的意义。

第十二章　结构视角

现在正是回应社会工作激进传统的时候了。

——Ife，1997：175

它试图摆脱基于不平等并为重要的社会机制所支持的社会关系，迈向基于平等和集体、参与性意识形态的社会关系。

——Payne，2005：234

结构视角代表了致力于以一个更为宏观、更为激烈的视角去改变案主及案主系统的尝试。尽管这样的尝试是初步的，但它从结构的视角回应了社会工作强调从社会层面进行改变的传统。结构视角在一般意义上从属于激进传统的阵营，它立足于马克思主义、社会主义和批评理论，并包含不同的实践模式。它兴起于20世纪70年代，80年代曾经沉寂了一段时期，然而于90年代再度勃兴，并逐渐扩展其影响力。

第一节　理论脉络

毫无疑问，社会工作的一个早期传统是希望经由结构性层面的改变而推动社会变迁和提升人们的福利。朗格雷斯(Longress,1996)认为结构视角的传统可以追溯到简·亚当斯(Jane Addams)的"睦邻组织运动",当时组织成员已经采取游行、示威的公众活动以促进社会、政治和经济的改革,提升移民的福利。但我们不能否认的是,这一传统在很长一段时间内没有得到强调,直到 20 世纪 70 年代,社会工作的激进观点和结构视角才获得一定的地位。它旨在促进激进的改变,在政治上与社会主义或"左翼"相关联。赖因(Rein,1970)批评传统社会工作理论过于保守、过于个人聚焦,认为应该从一个更为激进的视角促进社会层面的改变。1975 年,贝利(Baily)和布雷克(Brake)的《激进社会工作》(*Radical Social Work*)一书的出版在一定程度上肇始了结构视角的兴起,该书挑战了基于个人的改善和限制性的社会改良理论和传统社会工作的霸权。在这一潮流的推动下,基于结构视角的不同社会工作模式涌现,包括批评社会工作(Carniol,1979)、马克思主义社会工作(Corrigan & Leonard,1978)、政治社会工作(Withorn,1974)、社会主义社会工作(Galper,1980),它们从政治上的社会主义或者"左翼"出发,希望经由结构的变迁而促进社会公平、提升社会福利。

然而,结构视角或激进观点的影响在 20 世纪 80 年代的一段时期内逐渐消失(de Maria,1992)。其主要原因是新保守主义重新抬头,结构视角因此在政治层面无法与自由主义为基础的体制契合,相反,它与之格格不入,这势必导致其处于下风。在社会工作专业领域内,结构视角面临猛烈的抨击,它在社会工作机构中几乎无法施展,这样的景象尤见于美国。

20 世纪 90 年代,结构视角再度兴起。一方面,它旨在纠偏前一时期过于个人聚焦的社会工作理论;另一方面,苏联解体和东欧剧变之后,敌视结构视角的意识形态有所松动。马拉利(Mullaly,1993)从福利国家和社会工作处于危机之中这一立场出发,指出社会工作应澄清其意识形态以使其具有一个可成为所有形式的实践的清晰范式。90 年代产生了一系列具有结构意味的实践模式,包括反歧视实践(Thompson,1993)、反压迫实践(Dalrymple & Burke,1995)、激进个案工作(Fook,1993)和结构社会工作(Mullaly,1997)。

　　从意识形态或理论建构的层面而言,结构视角受到了社会主义思潮的影响,这体现在以下几个层面:将问题界定为社会的和结构的而非个人的,个人关系被视为资本主义社会社会关系的产物,社会的特定群体所遭遇的不平等和不公平来自其受压制的阶级地位;消除不平等和不公平是社会行动的首要因素,接受不平等和不公平作为社会的必不可少的组成部分是结构视角的支持者所反对的;变迁的焦点是政治行动和广泛的社会变迁;要在实践之中应用理论并经由实践反思理论,然后改变之;在行动中采用的观点可以在行动之中发现意义并由我们所做的一切表达出来,因此它不能被看作实践的简单反映,相反,它不能完全外在于可辨识的实践(Payne,2005)。

　　结构视角与若干旨在推动社会运动和社会变革的理论观点相关联。弗莱雷(Freire,1972)的《受压迫的教育学》作为一种激进视角在 20 世纪 60 年代和 70 年代兴起于拉丁美洲。弗莱雷聚焦于教育和激发那些受限于贫困和无权而受到压迫的社区中的人群。他认为,人们应该形成关于自己的意识,这样的意识可经由教育而实现,即参与一种批判性的"对话",这样就可以做到知行合一,即行动者和轻谈者的结合。这样的结合可以实现对体制的批评性分析,并推动具体的社会运动以促进社会变革。弗莱雷重视觉醒运动,即将受压迫人群的意识唤起,从而觉察到这样一个压迫过程,而不是习以为常地接受现实。参与对话和觉醒实践可以帮助人们从无权和恐惧之中走出来实现解放。在这个意义上,马拉利(Mullaly,2007)认为结构社会工作就是批判社会理论,也就是说结构社会工作不仅是实践的,也是理论的。

　　过去十年,结构社会工作与人权、社会正义等主题紧紧勾连在一起,在澳大利亚和加拿大等国家有了一定的进展。马拉利(Mullaly,2007)的最新著作 *The New Structural Social Work* 希望回应最新的社会、政治与经济变化。伦迪(Lundy,2011)出版了《社会工作、社会主义和人权》(*Social Work, Social Justice and Human Rights*),将社会正义、人权等议题更好地融合进结构社会工作的实践框架。艾夫(Ife,2016)的《人类权利与社会工作》强调要实现尊重人权的社会工作实践,这是结构社会工作的具体化路径之一。要而言之,结构社会工作一直聚焦以下重要主题:自由的改良主义作为一种应对社会问题的方式应该被抛弃;承担着政治和经济功能的福利制度促进了资本主义的发展,进而,社会福利成为资本主义的反命题;传统社会工作激化了社会问题;"个人与社会"是一个错误的二分,因为私人问题不能撇开其社会和政治原因而进行理解和回应,人权与正义是重要的(Mullaly & Keating, 1991)。

第二节　概念框架

结构视角是从批评传统社会工作出发并基于社会主义、马克思主义以及若

表 12.1　社会工作的结构视角和环境视角的比较

元素	非激进——重视环境	激进——重视结构
社会因素	社会环境作为背景信息是相关的,被应用于分析	社会结构是解释问题的主要因素,应用于分析和实践
个人和环境	个人适应和顺从环境	实践寻求个人和环境之间的改变
心理和社会因素	在工作中应用和探索	实践寻求将它们联结起来
个人	"责备"或伤害个人	聚焦于个人支持,尊重个人,责备社会结构
社会工作的社会控制功能	接受	批判分析从而在实施中小心谨慎
对社会的看法	接受现状或小修小补的改良	对社会的批判分析
自主和权力	在系统内进行保护	对抗系统
社会变迁	限制的或禁止的	寻求且贡献
个案工作	仅此一种实践形式或孤立于别的实践	作为更广泛的实践形式的一部分而进行

资料来源:Fook(1993); Payne(2005)。

干关于社会变革的理论而建构其概念体系的,表 12.1 比较了结构取向和环境取向的视角的不同。该表是佩恩(Payne,2005)在福克(Fook,1993)的著作的基础上整理出来的。该表显示,结构视角和环境视角在社会因素、个人与环境、社会工作的功能等议题上均有所不同。然而,结构视角是对那些旨在经由结构的变迁而促进社会发展和社会福利的诸多社会工作实践模式的指称,而不同的实践模式的概念建构又有所不同,这里辨识出几个比较重要的概念,并予以简要介绍。

反对任何形式的不平等和压迫

马拉利(Mullaly,2007)指出,压迫是结构社会工作的聚焦。不平等是资本主义内在的本质性的组成部分,它可能基于阶级、性别、种族、性取向、年龄、能力和地理位置而出现,并将在上述领域处于不利地位的人排斥在机会、有意义的社会参与和满意的生活质量之外。不仅如此,它还是自我强化的,甚至代代相传(Mullaly,2007)。不平等即带来压迫。压迫包括不同的形式,如剥削、边缘化、无权感、文化帝国主义和暴力,等等,而受压迫者回应压迫的反应则可能是经由贬损而适应和遵从;经由集体抵抗和差异政治而实现对抗。我们应该致力于改变任何的不平等并反对任何形式的压迫,这是社会工作宏观实践的目标(Mullaly,1997)。

合法化边缘人群的声音

在目前的政治经济状况下,边缘人群没有合法化的声音,他们所拥有的声音只不过是将自己进一步地污名化或贬损化,相反,强势群体的声音在高举管理主义和经济理性主义的大旗下在公众场合肆虐。而结构视角认为边缘人群应该自己界定自己的需要,并可以清晰表达满足需要的手段。社工应该服务于边缘人群的利益,并承担着让边缘人群的声音受到聆听和重视的任务(Ife,1997)。

发展和支持反对性政治

为了实现合法化边缘人群的声音,社会工作者要以更为政治性的方式行事。因此,社工要批评现存秩序并寻找替代性结构,要联合相关的利益群体致力于社会运动或者参与主要政党的运作。这样的实践拓展了对"政治"的狭义定义(Ife,1997)。

重置社会工作

正是由于社会工作脱胎于福利国家或现代福利体制,而福利国家体制的衰落在一定程度上也带动了社会工作的式微,因此社会工作需要重新定义和重新建构以回应变动不居的外部环境。重置社会工作的目标在于寻求一个更加以社区为本的实践模式或社区发展的模式(Ife,1997),只有这样的实践才能回应结构议题从而促进其更大范围的改变。

社工即街头知识分子

结构视角下,社工的角色就如同葛兰西所言的知识分子。这要求知识分子能够将观念应用于行动,联系理论与实践并寻求改变世界。就社工而言,他们应该利用自己的专业去解放和增权边缘化群体。社工被视为"知识分子"的启示在于凸显了知识热情、分析、概念化、思想和反思对于指导激进实践的重要性。视其为"街头",则是因为社工要广泛联络处于弱势的人、群体和社区(Ife,1997)。

第三节 实践框架

马拉利(Mullaly, 1997)根据前述的理论提出了一个新的社会工作模式,即
"结构社会工作"。这一模式是立足于以下观点:即社会问题源于自由-保守的资
本主义而非个人的缺失,这样的缺失体现为不平等,不平等内生于资本主义社
会,并表现为基于阶级、性别、种族、性取向、年龄、残障和地理区域的差异,那些
具有经济和社会权力的人们将社会的诸多特征中的某一层面界定为正当,从而
去压制那些不具备如此特征的人。通过将群体排除于机会、参与和生活的良好
质量之外,压迫得以实现。这个结构具有自我维持性,因为它赋予人们变得更有
权势的动机。

伦迪(Lundy, 2011)给出了一个结构社会工作的路线图(图 12.1),这张图显
示,结构社会工作是从个人与社会的关系出发,认识到客观结构现实的压迫性,
经由反思性和批评性行动,突破物质资源的限制,实现增权和解放。

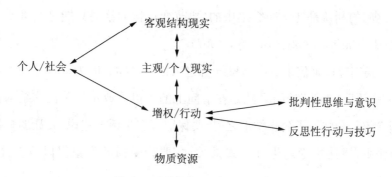

图 12.1 结构社会工作的实践路线图

实践原则

结构视角的目标是应对相关的社会原因并致力于转型,即试图改变出现问

题的社会,而非仅仅处理问题的后果。它试图摆脱基于不平等并被一系列的重要社会机制支持的社会关系,从而迈向基于平等、集体和参与性意识形态的社会关系(Mullaly, 1997)。基于此,社会工作的实践要立足于以下层面:

(1) 社工必须形成一种关于压迫的稳固概念(de Maria, 1992)。它不是仅仅限于难堪的或痛苦的情景,而且体现于这样一种状况,整个生活情景不断与某种压制性的社会关系进行关联,并以系统性地结合在一起的方式对案主的行动施加障碍,而这一局面的根源在于拥有更多权力、财富和机会的群体系统性地将某些人置于优势而将另外一些人置于弱势。因此,变化旨在消除压迫的负面影响并颠覆那些导致如此境遇的生活状态和社会结构(Mullaly, 1997)。

(2) 实践必须持续贴近社工实践的情景,并采取不同的倡导、集体行动或社会运动的策略提升人们的自我意识和社会关注,这样才能够实现社会层面的改变(de Maria, 1992)。否则,结构的视角只能是流于空谈。

(3) 批判性思维引领行动。社会分析要摆脱将社会视为井然有序和稳定不变的秩序视角,因为这一视角是为既定的优势群体服务的,是不可能激发更大范围的社会变迁的。因此,批判性思维要从一个冲突论的视角出发,要看到不同利益群体之间的利益是处于冲突之中的,要改变这样的格局只能是激进或结构性的行动(de Maria, 1992; Mullaly, 1997)。

(4) 我们应该聚焦于被习惯思维所边缘化的事物。因为边缘化的人与事往往容易"失语","失语"的结果就是在空间上的不可见或不受关注。结构视角要求我们在解释和强调不公正情形之时,要保留真实生活的述说,要让弱势群体的声音被倾听,要让边缘的生存方式被关注,要让受损的形象得以重新建构(de Maria, 1992)。

(5) 社工必须看到他们所采取的避免压迫性的行动和促进增权的政治和结构意涵,从而减少案主的罪恶感和焦虑。意识觉醒、相互学习和正常化是重要的策略。当然,我们应该警惕,社会工作既是解放性的也是压迫性的,这是结构视角所坚持的辩证法所决定的(Mullaly, 1997)。

评估

结构视角的评估要关注的焦点在于案主所处的社会脉络以及在这一脉络下案主的无权状态或无力感。要通过对案主的社会脉络的发问而批评性地透视到案主的无权感根源于何处，案主习得的无助感的结构性因素是什么，意识形态式的社会限制是什么，利益集团之间的冲突是如何影响案主境遇的，案主问题背后隐含的社会议程是什么，案主的标签是谁施加的、有何影响，限制性的社会经济结构表现在哪些方面。

专业关系

社工与案主建立对话性关系，这种关系是平等的，社工与案主会相互探索他们需要共同理解的领域。分享个案记录、自我披露以减少社会距离、提供机构的信息等技巧可能是有益的。

批评性觉醒并不必然意味着要将他们或他们面临的问题政治化，它涉及跟他们一起分享一个探索和理解他们的情景的过程。案主自己的认知和目标应该是主要的。社工应该协助区分影响案主的内在因素和外在因素，因此当外在影响更为重要的时候，他们不会为自己的作用感到难过。批评性质疑，挑战错误的谜思和限制性行为以及形成替代性的思维和生活方式对这个过程助益良多。

干预技巧

结构视角的技巧是多元的，但其目标聚焦于唤起案主的权力与意识、将问题外部化、减少案主的罪恶感、强化问题的脉络论述，因而增权、正常化、集体化、重新定义和倡导是常用的策略。

增权

在结构视角中,社工要促进案主增强权力,支持案主发现满足自身需要的各种可能条件。但代替案主是与增权相悖的,因为权力不是从属于社工,而是来源于案主本人。案主不知道自己的权力或者没有利用自己的权力,而社工要做的就是让案主认识到自己的权力并行使之。社工和案主要形成一种相互学习的关系,而非向案主提供专家意见。社工必须避免以本身是压迫性的方式行动,这也许是为了弥补案主在自己的社会关系之中或机构之中无权的状态。

正常化

正常化是另外一种激进的技巧。它就是要让案主了解到他们的情景并非是特别的,或者如某些话语体系所宣称的那样是病态的、不正常的、异类的。进一步说,社工要跟案主确认,这样的情形是另外的很多人所共有的,他们可以跟他人接触并一起努力实现改变。正常化在一定程度上可以消除污名、自贬,强化自信和自尊。在一定意义上,正常化就是对主流社会的关于异常的建构的解构,这样的解构具有解放意义(Mullaly, 1997)。

集体化

集体化这一技巧涉及的是形成一种集体意识,这样的集体意识是在共同经验的基础上形成的。社工要鼓励案主将自己的经验跟他人类似的经验联系起来。社工和案主在对话的过程中要确认解决问题的集体方法是存在的,具有同样问题或经验的人应该形成小组,这样的小组可以经由集体力量而推动更大范围的变化。集体化还有助于人们摆脱关于他们的问题和自身的个人化概念,减少孤立感和建立人际关系(Mullaly, 1997)。

重新定义

重新定义是另一重要技巧。它涉及帮助案主理解隐藏在他们个人问题背后的社会的压迫性结构。它提供一种替代性的社会现实或问题的定义。确认针对压制观点的替代性看法也可让案主得以用新的方式看待情境。技巧包括:批判性质疑、幽默、隐喻、讲故事、认知不协调(让人们意识到他们所认识的社会是与现实世界有冲突的）、说服和沉默（Mullaly，1997）。

倡导

为案主倡导是一种重要的激进实践方式。因为倡导可以促进更多人了解或理解这个特定人群的经验、关怀和不满，从而促使社会结构之中掌握权力和资源的群体予以回应。倡导可以包括个案倡导、原因倡导，前者是为个人，后者是为案主所属的群体。

第四节　贡献与局限

结构视角将压制和权力作为理论和实践的核心，并以促进基于社会正义、平等主义和人道主义的社会变迁为目标，这践行了激进传统的理念。它致力于回应所有社工都面对的社会不平等，尽管在现实生活之中，这样的回应可能并不为强势群体所接受，但它却代表了某种希望。这样的希望和梦想是社工应该坚持的，也是社会工作中"社会"的应有之义。

艾夫（Ife，1997：180）认为："人们没有必要寻求一种外在于主流社会工作的结构视角。毋宁说，很明显社会工作自身是激进的，它是建立在潜在的激进实践的传统之上，尽管这一点经常不被关注。"结构视角在加拿大、英国和澳大利亚接受度较高，但在美国是边缘化的，因为它被批评"过于政治化"：以社会主义作为替代性选择和实现结构变迁的可能性不现实或希望渺茫。结构视角过分强调人是结构不平等的受害者，而非社会变迁的积极参与者。

结构视角可能倾向于忽视案主现实的、迫切的个人需要。相反，它提高了他们的关于集体行动的若干方面的意识。这是非伦理的、视而不见的以及不切实际的，因为这不是社会服务试图要做的，或者说它只是提供社工所遭遇的行为和事件的部分解释。结构视角在处理情绪问题上比较薄弱，因为它主要聚焦于物质和社会议题以及服务的提升(Payne，2005)。不过，近年来，结构视角从人权的角度切入社会工作实践，这使得实践更为可能(Ife，2016)。否则，结构视角只能是一种意识形态，一种政治宣称，而非一种可以实践和检验的理论。结构社会工作是激进的，对社会结构进行了强烈的批判，但激进的改变在现有的框架下实现的可能性甚微，跟随者难免要在希望和失望之间煎熬。

§本章小结

结构视角代表了致力于以一个更为宏观、更为激烈的视角去改变案主及案主系统的尝试。尽管这样的尝试是初步的，但它从结构的视角回应了社会工作强调从社会层面进行改变的传统。从理论传统上，它从属于激进传统，并吸收了马克思主义、社会主义、增权理论和批评理论的思想。它的实践模式是多元的。

§关键概念

结构　街头知识分子　压迫　集体化

§拓展阅读

1. Mullaly，R.（1997）*Structural Social Work：Ideology，Theory，and*

Practice，Oxford University Press.

2. Mullaly，R.(2007) *New Structural Social Work*，Oxford University Press.

3. Fook，J.(1993) *Radical Casework：A Theory of Practice*，Allen & Unwin.

4. ［澳］Jim Ife(2016)《人类权利与社会工作》，郑广怀等译，华东理工大学出版社。

§思考和练习

1. 如何理解"社工即街头知识分子"这一论断？

2. 为什么结构视角在美国难以盛行？

3. 比较激进视角和环境视角有何异同？

第十三章　增权视角

　　增权的本真性应该扎根于使用服务者所处的脉络,而非提供服务者的情境。

——Adams,2003:3

　　增权这个概念在社会工作中被广泛应用,西蒙(Simon,1995)甚至认为增权是美国社会工作领域长期存在的一个观念。但这个概念其少进入思维的中心,直到所罗门(Solomon,1976)《黑人增权:压制性社区的社会工作》(*Black Empowerment：Social Work in Oppressed Community*)一书的出版,它才构成一个初步的实践框架。而这一框架在 20 世纪 80 年代以来得到了长足的进展,亚当斯(Adams,1990)甚至认为 20 世纪 80 年代社会工作实践进入了所谓的“增权取向时代”。作为激进社会工作的一部分,增权视角已经成为一种富有吸引力的工作方法,并且体现了某种与歧视和压制进行抗争的理性主义(Payne,2005)。增权实践回应的问题包括:(1)直接和间接的权力障碍;(2)个人、家庭和组织的资源问题;(3)非平衡的交换关系问题;(4)无权或权力受到限制的问题;(5)与模糊的社会标准有关的问题(Staub-Bernasconi,1991)。

第一节　理论脉络

增权理论的一个重要先驱性论著是由所罗门在 1976 年完成的《黑人增权：压制性社区的社会工作》一书。她关注的是黑人这个少数族群,她认为这个群体缺乏必要的个体性资源与经济资源以完成自己的角色,这就是所谓的个体或社会群体的无力感(powerlessness),缺乏技巧、知识、物质资源乃至情绪管理能力,以致无法满意地或有效地扮演重要社会角色(Solomon,1976)。而这样的无力感却引来负面评价(negative evaluation),负面评价不仅可见于体制的歧视性实践,而且可见于贬抑、蔑视他们的语言之中,从而直接或间接降低个人有效回应问题的能力。

所罗门(Solomon,1976)认为,每个人都以这样的方式发展,即在家庭、重要他人和环境之中建立个人资源,例如健康、自信、认知,在此基础上形成人际交往能力和掌握一定的可以谋生的技巧和能力,从而扮演重要的社会角色。但对于受压制的人群而言,他们可能面临一系列的权力障碍,包括间接性的和直接性的。间接性权力障碍(indirect power block)可能出现在三个层面:初级层面上,负面评价或歧视整合进家庭过程,从而影响个人资源的充分发展;二级层面上,限制个人建立人际资源和各类技巧;三级层面上,个人资源、人际资源和技巧的不足影响社会角色的承担。直接性权力障碍(direct power block)也体现在三个层面。初级层面包括劣质的服务可能导致糟糕的健康状况,并阻滞个体的发展;二级层面包括教育和就业机会的稀缺限制人们的学习机会;三级层面包括社会服务和良好家庭教育缺失,从而难以完成社会角色。所罗门(Solomon,1976)认为,由于社会工作更多地集中在如何改变个体而非社会制度,因此,在处理、消除权力障碍方面,其功用是微弱的。

基于这样的背景,增权的目标就是实现如下目标在于:(1)帮助案主认识到自己是解决问题过程的因果行动者(causal agent);(2)帮助案主认识到社工拥有案主可以利用的知识与技巧;(3)帮助案主认知到社工是解决问题的合作者与伙伴;(4)帮助案主认识到权力结构的多面性,了解他们在多大程度上认同现状并寻找可以影响的空间。这样,社工可以消除案主身上起源于负面评价的各种消极反应,让他们看到自己能够在解决自身面临的问题的过程中发挥一定的作用,协助案主一起消除影响案主的障碍并致力于促进体制的改变(Solomon,1976:26)。

弗莱雷(Freire,1973)的"受压迫者的教育学"提供了一种关于希望、关怀、思考和行动的教育学。它鼓励人们争取自己的权力,而弗莱雷本人也曾经担任过社会工作的教师,因此他的看法与社会工作有先天的亲和性。增权就是一种教育性活动,经由对话与合作,案主参与到一定的实践(praxis)之中,体验并采取行动去应对由自己的行动引致的现实,而这种体验与应对本身又会进一步影响以后的行动。这样,反思和行动就融合在一起。正如弗莱雷(Freire,1986:60)所言,"叙说这个真实的世界,即为改变这个世界"。意识化(conscientisation)即学会认知到社会、政治和经济的矛盾,并采取行动以对抗现实中的压迫元素(Freire,1986:15)。而这个过程之中"对话"是核心所在,对话的过程就是一个创造的过程,对话的过程可以激发批评性思维,有了对话,就有了沟通,有了沟通就有了真正的教育。1990年,弗莱雷在国际社工联盟大会上指出,社工应该是"正义之梦想和个人及其社会转型的共同制造者"(Lee,2001)。因此弗莱雷的批评教育方式是社会工作的增权实践的渊源之一。

巴伯(Barber,1986)认为习得性无助理论与增权理论有着密切联系,并且为增权理论的发展提供了很多研究性支持。塞利格曼(Seligman,1975)的习得性无助理论是建立在对动物与人的实验基础之上的。他认为,如果人们有过无力改变自己面临的问题的经验,那么,他们就可能形成这样的心理预期,即自己的行动很少能产生有用的结果。因此,他们在其他情境中学习有用行为方式的能力将受损,学习动机就可能丧失,在思考和学习过程中可能变得更加焦急而沮丧。这个研究结果清楚而有力地支持了所罗门(Solomon,1976)有关"无力感"的看法。终生无权势的人背负着沉重的习得性无助感。巴伯(Barber，1986)认为解决这个问题的办法就是要做到环境丰富化(environmental enrichment)，改善这些人所在的生活环境，让他们体验到可以主导自己的生活、实现成功的生活经验，这在一定程度上就是增权的体验。

增权视角植根于自助和互助的传统(Adams，1996)。这个传统一直发挥着重要的功能，无论是贫民窟还是精神疾病患者的联盟，他们都以行动表达了自己实现改变的能力。然后以往的社会工作实践可能侵入性地将案主带离了这样的环境，而置于一个更为专业化控制的场所，这在一定程度上其实是"失能"的。20世纪六七十年代以来，一系列的社会运动让人们认识到不同的群体实际上有着巨大的能量，他们表达了诉求、争取了权力，甚至得到了政策和法律方面的回应。而社工应该从中汲取智慧，以帮助更多的人受益于宏观层面的改变。自助运动凸显了倡导、合作、自我管理、反对科层制、共同体验等重要的价值(Adams，2003)。因此，增权视角的兴起是与强调服务使用者的权利和参与的思潮紧密联系在一起的(Adams，2003)。

增权视角对自主、个人责任、自我实现和环境的重视与生态视角、认知理论、人本主义视角有一定的关联(Maluccio，1991；Lee，2001)，因为它们都聚焦于发展案主的力量或能力对于改变过程的重要性。增权视角强调案主与其所在环境的互动能力，这显然与生态系统理论相互关联。然而，权力、能力的重视是与认知紧密联系的，因为这关乎人们如何知觉并解释有关环境的信息、如何看待环境中可以促进改变的资源，认知的改变是获得控制感的重要途径之一。增权视角从人本主义那里获得了对案主潜能和力量的关注。不过，增权更加强调权力的不平等、阶层分化和压迫性体制对个人或群体困境的决定性影响，而这是上述视角所缺乏的。

正是在这个意义上，李(Lee，2001)认为增权视角是基于多重聚焦的视角，包括压制的历史视角、生态视角、女性主义视角、批评视角、族群/阶层视角、文化/多文化视角与全球视角。这显示出，增权视角在其理论基础和知识架构上是多元的。它致力于从不同的视角汲取资源以充实自己的理论架构。

增权已经成为社会发展的重要视角。安德森等人(Anderson et al.，1994)提出过一个包含五个层面的促进非洲社会发展的增权模式，这五个层面是个人、社会、教育、经济和政治。这五个层面是相互关联的存在，人们不仅需要满足个体性需要，提高影响他人的能力，也能够由此影响更大范围的权力分配过程，从而实现经济和政治的权力。这表明增权视角可以促进宏观层面的改变，它不仅仅停留在个人的层面，而是在社区、组织乃至国家层面都具有阐释和应用的广阔空间。

第二节　概念框架

《社会工作辞典》这样界定增权理论：“关注人们如何实现对其生活的集体控制从而实现自己这个群体的利益的理论、社工寻求促进无权群体的权力的视角。”(Thomas & Pierson，1995：134)由此可见，增权视角无疑是围绕增权、权力、控制和利益这样核心概念展开的。这个概念表现为不同的维度和不同的层次。正如李(Lee，1996：219)所指出的：“增权视角将社会和经济正义与个人的苦痛联结起来。采用增权理论作为一个整合框架，它展现的是一个回应受压制群体的需要的整合的、全面的视角。”但无论什么层次，将案主或案主系统的经验脉络化是不可或缺的，而在这个过程之中，关注的是权力的动态过程，因为权力既可以是压迫性的，也可以是解放性的。

增权

所罗门(Solomon，1976：19)是这样界定增权的：“社工针对案主所采取的一系列活动的过程,旨在减少基于污名群体的成员的负面评价而形成的无力感。它涉及辨识导致这一问题的权力障碍和旨在减少间接权力障碍的影响和减少直接权力障碍运作的特定策略的发展实施。"亚当斯(Adams,2013:19—20)将增权定义为"个人、群体和共同体掌控其境遇、行使其权力并达成自身目的的能力,以及个别地和集体地能够借此帮助自己和他人将生命的品质提高到最大程度的过程",这个定义包含了三个要素:能力、运用权力的过程和人们的成就。李(Lee,2001)指出增权具有三个相互关联的维度:(1)更具积极意义和潜能的自我感的发展;(2)建构知识和能力以更批判性地理解个人环境的社会和政治现实之网;(3)形成资源和策略以实现个人和集体的目标。增权可以在三个层次进行:一是个人层次,个人感觉到自己有能力去影响或解决问题;二是人际层次,个人与他人合作促成问题解决的经验;三是政治层次,能够促成政策或政治层面的改变(Lee,2001)。

卡塔内奥和查普曼(Cattaneo & Chapman,2010)将增权定义为一个循环的过程,"在这一过程中,利用不断发展的、与目标相关的个体自我效能感、知识和能力,权力匮乏的个体可以设定具有个人意义、以增权为导向的目标,采取行动以实现目标,并不断观察和反思这些行动的影响。社会脉络会影响增权过程的所有组成部分及其相互关系"。这个定义强调目标、行动和影响。

增权过程

卡塔内奥和查普曼(Cattaneo & Chapman,2010)提出了一个增权过程模型,这个模型强调增权是在特定的社会脉络之中展开的一个过程。这个过程涉及提升个体或群体的自我效能、知识和能力,从而确立有意义的目标,采取目标导向的行动,并观察和反思行动的影响。

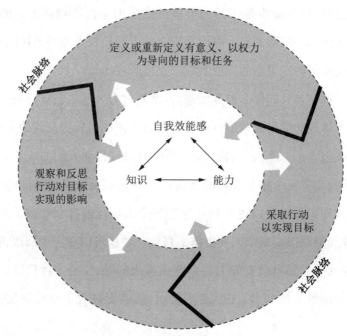

资料来源：Cattaneo & Chapman(2010)。

图 13.1　增权过程模型

处境化

处境化(contextualization)意味着重点关注案主自己对自身作为一个"社会人"(social being)的理解,而不是沉迷于社工的假设或建构。社工要鼓励案主将自己的生活经历跟社会结构或社会进程进行关联,并在此基础上进行反思,辨识自己处境之后的社会政治因素。这样,建立在案主的现实状况基础上的对话就可能得以进行,在这个对话中,案主的表达、说明、对自己感受的反思以及对生活的理解需要得到充分鼓励,这成为案主走向增权的重要起点。

权力

权力不仅具有压迫性,也具有解放性。增权不仅将权力看作压迫性的,更认为权力完全可以被正面使用。个人可以使用通过政治权力争斗获得的影响力去争取资源、解决冲突。无力感是基于这样的因素：诸如经济无保障、政治上的失语、无法企及信息、缺乏批评和抽象思维、生理和心理压力感。从增权的视角而言，认识到案主及其案主系统的权力状态是非常重要的。

第三节　实践框架

尽管很多的实践模式都宣称增权是其实践框架的核心要素，但这样的宣称常常并没有见诸实践，甚至流于嚣闹。实际上，践行增权视角并非易事，毕竟社工更容易习惯性地从一个"助人"的角度进行思考，案主要获得自己的权力是具有挑战性的。增权视角的积极倡导者提出了很多的方案，以下关于实践原则、干预技巧、专业关系的论述主要基于李（Lee，2001）。

实践原则

李（Lee，2001）认为增权实践的目标就在于协助案主增权，使其自己从压制性的生活之中走出来。在这样的实践中，社工要与案主维持伙伴关系并致力于社会层面的变迁。基于此，他提出增权视角的十个实践原则：

（1）所有的压制对于生活而言都是破坏性的，社工和案主都应挑战它。否认其他群体的压制的狭义看法会导致分裂和缺乏权力，我们应该分享对付它的专长。

（2）社工应该对压制的情境拥有一个整体的视角。多重视角对维持整体性的视角是必要的，既要看到树木也要看到森林。

（3）人们给自己增权，社工进行协助。自我增权原则超越了自决原则，它强调案主在增权过程中的权力和责任。

(4) 具有共同基础的人需要相互增权。这个原则聚焦于增权过程中的集体权力,社工要经由群体而协助案主的增权。

(5) 社工应该与案主建立互惠和相互的关系。社工应该重视每个人的独一无二性以及人们抵御不幸和压制的手段。

(6) 社工要鼓励案主以自己的语言进行表达。受压制的人会以压制群体的语言进行思考和谈话。案主应该致力于对其现实进行重新命名或建构。社工要观察沟通中的平等和对称原则,以此让案主自由发出自己的声音。

(7) 社工应该维持这样一个聚焦,即人是胜利者而非受害者。案主受压制是他自己无法选择的,但他可以抛弃内化的压制或挑战压制。社工要帮助他们获取需要的资源并采取行动,以抛弃受害者的角色。

(8) 社工应该维持社会变迁的聚焦。社工和案主要致力于结构变迁、人类转型、公正、解放。在案主的抗争过程中,社工要将其与更大的压制议题联系起来并采取联合行动迈向社会变迁。

(9) 增权实践之中,社工与案主是一种双向的合作关系,这是一种相互关系,一种互惠关系,一种共享的关系,一种平权关系。

(10) 干预可以分为三个层面。第一层面是案主与社工建立合作关系,满足案主立即性的需要,包括链接案主所需的资源、开始提供意识觉醒、寻找和申请资源。第二层面是教导技巧和知识,并评估案主的权力动态机制,包括各类小组或团体的活动。第三层面是集体行动,旨在形成集体、参与倡导或进行社会行动。

由于社会工作实践总是基于一定的机构情境的,所以支持增权实践的社会服务组织是重要的。哈丁纳(Hardina,2005)指出社会服务组织如果以增权为导向,那么这样的组织应该遵循以下十个特点:

(1) 增权取向的社会服务组织要创造一种正式的机制让案主参与组织的决策;

(2) 增权取向的社会服务组织要与项目受益人形成一种伙伴关系以设计和

评估项目；

（3）增权取向的社会服务组织要清晰地提供跨越种族、性别、阶层、文化和性取向障碍的政策和程序以实现有效的服务输送；

（4）增权取向的社会服务组织要形成一种员工之间、案主与员工之间没有权力差异的决策实践模式；

（5）增权取向的社会服务组织要促进员工之间形成团队和合作；

（6）增权取向的社会服务组织要采取策略以促进工作人员的心理增权；

（7）增权取向的社会服务组织的高层要有认同员工和服务受益人的增权意识；

（8）增权取向的社会服务组织要采取策略以提升员工的工作满意度；

（9）增权取向的社会服务组织鼓励员工倡导以改善政策和服务；

（10）增权取向的社会服务组织要致力于提升自己的政治权力以及项目受益人的政治影响。

评估

增权评估的特点是聚焦于压制的形式、无权力的状态和可能的资源与优势。李（Lee，2001）认为，案主和社工要以"对话"的形式提供信息、评估情境，如果案主与社工对某些事实的看法不一，不同的观点都应该被记录下来。

（1）基本信息。案主的基本描述；关系状况，是否生活在一起；双亲；需要照顾的小孩；社会经济地位，包括工作和收入来源；宗教；种族/民族/文化背景；健康或精神健康问题，尤其是吸毒与否；报告问题的描述。

（2）生活转变。当前的发展议题，包括就其年龄和角色而言，案主处于生命周期的何处；当前出现的正常变化或例外的情形；地位和角色议题；近期的危机事件；如果案主是儿童或青少年，应了解其发展史；报告问题的历史。

（3）健康和精神健康。描述案主的样貌，澄清影响其生活的过去、当前或持续的问题，包括慢性和急性生理疾病；生理的或心理的挑战；机体、生化和神经问题,例如发展性障碍、主要精神疾病、药物滥用以及疾病史;其他情绪问题,例如焦虑障碍、抑郁反应和情境性障碍。对于所有的生理或精神疾病,要注意诊断的时间和地点、住院的历史、使用过的药物。看是否有任何具有文化特色的回应压力和疾病的方式。也应该将自我功能包括在评估过程中。

(4) 人际模式。与重要他人和支持网络的关系与沟通模式,特别是弄清案主生活中的家庭成员和支持网络是谁;评估关系的性质(如果可能,与重要他人见面);注意问题和优势;社工与案主关系的反思也要包含其中。

(5) 环境,包括物理的和社会经济的。描述物理环境,包括社区、邻里、住户单位和家庭气氛;将案主的工作环境包含在内也是有益的;环境是否提供了足够的资源和支持;描述环境的回应性和特质;问题是否与这样的环境有关联?

(6) 压制的表现形式。案主正在经历怎样的压制;资源歧视或资源获取的障碍;关系性的议题(比如性侵犯、虐妻);何种权力的不平等体现了这样的压制。

(7) 无权力感或权力不足的领域。案主感觉缺乏什么知识、态度、意识或资源;权力的缺乏可能是个人层次的、人际层次的或政治层次的。

(8) 聚焦于优势。回顾前面的七个领域,描述案主的优势。什么样的应对是效果良好的?有怎样的自我优势?怎样的具有文化特色的应对是有益的?案主可以动员怎样的人际资源?案主所在社区的优势何在?环境提供了什么机会?为了反对压制和获取需要的权力,案主承担了什么责任?案主采取了什么措施?案主怎样表现其争取增权的潜能?案主是否对意识觉醒有兴趣?

(9) 评估过程。社工和案主一起参与评估,并检视前述八个领域的客观和主观的事实。什么是问题的本质?基于这一评估,我们从何处着手?要做什么?

(10) 工作协议。正式且深入讨论工作协议,从而进入干预的下一步。

专业关系

李(Lee, 1996)认为增权实践需要两个条件:其一,社工具有这样的意识;其二,案主寻求获得这样的权力。因此增权是一个互动的过程,社工与案主或服务使用者的专业关系就尤为关键。亚当斯(Adams,2003)引用了两个隐喻:阿恩斯坦(Arnstein,1969)的"梯子隐喻",社工和案主的关系是梯子,低端最有控制性,向上最具有参与性,因此增权就是爬梯。奥沙利文(O'Sullivan,1994)的"连续体隐喻",即从社工的全面控制到服务使用者的全面控制,后者是政权的目标。

亚当斯(Adams,2003)认为服务使用者与社工之间的关系应该是:(1)相互增权;(2)乐观主义;(3)提供非难堪的专业支持;(4)澄清工作关系的基础;(5)避免表面功夫;(6)注重本土知识和本土实践;(7)促进社区组织的发展;(8)有目标的促进;(9)减少合作的风险。

就其本质而言,就要保持清晰的专业界限,确保服务使用者在梯子的顶端和连续体的自我控制这一端。需要进一步明确的是"社工不可以为他人增权,这不仅仅是文字上的细微差别。相反,他们要做的是帮助人们自己增权自己。这对社工和案主如何构造他们的现实具有本质性的差别"(Simon,1990:32)。因此,社工一定要将案主视为"有能力、有价值的个人",要降低案主因标签而带来的自我负面评价和无力感,增权实践是反对干涉主义的,无论案主的境遇如何都是如此。社工要与案主建立一种合作的伙伴关系,从而形成一种工作联盟。如此工作联盟可以避免社工采取权威角色或卖弄专业知识。在整个促进改变过程中,强调权力分享、共同享受权力并且保证是参与者驱动的。这样,社工可以协助案主认识到自己是改变的主体和载体,能够与社工一起分享知识和技巧,并成为解决问题的伙伴,这样无力感就可以改变。

所以,卡尔和考克伦(Carr & Corchran,1992)认为,增权实践的促进改变过程是一个权力分享(shared power)、共同行使权力(power with)和参与者主导(participant driven)的过程,社工在这个过程中是促进者、支持者或资源链接者,而非指导者、教育者,更非权力的赋予者。

干预技巧

增权实践的干预技巧是多元的,但其目标都在于让案主重新拥有权力,并实现社会变迁。李(Lee,2001)整合了增权视角的多个理论基础,辨识出了它们的不同聚焦,并在此基础上提出了一个整合的增权实践架构,从中可以看出增权实践的基本过程(见表 13.1)。

表 13.1 增权实践的基本过程

多聚焦视角	描述	基于多聚焦视角的行动	增权原则	增权实践
压制的历史视角	了解影响受压制群体的历史和政策	意识到受压制群体的历史	压制破坏生活,应受到挑战;保持对压制情境的整体视角;协助人们增权自己;具有共同点的人应该相互增权;与案主建立互惠关系;鼓励案主使用自己的词语;聚焦于作为胜利者的案主,而非作为受害者的案主;聚焦于社会变迁。	准备进入案主世界: 对准案主的世界 思考他们之所感 进入并构成合力: 询问案主的故事 展现案主的承担 相互角色的定义 共同评估: 社区资源/议题的共享知识 评估家庭、自我和叙事 增权评估 问题界定、签约: 明确案主和工作人员的任务 将多种压制包含其中,一起面对问题
生态视角	了解个人适应/应对,自我功能、学习和权力	积极的问题解决、控制负面感觉、集体行动、人类关联性/家庭、依恋、高效、自我指向、自尊、认同、文化特色的解决方式、物理/社会环境、自我/认知功能		
民族/阶级视角	重视阶级、贫困、权力和压制之间的关系	生活机会和生活条件;贫困和自尊		
文化/多文化视角	了解案主所在文化中的规范、细节和期望以及潜在的多样性	保持文化、自由的感觉、平等、独一无二的个人性		案主承担增权的责任 社工同理性支持 表现出对压制威胁的理解 共同反思问题 互动 针对压制问题的批评实践

（续表）

多聚焦视角	描述	基于多聚焦视角的行动	增权原则	增权实践
女性主义视角	辨识并概念化女性不同的声音和没有限制的权力	共享的意识觉醒，统一、实践、行动的权力，个人的即政治的，承认非理性的比较的和跨国的研究；共同的问题和解决方案；超越地域界限		辨识个人/社区的优势 离开： 　处理因结案而导致的感觉 　思考收获 　与社区联结 　辨识权力收获 评鉴： 　族群或性别敏感性 　评鉴压制、优势的影响 　不要过分关注简单的且可以测量的目标
全球视角	认识到全球的相互依赖和社会排斥			
批判视角	批评压制，将个人与社会变迁联系起来			

资料来源：Lee(2001)。

第四节　贡献与局限

　　增权的目标不仅仅在于与案主一起实现改变，而且在于经由案主获得自主行动的权力和能力、能够控制自己的生活，从而在更大的层面上促进社会变迁。因此，增权视角可以从微观的互助与知识共享、自助群体中的细小改变，去争取宏观层面的社会正义并给予人们以更大的安全、政治、经济和社会的平等。这一目标是符合社会工作价值观的，因此增权已成为社会工作的基础性概念，增权理论成为社会工作的基础性理论。约瑟夫（Joseph，2020）应用第一章所述的理论评估量表对增权理论进行了评估，得出的结论是：增权理论就认识论和整体质量而言是不错的。增权已广泛应用于精神健康领域、穷人和无家可归者、儿童和家庭、少数族群、老人和同性恋等领域（Yip，2004；Kruger，2000），并且增权这一概念几乎与所有的社会工作模式有了关联,尽管这样的关联是以不同的方式存在,甚至在一定程度上,增权这个概念被扭曲、滥用和误用(Adam,1996)。增权理论的确面临不少的挑战。

第一,亚当斯(Adams,1996)指出要认识到与增权实践相关的几个风险:专业人员的侵入可能减少了服务使用者自我增权的空间和可能性;一个增权可能会导致另一个失去权力;以增权的名义可能会出现权力的稀释,从而限制了助人的范围和空间;增权也可能会脱离案主这个焦点;自助和增权之间的关系含糊不清。

第二,斯坦顿(Stanton,1990)指出社工的自我增权是增权他人的先决条件,是挑战压迫的基础(Admas,2003)。这需要两个过程——其一意识化,其二,实践中的反思——从而形成对现有体制和个人情景的认识、回应压制和不平等的清晰策略、学习不同领域相关的知识和技巧、不断反思自己的价值立场。如果社工的处境不佳或能力不够,增权就是不可能的。

第三,聚焦"能力"可能并未给案主带来更大的可能性。增权视角的实践在现实生活中有聚焦于发展案主的能力而非社会变迁的风险,这有可能导致将促进社会变迁的责任置于案主身上。即便案主的权力或能力得以提升,这样的任务在强大的社会障碍之下只能是不可承受之重。实质性帮助是对案主面临的困境的重要应对办法之一,也是不可或缺的,它应该融入旨在应对结构性压迫的增权策略之中。已经实现增权的个体,可能只是从他们所在的被压制的生活环境中的其他同样被压制的人那里获得权力与资源,去改变自己的弱势生存状态,而没有或不能从更大、更广阔的社会结构中去寻找权力与资源。如果这样,在一个社会、政治资源有限的地方,增权过程并未能将受压迫、被剥夺的无权势者团结起来,而只是让他们相互倾轧(Payne,2005)。

第四,何谓增权成功是难以界定的,这在一定程度上使得增权实践有流于形式的风险,或者说,我们难以判断何谓真正的增权实践,何谓仅仅高举增权大旗的传统实践。正如谢波德(Sheppard,2006)指出的,增权是一种好的理念,但它并不明确,含义繁杂且相互矛盾。因此,我们需要更长的时间去探索一个更具回应性的增权实践框架,而非满足于将增权上升为一个政治正确的宣称。

最后,帕斯洛(Parsloee,1996)认为,社会工作的增权是一个西方概念,它镶嵌于西方的个人主义和自我改善观念,这样的观念在非西方社会并不一定合适。另外,权力这一概念是具有高度争议性的,后现代理论与现代性的宏大理论对此认识不同,从福柯的角度而言,社工本身就是一种控制的力量,其意图并非是增权,而是宰制。

§本章小结

本章阐述的是增权视角的理论脉络、概念框架与实践框架。增权这一重要概念是由所罗门引入社会工作实践的,其后它成为社会工作的一个核心概念。但作为一个概念的增权和作为一个视角的增权是有所不同的。增权视角立足于案主的压迫情境、无力感与无权感,聚焦于协助案主重新获得或行使自己的权力,从而促进个人乃至社会层面的改变。

§关键概念

增权　脉络化　权力

§拓展阅读

1. Simon，B.(1994) *The Empowerment Tradition in American Social Work*： *A History*，Columbia University Press.

2. Lee，J. A. B.(2001) *The Empowerment Approach to Social Work Practice*： *Building the Beloved Community*（*2nd ed.*），Columbia University Press.

3. Adams，R.(2003) *Social Work and Empowerment*（*3rd edition*），Palgrave.

4. ［英］Robert Adams(2013)《赋权、参与和社会工作》,汪冬冬译,华东理工大学出版社。

5. Cattaneo，L. B. & Chapman，A. R. (2010). "The Process of Empowerment： A Model for Use in Research and Practice"，*American Psychologist*，65(7)，646—659.

§思考和练习

1. 增权视角的聚焦是什么？
2. 增权是如何成为可能的？
3. 如何形成一个增权取向的机构文化？

第十四章　正义视角

每个人的自由发展是一切人的自由发展的条件。

——马克思、恩格斯:《共产党宣言》

社会正义一直是社会工作的重要目标和核心价值,社会工作相信社会正义是可能的,其在道德上是可取的,在政治上是可行的,社会工作的立场就是追求和实现社会正义。在全球化和资本主义扩张的时代浪潮中,社会工作对社会正义的承诺和践行变得愈发紧迫和关键(Finn & Jacobson,2003)。然而,社会正义本身是一个颇具争议的概念,围绕社会正义存在多种理论观点和实践取向,社会工作的正义视角正在建构之中,这代表了社会工作回归宏观视角的重要努力。

第一节　理论脉络

正义从来就是社会工作的重要价值追求,且在很大程度上受到了罗尔斯《正义论》的影响。罗尔斯(1988)认为正义是社会制度的首要价值,强调社会公正的重要性,并主张通过公正的制度安排减少经济和政治上的不平等。其正义论拥有两个核心的正义原则,一是针对政治平等的平等自由原则,即"每个人对与所有人所拥有的最广泛平等的基本自由体系相容的类似自由体系都应有一种平等的权利";二是针对经济平等的差别原则和机会公正平等原则,即"社会的和经济的不平等应这样安排,使它们在与正义的储存原则一致的情况下,适合于最少受惠者的最大利益,并且依系于在机会公平平等条件下的职务和地位向所有人开放"(罗尔斯,1988)。罗尔斯的正义论的局限性在于,难以回应历史与现实的复杂政治经济脉络。作为社会工作的理论视角,正义视角则更多受到批判理论、马克思主义和后殖民理论的影响。

批判理论是社会工作的重要力量来源,它在揭示和解释不正义的基础上,为社会工作的实践提供指导。批判理论的目标之一是围绕社会现实展开批判性辩论,最终实现解放知识的目标,特别强调理论对人们日常生活和日常斗争的关注(Fraser,1989),这与早期社工的实践方向不谋而合。早期社工同样热衷于参与正义斗争。因此,批判理论的发展与社会工作的历史密切相关,毕竟二者都对社会正义和解放深感兴趣。20世纪70年代,批判理论正式成为社会工作的指导理论,该理论特有的对统治和压迫的批判、对社会关系的解释在社会工作中得到了充分的表达(Rojek et al.,1988)。

马克思的异化理论是批评新自由主义的重要思想资源。在马克思看来,异化的根源在于资本主义制度和劳动力市场。过去人与自然、人与他人和谐相处的自然状态被建立在劳动与资本分离基础上的政治经济学所取代,工人因此被商品化,其劳动成果通过生产关系被资本家占有。劳动原本是人们实现自我的关键途径,但如今却变成一种自我牺牲和屈辱的工作。人不再是广义上的人,而是一台巨大机器的齿轮,他们无法发挥自己作为人被赋予的理性和感性能力。人们无法掌控劳动,但又因为生存需要而被迫劳动,甚至被迫在劳动力市场相互竞争,这最终便导致了个人的孤立和社区的破裂,阻碍社会团结。更重要的是,资本主义创造了两个对立的阶级:无产阶级和资产阶级,这加剧了社会的不平等,阶级间的冲突、工人的异化以及资本主义的不稳定滋生出了各种社会、生态和经济危机。马克思认为,唯有工人团结一致,才能对抗异化和资本主义的剥削,而团结的关键在于教育。教育帮助工人看见共同利益并团结起来,通过社会运动争取权力和正义。教育所具有的变革性可能是推翻或者改革资本主义的武器。

马克思主义理论对社会工作既极具影响力,也极具挑战力。马克思主义理论为社会工作确立了三种立场(Rojek et al.,1988)。第一种是进步立场,依据马克思主义,社会工作是促进社会变革的职业。第二种是再生产立场,社会工作被批评为资本主义国家机器的一部分,社会工作有意无意地巩固了工人的从属地位,以面向个人的治疗性干预粉饰资本主义的结构性问题。第三种是矛盾立场,社会工作既是制度的代理人,也是变革的倡导者。上述三种立场启发了社会工作对自身的审视和批判,并为建构正义视角提供了思想传统。

基于社会正义的道德属性和政治属性,不正义的危害不仅针对个人,而且针对整个社会,这是社会工作极力想要改变的,因此社会工作从来都是以正义为目标的。因此许多学者认为,社会工作本质上是一种政治活动(Gray & Webb,2013;Payne,2014)。社会工作不仅仅是人们习惯印象中一个中立的关怀职业,更是一种积极的政治过程和宏观实践,这是由社会工作所具有的对个人、家庭、社区和社会的不公平的批判意识所决定的。亚当斯等人(Adams et al.,2005)将社会工作定义为一种以增强社会团结、加深社会互动和减少不平等为目的,集反身性、批判性和变革性为一体的实践。社会工作在概念上兼具政治性、变革性和批判性,这三种属性将社会工作与社会正义紧密联系起来,为社会工作的理论和实践发展提供了新的方向,以对抗社会工作"治疗化"的转型。

社会正义要求社会工作不能局限于经济层面的分配公平,也应关注到文化、政治等层面的平等和公正,解放和赋权成为社工应该优先考虑的实践核心。坚持社会正义意味着要与压迫、歧视等对抗。芬恩(Finn,2020)甚至提议将社会工作重新命名为"社会正义工作",倡导社工批判性地处理人们在日常生活中的结构性斗争,发展人们的权利、能力和尊严。

第二节　概念框架

分配正义

　　理解分配正义是理解社会正义的前提。西方社会工作界关于分配正义的探讨通常涉及以下三种哲学思想:自由主义、功利主义和平等主义。自由主义将公平分配资源视作权利而非义务,即在合法范围内,人们有权获得任何资源(Nozick,1974),个人的自由和选择的权利是应该受到保护的基本权利(McCormick,2003)。功利主义强调为最大多数人带来最大的利益和最小的伤害。换言之,只要有利于满足多数人的需求,侵犯个人权利就是可行的(McCormick,2003)。平等主义认为每一个社会成员都应得到相同的权利以及获得资源的机会,因此社会资源的再分配应该有利于社会中的弱势成员(Finn,2020)。

　　马克思主义的观点是从历史唯物主义的角度论述分配正义,即人类历史上出现的分配形式以及所有制关系都是历史的、生产性的,随着人类生产方式的变更和发展,分配正义随之发生历史性、时代性的改变。由此,从马克思的视角而言,很多分配正义论只不过是抽象的原则,是脱离历史的具体关系和现实场域的"空壳"。特别要提出的是,马克思的分配正义批判了资本主义的法权理论,资本主义的分配正义其实质就是资本所有权的正义,因此资本主义的分配正义的基础是将资本的所有权标榜和放大为天然权利。马克思强调,"法的关系正像国家的形式一样,既不能从它们本身来理解,也不能从所谓人类精神的一般发展来理解,相反,它们根源于物质的生活关系"(马克思,2009:591)。因此分配正义产生于物质生产关系,对资本主义分配正义的批评就为新的分配正义原则提供了基础。新的分配正义就是对私有财产即人自我异化的积极扬弃,这样,社会主义和共产主义的分配原则就是按劳分配和按需分配。在中国语境下,民生为本、共享发展、共同富裕就构成了中国式现代化分配正义的重要组成部分。

平等参与

分配正义在概念上局限于物质资源而相对忽略权利、机会等非物质资源(Mullaly,2007),关注结果而非过程(Caputo,2002),因而在实践方面也不重视改变,从而导致分配不平等的结构和制度。而社会正义作为一种"消除制度化的统治和压迫形式的实践"(Young,2011),其过程无疑是值得关注的。因此,学界转向从弗雷泽(Fraser,2005)的"平等参与"概念中寻求对社会正义的进一步解读。促成参与平等,将"再分配"和"承认"视为社会正义不可化约的两个维度:(1)在道德哲学层面,用"再分配"矫正经济不正义;(2)在多元文化层面,用"承认"的"地位模式"整合经济上的再分配和文化上的承认。只有经济正义和文化正义相结合,才能确保参与对等(霍耐特、弗雷泽,2024)。阻碍参与平等的三维是:(1)经济阻碍,即经济机会的不平等;(2)身份结构、文化的阻碍,比如歧视、排斥等;(3)政治阻碍,即无法得到充分的代表(弗雷泽,2009)。

结合平等参与,社会正义在于通过再分配、承认和代表三种机制,实现社会成员在经济、文化和政治等领域的平等参与。其中,再分配要求权利和机会也一并纳为公平分配的内容;承认意指人们的文化身份和文化权利得到承认;代表则涉及人们在政治领域参与决策的权利。弗雷泽的平等参与为社会正义的实践提供了框架性指导。

能力

努斯鲍姆(Nussbaum,2011)从能力视角切入,探索以能力构建社会正义框架的价值。能力视角不以抽象的原则为基础,而是关注个人,关注个人有能力成为什么或做什么。努斯鲍姆罗列了12种核心能力:(1)生活能力;(2)健康能力;(3)身体完整能力;(4)想象能力;(5)感官能力;(6)思考能力;(7)情绪表达能力;(8)实践能力;(9)与他人联系的能力;(10)关心并与他人共同生活的能力;(11)玩和笑的能力;(12)对政治和物质环境的控制能力。此处的能力不是简单的个人特质,而是激发潜力的条件。如要追求一种合理的公正政治观,社会必须对人类自由进行评估并判断,这种评估还会影响到我们如何去评价一种自由被限制甚至被剥夺的事实(努斯鲍姆,2016)。努斯鲍姆指出能力目录的核心涉及人性尊严,是最低限度的自由,是达成社会正义的基础和必要条件。

正义的三个制度支柱

实际上,要真正实现正义,需要制度层面的支持,本书尝试提出正义的三个制度支柱:包容性经济增长、发展型社会政策和泛利性治理结构。这三个支柱分别对应市场、社会与政府,社会工作要推动形成这样的制度支柱,而这样的制度支柱需要在政治与法律框架之中得以确认。

包容性经济增长。全球经济社会发展中的一个重大问题就是,经济增长的成果并没有向弱势群体传递,增长的成果没有得到广泛共享,贫困、不平等问题凸显,最终影响着经济增长的质量和社会进步,甚至导致国家的失败。阿西莫格鲁和罗宾逊(2015)在对不同国家和地区比较研究的基础上提出了一个制度解释,区分了包容性制度和攫取性制度,并以大量的历史事实佐证,指出攫取性制度安排是国家衰弱、不平等的根源,而包容性制度则是问题的解决方法。要推动增长的包容性,就要从经济增长的主体、内容、过程、成果等方面关注"包容性",也就是强调"参与""共享""就业"等内容,限制排斥性的政策与措施。

发展型社会政策。发展型社会政策是福利国家为了应对全球化、老龄化、财政负担过重和经济竞争力受损而提出的,也是旨在反思以往补救式的且没有以能力建设为中心的社会保护模式。这意味着要将服务与发展结合起来,将经济发展与社会服务提升结合起来,从而缓解不平等、保障每个人的尊严与自由。

泛利性治理结构。国家作为经济发展与社会再分配的促进者的角色具有重要意义。国家要确保经济权力、政治权力和社会权力三者互动及均衡以实现共享发展,这就要求建立泛利性治理结构,防止奥尔森(1992)意义上的分利集团化。这样的治理结构更关心国家的长远利益而非短期政治收益;能有效抵御来自不同利益集团的压力,以国家的整体利益为标准制定政策;在改善民生与社会福利方面不受民粹裹挟,提供可持续的收入增长(权衡,2011)。总体而言,泛利性的国家治理结构就要求超越利益集团的利益,更加关注整体利益、长远利益,注重不同群体利益、权利以及他们的参与和表达。泛利性治理结构要避免共容利益的狭隘化,克服分利集团化,主动参与政策的讨论与制定,特别是经由推动社会组织的发展建构更多的平台让民众直接表达意见、直接参与发展并限制强势群体权力的过度膨胀。

第三节 实践框架

正义实践的四个取向

社会正义有四个实践取向:批判取向、分配取向、民主与参与取向、人权与自主取向(Watts & Hodgson,2019,见图 14.1)。

批判取向实践寻求改变社会、政治和经济结构的压迫、歧视和统治关系。批判理论为人们正在经历的事情提供了解释,同时也为事情应该如何发展以及我们如何实现这种发展提供了指引。批判取向的重点是通过组织行动,解决嵌入在结构中不正义的根源——经济基础、上层建筑、社会规范、价值观和话语。

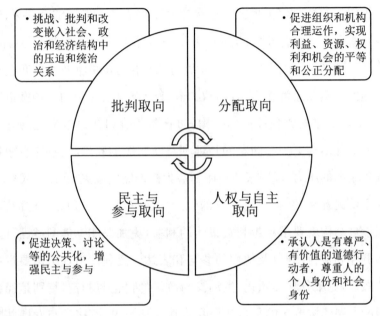

资料来源:Watts & Hodgson(2019:173)。

图 14.1　社会正义的实践取向

分配取向实践追求平等且公正的资源、利益和权利分配,它倡导一种非功利主义、非精英主义的社会正义。而为了实现这一点,合理的分配制度、完善的社会保障、平等的法律规范、受限的国家权力和开放的公共领域等都是必不可少的。分配取向的实践包括政策倡导、资源链接等。

民主与参与实践取向是实现进步、团结和正义的重要路径。民主有许多不同的形式,包括直接民主、代议制民主、宪政民主、协商民主和全过程人民民主,等等。其中,社会工作在协商民主方面大有可为。在中国语境里,社会工作应积极参与全过程人民民主,在人民城市建设、城乡基层治理中发挥助推作用。实现参与的具体形式包括公共论坛成立委员会、成立咨询小组等。

人权与自主取向的社会工作实践,倡导人的权利、权利教育、促进权利实现的法律和制度基础、抵制暴力等。在实践中聚焦于包容多样性,提升能力,强调在法律与政策层面确认每个人的权利。实际上,人类权利是社会工作的重要道德资源(Ife，2012)，要将这样的道德资源转化为每个人可以获得的切实的利益、机会和空间。

意义、脉络、权力、历史和可能性：五个相互关联的实践概念

芬恩(Finn，2020)提出，意义、脉络、权力、历史和可能性，这五个相互联系的关键概念构成了社会正义实践框架的基础。

正义实践框架倡导我们要努力思考个人和群体为世界赋予的意义。意义，即我们对事物及其重要性的理解和认识，寻找意义是促成改变的重要动力。作为意义的创造者，我们各自的社会地位和经历决定了我们对世界的理解可能会有所不同。当社工将自己的意义与他人的意义进行联系与比较之时，共性、紧张和矛盾都会产生。因此，寻找意义需要反思，意义可能是约束我们的要素，也可能为思想和行动创造新的可能，这其中隐含着"意义政治"。

脉络指围绕并影响特定事件和情况的环境与条件，脉络一般指特定的社会、政治、经济和文化情境等。如果我们脱离这些脉络去看待人或事，那么我们对人或事的分析一定是短视的或片面的。在社会工作实践中，脉络包括家庭、人际、社区、组织和社会等环境里包含的多维关系，这些错综复杂的联系和关系的背后是更广泛的社会、政治、文化和经济等结构性要素。社会工作很多时候似乎对改变脉络关注不够或力量不足，但这恰恰是正义实践的重要方面。

权力可能是阻碍改变的，也可能是催化改变的。对于社会工作而言，我们始终要保持对自身权力和权力差异的警觉，要看到权力与改变之间的关联，要看到权力与不平等以及与更广泛的脉络之间的联系。

每个人都是历史的创造者和参与者。当我们创造历史时，我们也被历史创造和重塑。在社会工作实践中，历史不仅帮助我们理解权力的运作模式，而且指导我们探索个人与家庭的意义、分析组织和社会的脉络。历史让我们不断回应之前的想法和实践，激励我们以行动促成改变，它是社会工作实践的探索工具。

可能性指引我们思考什么在历史上曾是可能的,什么又是可能超越过去的。可能性教会我们反思,令我们跳出决定论和宿命论的思维惯性。当我们思考可能性时,我们会对被思考的对象产生更多的看法与设想。最重要的是,可能性让我们注意到人的能动性,人被背景塑造,但未必完全由结构脉络所决定。这种对希望和可能的认定与追求也是正义视角所倡导的。

在正义视角中,每个人都是促进正义发展的积极参与者。意义、脉络、权力、历史和可能性共同构建了一个批判性的分析体系(表 14.1),指导社工去改变公平的现实、规则、体验和知识体系。作为正义视角的五个关键实践概念,它们有助于社工不断审视社会结构和社会问题,反思权力与不正义之间的关系,并且结合历史视角,分析结构和问题的嵌入背景与时间流变。

表 14.1　五大关键概念的批判性问题

意义	• 组织/机构的政策、实践和目标对你的服务对象而言有意义吗? • 你怎么知道的? • 你做了什么从而确定的?
脉络	• 服务对象的脉络是什么? • 你与服务对象建立关系的脉络是什么? • 上述脉络如何制造或减小了实践阻力?
权力	• 影响服务对象的权力关系是什么? • 作为社会工作者,你运用了什么形式的权力? • 你如何看待权力对服务对象的影响? • 服务对象如何看待你的权力以及他与你的关系? • 你是否有改变权力平衡的其他选择?
历史	• 服务对象的"受助"历史是什么? • 这段历史,连同其他经历,是如何促成服务对象的反抗的? • 有哪些事情是没有商量余地的?
可能性	• 尊重服务对象的价值观和信仰、为其争取利益的可能性在哪里? • 在承认社会工作者与服务对象之间的权力差异的基础上,挑战和改变的可能性在哪里?

资料来源:Finn(2020:216)。

核心过程:批判性反思、参与和行动

批判性反思

批判性反思具有反身性,它指导我们在特定的社会脉络下审视我们自己的能力,让我们认识到自我与环境之间的相互影响关系(Watts & Hodgson,2019)。因此,批判性反思不仅改造我们的认识,同时也改造我们的实践。

尼科特拉(Nicotera,2019)用一个循环图形象描述了批判性反思的周期性过程(图 14.2)。

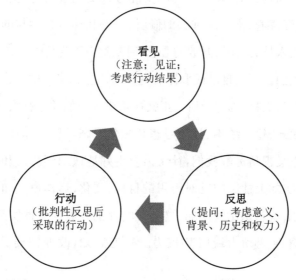

资料来源:Nicotera(2019)。

图 14.2　批判性反思的循环过程

作为一种结构化的、分析性的认知过程,批判性反思指引我们在挑战习以为常的基础上,探索潜在的、新的联系。批判性反思帮助我们审视自己是如何理解事件、经历和环境之意义的。经由不断地自我反思和提出问题,我们可以系统地剖析个人或集体的经历,在挑战与质疑中探索新的发展可能。

参与

参与是社工与服务对象同行的基础,是建立专业关系的过程,它是一个倾听、沟通、转化和联系的过程,需要社工不断克服权力、信任、亲密、差异和冲突等挑战。其间,社工不仅需要反思服务对象的变化以预测未来的工作,而且也需要进行批判性反思,从而探索建立关系和促成变化的路径。

参与具有多重含义,它既可以是相互的保证,也可以是情感的承诺,还可以是在特定时间和地点的会面或到场。在社会工作的语境下,参与通常指建立融洽关系并创造和谐环境的过程,它是建立信任与合作的基础。正义视角把参与视为一种主动的承诺:参与者有意共同创造相互尊重和学习的空间,在参与中建立关系、收获知识和反思行动。参与的实际过程受到参与者的经历和世界观的影响,批判性的好奇心、富有同理心的倾听、谦逊和尊重是参与的保障。真正的参与需要我们投入精力,保持开放的心态,时刻致力于为公平正义而行动。

参与要求我们认识到自己或群体在更大的社会脉络之中。这样的社会脉络之中有合作、冲突、支持,也有矛盾。正义视角要求我们关注社会脉络的变动,看到其间的关系模式、权力结构、社会心态和文化形态,以及其间的约束性力量和变革性力量。正义视角提醒我们,社工需要更好地认识到自己和组织在社会脉络之中的位置,实际上社工缺乏对组织的目标、文化、运作模式和社会脉络的足够理解,也就是宏观意识比较薄弱,这会影响社工开展反思性实践,特别是关注到结构之中蕴含改变动力或时势权力。社工需知,改变需要共同的、集体的努力。

行动

行动就是执行既定计划并保持动态调整的过程。行动伴随着激发潜力、提升能力、唤醒精神和扩大可能,它最终指向为公平正义发声。行动的前提是反思,我们借助反思保持警惕和发展能力。因此行动与反思是一体的,是循环往复的。

"行动"有别于我们常用的"干预",原因在于后者更容易被理解为专家对被动对象采取行动,而前者体现了尊重并强调所有参与者的主动性和能动性。进而,干预强调既有技术或模式的应用,而行动的概念富有弹性,它更能体现个人发展和社会变革的动态特征。行动的主体可以是个人,也可以是组织和社会,包含直接服务到社会倡导等不同层次。

社会工作的正义视角具有宏观指向的专业实践,因为行动是在动态的权力关系网络之下展开的。行动的重要意义并不在于由社工发起正义的运动,而在于由社工提出问题并共同打开解决问题的思路和创造改变的空间。社工需要自我警醒的是,我们的主张和信念并不一定就是完全正确的,我们有着自己的偏见和盲点、可能会自认为存在更有需要的群体,因此行动需要相关各方的参与、讨论和探索,这样的行动才有可能得到更多的支持。

专业关系

社会工作是争取公平与正义的同行者。同行,是社工伙伴关系得以持续的基础。同行是陪伴、支持和强化的过程,是双方参与和共创的承诺,所有参与者都在同行的过程中,就权力、地位和差异进行对话和反思,从而踏上合作、协商和化解矛盾的共同努力之路。

在社会工作正义视角下,社会工作与相关各方的同行是共同学习与共同创变。社会正义实践要实现改变,就要与相关各方一起,社会工作者不会私藏自身的职业技能,而是与其他主体分享经验,从而提升所有参与者的能力,进而推动社会的发展和变革。

评估

评估是一个持续的过程,它要求我们在改变过程中不断进行评估,这样就可以看到行动的有效性。因此,评估会与反思交织在一起,帮助我们系统地动态监测改变的过程和结果,以此促进我们不断调整以实现目标。评估可以帮助我们向目标有效迈进,但在必要的时候,我们也可以战略性后撤,为更好地促进改变积蓄力量。作为一个持续的过程,评估是反思和促进社会正义的机会,可以让我们更好地审视自己的努力是否为有需要的群体带来了诸如政策、制度等方面的结构性变化。

参与式评估是正义视角比较倾向的主流评估策略,具有多种形式,包括问卷调查、非正式访谈、结构化和半结构化的访谈、焦点小组、案例研究,等等。参与式评估提供一个平台,让所有参与者一同反思和共创,每个人既是评估者,又是评估的对象。在这个意义上,正义视角下的社会工作实践的性质有着根本性的变化,受益者从被动的受助者,变成自己面对社会问题的主人和解决方案的建构者,受益者不再是被动等待帮助的无力之人,而是解决问题的主体力量之一。因此参与式评估强调对宏观脉络的把握,强调对话,注重打破专家权威的束缚,让所有参与者更好地理解自己的生活和现实,让每个人都充分享有并履行参与评估的权力,因此参与式评估本身就是一个赋权的过程、一个促进改变的过程。

七个实践原则

基于芬恩(Finn, 2020)提出的正义视角的 17 项原则,本书提出以下 7 个原则:

(1) 全球视野。社会正义要求我们在更宏大的结构和时空之中进行思考。面对全球格局的不断演化,我们要时刻提醒自己,我们的知识可能是局限且片面的,因而我们需要在全球的视野之中进行交流与互鉴。所谓全球视野、地方行动。在诸如全球不平等、碳中和、全球合作等议题上发声,即便我们从事的是微观的社会工作实践,其后也隐匿着全球的议程。

(2) 政治敏感性。社会正义要求我们反思嵌入文化、制度、福利政策和实践中的诸种结构性限制,将贫困与不平等联系起来。正视权力问题,权力是社会正义工作的重要议题,唯有人们开始思考权力,变革才是可能的。身为社会工作者,我们应清晰地认识到社会工作的政治性,对社会正义的承诺既是一种道德承诺,也是一种政治承诺。

(3) 关联思维。关注不正义的历史之维,认识历史对理解当下具有重要的指导作用,借助历史,我们才能更好地关照当下与未来。我们将个体、群体与现象置于更广阔的时空联系之中进行思考,这样的联系是多层面的、多维度的,只有时刻有着关联思维,我们才能不断发现新的限制和机会、建立新的伙伴关系和支持网络。

（4）挑战确定性。社会正义要求我们有意识地质疑自己的例行假设，尤其是那些我们最习以为常的。如果不去反思我们的所知所行，就无法走出思维定势和认知惯习、打开思路，接收新的知识和方法。我们对主动与矛盾、模糊和确定性进行协商，模糊、矛盾和不确定性恰恰是改变的起点。

（5）倾听、对话与参与。与重视专家权威角色的方法论不同，社会正义要求我们敞开心扉，从未知开始，倾听并接受他人的故事。当我们以学习者的身份进入到人群之中开展实践，我们就能够认识到自身知识体系或专业的局限性，进而能从倾听和对话中获得新的教益、找到新的解决办法。参与是赋权的前提，社会正义要求我们寻找各种办法鼓励人们参与到促进改变的进程之中，参与即为改变。

（6）创造改变的希望和可能性。促进社会正义的社会工作的一个主题就是，为更加正义的未来创造希望和新的可能性。没有希望就没有前行的动力，就没有改变的目标，也就没有求变的活力。没有可能性就没有对未来的想象和憧憬，更没有对当下的反思。希望与可能性塑造了社会工作者促进改变的使命感。

（7）采取社会行动。面对现实的诸种不平等，需要激发众人的力量，大家一起行动，从而为社会层面的改变带来新的动力。

第四节　贡献与局限

正义视角融合了价值、历史、政治、伦理和实践技巧等多层面的内容，它在挑战社会工作传统思维的同时，更为社会工作提出了一个具有宏观导向的变革性实践路径。正义视角是开放的、富有弹性的，它对挑战和可能性始终保持开放态度，这种开放态度引导社工不断打破确定性、面对不确定性，在实践中学习、在实践中成长。正义视角是深刻的，它立足深厚的理论资源，警示我们反思我们所处的脉络、历史、实践乃至我们自身。对于很多人来说,社会工作的正义视角和实践或许过于虚幻、流于空想,但这样的专业承诺是必要的。我们的确不能对现实处境的复杂性抱持简单的乐观态度,不过,前行的每一小步依然是值得赞赏的。正义不是空中楼阁,正是由于现实中存在着诸多问题,实现正义才更加迫切。毫无疑问,如果不能跳脱资本主义设置的话语体系,实现正义是不可能的,这是资本主义内在的困难,这也是立足资本主义语境提出的正义视角的内在困难。要真正实现正义,需要社会正义的制度三角:包容性经济增长、发展型社会政策、泛利性治理结构。我国在乡村振兴、共同富裕、共享发展方面的进展,是丰富和发展正义视角的重要现实基础。

进而,正义视角要求社会工作把握时势,洞察社会的变动脉络。也就是说,社工在面对不同的状况时,只有懂得利用其所身处的情景,行动才会带来更好的效果。特别要关注处于萌芽状态之中的元素,这或许需要具备"一叶知秋"或"见微知著"的敏锐洞察力。所以,社会工作者在关注伦理价值、干预技巧的同时,不能弃守宏观的正义目标。否则,我们奔波于一个个的个案,却很难引起社会的关注,更遑论推动社会的改变。因此我们不能忘记"社会工作"的限定词"社会",要全力展现社会工作的"时势权力"。

§ 本章小结

正义视角是社会工作的宏观实践力量,是具有解放意义的实践导向,马克思主义和批判理论是其重要的思想基础。正义视角提醒我们,要不断反思我们的价值观、定位和行动去促进宏观层面的改变。正义视角的基本概念为我们观照现实提供了理论工具。正义视角的实践框架提供了基础性的行动指南,尽管还只是初步的。

在过去的十几年里,全球政治经济格局发生了巨大的变化,人工智能等新兴技术的广泛应用,这些都对正义提出了新的课题。在如此时代背景下,社会工作也面临新的机遇和挑战,这迫使我们去思考社会工作如今的自我定位和未来的发展走向。但无论如何,正义始终是社会工作不能放弃的专业使命,社会工作的正义视角应该得到进一步的拓展与丰富。

§关键概念

正义视角 分配正义 平等参与 能力

§拓展阅读

Finn, J.(2020) *Just Practice：A Social Justice Approach to Social Work* (4th ed.) Oxford University Press.

马克思、恩格斯(2014)《共产党宣言》,人民出版社。

§思考和练习

1. 正义视角与结构视角的联系与区别是什么?
2. 如何进一步拓展马克思对于社会工作宏观视角的意义?

第十五章　女性主义视角

妇女无法适应现有的人类发展模式或许表明了描述方面的问题，对人们状况认识上的局限性以及对某些生活真理的忽略。

——Giligan，1999:37

当一种哲学理论的性别意识形态面纱被揭去时，这一理论便暴露出男性主义。

——Fricker & Hornsby，2010:3

女性主义尽管具有较长的历史，但作为一种新的理论建构进入社会工作的图景是从 20 世纪 70 年代末期和 80 年代早期开始的(Wetzel，1976，1986；Collins，1986)。女性主义的引入凸显了"女性经验"的特殊性以及其对于社会工作的重要意义，因为长期以来，男性的经验遮蔽了女性的经验。传统的社会工作理论与模式将女性视为依附于家庭的存在，从而忽视了女性自身的生存抗争，将女性视为依附者无疑抹杀了女性的知识、能力、优势和潜能。女性主义经由将女性体验的带入试图重构社会工作的知识基础、专业关怀和干预模式。女性主义社会工作(feminist social work)这一特定名词也于 20 世纪 80 年代正式出现(Collins，1986；Dominelli & Mcleod，1989)。如今，它已经成为一个重要的社会工作实践理论模式。

第一节　理论脉络

　　女性主义理论就其本身而言是复杂和多元的。女性主义发源于 19 世纪末期,其主要目标是争取女性的政治权力。20 世纪 60 年代开始,女性主义进入一个新的时期,涌现出了自由女性主义、激进女性主义和社会主义(或马克思主义)女性主义这三个最具影响力的理论流派。自由女性主义在现存政治体制下为妇女寻求平等机会与权利,尤其关注机会的不平等,它对社会工作的启示是应该赋予每个女性权利、尊严、自我实现和平等。社会主义女性主义关注性别主义、种族主义和社会阶层分化三者之间的交互影响,将性别不平等视为更大的社会不平等的一部分,因此从更大层面改变社会结构和社会关系是极其重要的。激进女性主义关注她们试图颠覆的父权制,这个体制维持和再生产了男性的特权和宰制地位,因此改变性别关系和赋予女性更多的决定权是改变的聚焦(Nes & Iadicola,1989)。

　　女性主义最近几十年的进展已经远远超出了这三大传统的范围。童(Tong,1989)介绍了另外的几个传统——马克思主义的、心理分析的、存在主义的和后现代的女性主义。最近兴起的理论流派还包括后殖民女性主义(Mills,1998)、女同性恋女性主义(Gonda,1998)、生态女性主义(Diamond & Orenstein,1990)、后现代女性主义(Sands & Nuccio,1992)和黑人女性主义(Collins,2000)。黑人女性主义关注黑人女性所受到的性别和种族的双重压迫,因而认为积极行动是必要的。后现代女性主义从后结构主义那里获得知识支持,认为要解构那些宰制女性的话语和类别,看到权力(包括社工)的压制和监视作用。同性恋女性主义促使我们重新思考异性恋及隐匿其后的话语体系,并注意到压制的复杂性,即便是消除了男权制,也并不一定能够终结异性恋主义。生态女性主义倾向于认为女性与自然更亲近,而男性是环境破坏的主要力量,人口过多和环境破坏都是源自以男性为主导的生活方式(Saulnier,2002)。从微观实践到宏观政策,所有以上的女性主义都在不同程度上影响到社会工作(Nes & Iadicola,1989;Dominelli,2002;Van den Bergh,1995;Saulnier,2002)。

不同类型的女性主义的立场并不一致,但它们对正统理论体系与知识框架提出了一系列的比较具有共识性的挑战:质疑理论和知识是以研究男性为聚焦的,隐含了男性话语霸权,而女性切身的领域与议题被忽视;否认知识和价值是可以分离的,因为知识和价值是整合的,知识是全人的、整体性的,而非直线的或二元的;坚持应该采用多元的认识方式,而非一元的认识论,指责实证主义具有压迫性;反对研究者将男性样本的研究发现推及总体,因为将男性的经验作为衡量女性经验的标准尺度并不合理(Dominelli,2002;Van den Bergh,1995;Saulnier,2002)。女性主义坚定地批评二元主义思维和那些立足于相互对立的二元概念,因为这样的二元对立的类别,如男性-女性、白-黑,其中一个类别拥有特权而另一类别被贬低或被视为边缘;二元分法促进了对立性别迥异的观念。女性主义认为应该抛弃普遍主义的标准,因为它的弱点在于无法描述、理解或关注女性的多样化生活方式及其对社会的贡献;性别视角可以摒弃空洞的词汇,重新认识甚至进一步解构父权意识和以男权为主导的知识体系,以及由阶级、性别等差异而建构起来的社会、经济、政治结构,并检视、反思自己的立场。女性主义主张要消解此思维方式和揭示隐含其中的偏见,这是促进妇女改变的重要基础。女性主义者更希望经由倡导女性主义的价值观,将女性的观念带入社会工作和社会发展的实践架构,从而促进个人和社会的变革。

因此,女性主义强调女性经验的重要性和多样性并且基于妇女面临的社会问题和所处的社会位置而提出了替代性的理论和实践,这成为反思基于男性经验为中心的社会工作的理论起点(Sands & Nuccio,1992)。韦策尔(Wetzel,

1986)辨识出社会工作和女性主义的若干共同特点:强调所有人的内在价值和尊严;重视积极参与社会的重要性;认为消除自我实现的障碍是必要的;个人可以经由服务而实现发展;在各个领域预防和消除歧视是必要的。这显示出,女性主义与社会工作在价值观层面有着天然的亲和性。不仅如此,社会工作自创建以来更多面对的是女性案主和性别议题,如何理解案主必然是社会工作理论的核心,这一专业使命势必使社会工作与女性主义联姻成为可能。

奥姆(Orme,2009)认为,女性主义社会工作的主要领域在于:(1)女性的境遇。即女性分享在很多生活领域遭遇剥夺和歧视的现象,以及在职业发展和工作机会上处于弱势的体验;(2)女性为中心的实践。即聚焦于辨识出女性特殊的需要并回应;(3)女性不同的声音。女性以不同的方式体验这个世界,与男性的看法不同,女性强调关系与情感;(4)关注多样性。基于其共享的被压迫经验,女性能够辨识、赞赏、重视并回应不同类型的体验和境遇。根据兰德(Land,1998),女性主义正以不同的方式影响着心理动力、认知行为、任务中心、家庭治疗等诸多的实践模式,所涉及的问题领域包括身体形象、暴力关系、饮食障碍、乱伦和性暴力(Enns,2005)。关于女性主义社会工作的著作在最近二十年不断涌现。索尔尼尔(Saulnier,2002)进行了比较全面的介绍,多米内利(Dominelli,2002)秉持较为社会主义倾向的理论和政策框架,汉默和斯坦曼(Hanmer & Statham,1999)具有较强的自由主义倾向,范登伯格(Van den Bergh,1995)则采取了较为折中的立场,而福西特等(Fawcett et al.,2000)的取向是后现代的,弗里伯格(Freedberg,2008)进行了一种女性主义关系理论的尝试。

第二节　概念框架

综合前述女性主义社会工作的重要著述,本书将女性主义社会工作的重要概念基础尝试归纳为：身份政治、关系、再生产、照顾伦理、多元知识、解放和增权。

身份政治

女性主义的核心概念之一是性别政治，旗帜鲜明地提出了要敏感地认识到性别关系之中"个体的即政治的"，这个口号推动人们认识到个人问题的社会和政治根源，其实质就是"身份政治"。身份政治是社会关系如何组织和再生产的核心动力机制，性别化的权力关系深刻影响了男性和女性获得与其需要相配合的生活机会。社会结构赋予男人更多的优势，而将女性压制为一个受压迫的群体，这样，个人的问题和社会政治状态就相互交织在一起(Greene，1999)。因此，从"个体的即政治的"这一立场出发，我们应该找出问题的外部来源，如果个体要改变就要从改变环境开始，隐匿在其后的是女性受到压迫这一个基本假设。无论是"女性是受害者"还是"女性是存活者"，这样的论述都肇始了女性主义由沉默到语言表达再到行动的旅程。这显示了女性主义有强烈的欲望以集体行动推动社会变迁，这要求女性不仅要学会解放自己，而且要让所有的人从压迫和类别化中解放出来。

关系

女性主义在关于个人与环境的若干论述中对社会工作影响深刻的观点之一是重新认识关系的本质，即"个体的即关系的"，揭示了人是关系性存在这一论断。吉利根(Gilligan)基于实证研究洞见到女性更为重视关系，并强调关怀伦理。她的这一判断得到韦尔斯利学院(Wellesley College)的石头中心(Stone Center)的呼应，并提出了关系自我或自我在关系中的理论，即女性的自我感建立在她们可以建立和发展关系的能力之上(Jordan, Kaplan, Miller, Striver &

Surrey，1991)。关系成长是女性生活中的组织因素,其自我效能感是经由与他人的结合而实现的。但是女性的关系在男权制度的社会结构下没有得到重视,只是简单地标签为具有依赖性或缺乏独立性。实际上,女性只不过是在尝试肯定自我的不同感受之时在保持关系上面临困难(Miller，1986)。弗里伯格(Freedberg，2008)从女性主义的角度提出了一个关系理论,尽管这个理论框架是初步的。但这一理论进一步明确个体的即关系的,社会工作的聚焦就是女性身处其间的不同关系,包括社工与案主之间的关系,并且要特别注重关系的权力动态机制和女性对关系的特殊理解。

再生产

女性主义致力于揭示性别的再生产机制,即社会结构形塑性别之间的权力结构,这导致男权的延续和女性地位与角色的复制。霍多罗夫(Chodorow，1978)致力于继续挖掘心理分析观点的价值,但希望纠正这一理论对女性的误读,尤其是对客体关系心理学进行较为深入的批评。她认为在整个前俄狄浦斯期及之后,女孩对母亲的依恋是持续的;尽管女孩建立了与父亲的依恋,但并没有与母亲决裂。女孩对母亲的依恋更加强调关系质量,它比母子关系更长久且更少差异。结果是,母女之间的边界可能很模糊。在整个教养过程中,女性用限制和缩减男孩需求的方式来培养孩子,而用母性的包容来教育孩子,这样就内化了母亲的角色,女孩由此再生产为一个照顾者的角色。改变这一状况的做法是,父母双方的参与使得孩子的“照顾者”角色内化,并且不考虑各自的性别而成为一个照顾者(Cooper & Lesser，2005)。

关怀伦理

吉利根指出女性有不同的体验和视角,她们认为人类发展理论几乎是基于对男孩和男性的研究之上,这样的视角存在明显的缺陷。吉利根(Gilligan, 1982)特别认识到科尔伯格(Kohlberg)的道德发展理论并不适合女性,并由此全面反思关于人类发展周期的各种理论。她经由实证研究发现,男性和女性关于道德的理解和侧重点是不一样的,女性更强调善良、友好和自我牺牲,是一种关怀伦理,这样的关怀伦理来自与人的联结。相反男性提供照顾是来自对义务、责任和社会期望的承诺。从关怀伦理出发,就会建构不同的自我以及自我与他人的关系,这一点是社会工作应该予以重视的。

多元知识

兰顿(2010)认为女性被忽略的首要方式是女性未能被认识,作为认识的对象一直被视而不见;女性被忽略的第二种方式是借助"未能成为认识者"这一条件而实现的,也就是说无论是作为认识的主体抑或客体,女性是未知的、不可知的、不能知的。这样的论断无疑立足于知识观,因此女性主义倡导一种多元的知识观,这是因为女性主义研究者看到,特定的知识体系是压迫性力量,因此寻求不同的知识,这样才能实现解放。贝伦基、克林奇、戈德伯格和塔鲁尔(Belenky, Clinchy, Goldberger & Tarule, 1986)在《女性的认知方式:自我、声音与思维的发展》(*Women's Ways of Knowing: The Development of Self, Voice, and Mind*)一书中辨识出女性的五种认识论立场:沉默的知识(即失语与宰制),接受知识(被动接受别人的知识而不建构自己的知识),主体性知识(视知识为私有),程序知识(学习并运用程序去沟通知识),建构的知识(意识到所有的知识都置于情境之中,认识到可以自己建构知识并整合主观和客观的认识方式)。这一研究支持抗议和沉默的隐喻构成女性体验的观念。她们发现女性一遍又一遍地采用抗议的隐喻陈述其知识和伦理发展,并且抗议意识、心灵和自我的形成错综复杂地交织在一起。多元知识观告诉我们,"不同的声音"应该受到尊重和礼遇,这是平等的基础。但是,女性的声音被占主导地位的男性实证主义观念所压迫,因此,我们需要对社会工作重新定义,特别是要保证女性的参与并且让女性发出自己的声音且被倾听。

解放和增权

正因为女性主义认为个体的即政治的,任何私人的问题背后隐匿着复杂的社会结构根源,那么行动的目标就是改变身处这个结构之中的女性的无权力感,唤醒她们的权力意识,促使她们采取行动去改变自己的境遇从而控制自己的生活。这实际上是具有解放和增权意义的。增权是将案主自己看作解决问题的主体,将社工看作解决问题的朋友与伙伴,将权力结构看作复杂而部分开放的且可以为我所用的。这样,社工可以消除案主因性别身份而导致的各种消极反应,让她们看到自己能够在解决自身面临的问题过程中发挥重要作用,同时发现并消除影响案主的结构性障碍,实施有利于消解障碍的增权措施。不仅如此,正是经由女性主动参与的改变,知识和理解得以重构,知识的多元化得到了礼遇。为了实现增权目标,女性主义社会工作倾向于采用意识觉醒、社会行动、倡导和脉络化这些更具解放性的改变策略。

基于上述理论立场,多米内利(Dominelli,2002:7)对女性主义社会工作的下述界定是合适的:"这样一种社会工作的形式,即视女性的经验世界为其分析的出发点,聚焦于女性在社会上的位置与其个人困境的关联,回应其具体的需要,创造案主与工作人员之间的平等关系并挑战结构不平等,以全人的方式回应女性的特殊需要和处理她们生活的复杂综合体(包括加诸其身的众多冲突和不同类型的剥夺)是女性主义社会工作的内在组成部分。其对社会关系的依赖性的重视确保其也能够回应那些与女性有关联的人——男性、儿童和其他女性。"当然,对于是否应该出现所谓的女性主义社会工作(理论)是有分歧的,因为他们担心女性主义的学术化会弱化其激进立场或者经由学术场域而再次被男性"殖民";另外,女性主义的学术化会导致精英化,这会阻碍知识的再生产(Orme,2003)。

第三节　实践框架

女性主义社会工作的目标是：性别平等、相互依赖、增权、重视多样化，建构一个免于性别歧视与压迫的社会，这就要求致力于从个体到社会不同层面的改变。

实践原则

正如前面的章节所揭示的，女性主义对传统社会工作的挑战是全方位的，从认识论基础到具体的干预方法都是如此。而它首要的贡献在于将社会性别带入社会工作知识地图的核心地带，挑战了社会性别价值无涉的论调，因为这样的论调没有看到女性生活其间的情境对其产生的深刻影响。然而，女性主义社会工作是复杂的，很难提出一个单一的干预模式，只能辨识比较具有共识性的原则。

沃里斯（Voorhis, 2002）认为女性主义社会工作包含 12 条原则：（1）认识到治疗关系内在的权力；（2）理解人的价值及其对女性治疗的影响；（3）采用自我披露的方法以让案主从作为女性的社工那里获得经验；（4）回应女性的经验的不可见性；（5）提升女性对男性宰制对其生活的影响的意识；（6）认识到那些被理解为病态反应的女性的存活行为；（7）理解传统男性气质特征的特权（例如独立和自治）和将女性特征病态化（例如养育）；（8）评估压制性话语情境的心理效应；（9）认识到女性的愤怒并促使其以清晰、直接的方式进行表达；（10）评估因结构性因素而导致的女性的个人体验的政治层面；（11）回应女性因肤色、阶级、性取向、能力、年龄而导致的社会不公；（12）以个人和集体的方式增权女性以改变自己和那些压制女性的条件和结构。

多米内利（Dominelli, 2002）将女性主义社会工作的特征归纳为 15 点，列举如下:(1)评估男权式的性别关系对男性、女性和儿童的影响并回应之;(2)检视公域和私域的男权制对男性、女性和儿童的影响;(3)重新界定依附;(4)避免在建立平等关系中出现的错误公平陷阱;(5)礼遇差异;(6)赞赏女性的优势和能量;(7)重视照顾性工作者并改善其条件;(8)解构社区;(9)挑战母职概念;(10)挑战对"家庭"的单调描述,拓展其概念;(11)思考性别的社会建构;(12)区分男性、女性和儿童的需要;(13)以局内人/局外人的身份开展工作;(14)缓冲国家的权力;(15)理解无权者抵抗剥夺的能动性和能量。

女性主义社会工作不仅对女性是有意义的,而且对为男性服务也是具有启示意义的。这要求社会工作者要关注:(1)性别的权力关系对男性的重要意涵;(2)男性气质是基于将自己的权力施诸弱者;(3)男性基于社会的设置而获得的高于女性的特权;(4)多样性同样存在于男性之间;(5)男性之间的多样性反映了不同层次的特权;(6)确保男性要为剥夺他人负责;(7)连接那些以暴力犯罪压制女性的男性和那些漠视这种剥夺性权力关系的人;(8)重新定义男性气质,这样可以包括养育和平等的关系;(9)结构限制与个人行为和缺乏情感成长之间的关联(Dominelli, 2002)。

这表明,女性主义社会工作调整了干预聚焦,重构了若干重要概念,改变了对案主(尤其是女性)的理解,并鼓励与案主形成一种非压制性的伙伴关系。更为重要的是,女性主义是从一个更为积极的、非化约主义的立场来理解促进改变的过程,并将案主或案主系统的问题脉络化以寻求一个更为基于公平、正义的解决途径的。

评估

从女性主义的立场,社会工作要注重社会脉络、权力动态、性别特殊性的经验、性别的权力机制,诸如此类。但这样的评估必须基于开放的、合作的伙伴关系而实现。

以下的预估问题对于女性主义社会工作实践很重要:(1)社会情境是如何支持案主的当前问题情景的? 在何等程度上社会政治性别议题削弱了案主的能量? 性别刻板印象是否正在影响劳动、权力和奖赏的分配?(2)案主的个人经验是如何植根于特定的政治脉络的? 对案主的影响是什么?(3)在案主系统中流动的关于正常与异常的概念是什么? 是否植根于男权的传统? 它们是支持还是消解了潜能?(4)家庭或家庭成员呈现怎样的叙事? 它在何种程度上阻碍了成长?(5)什么是值得重视的? 什么样的个人概念因性别议题或刻板印象而受到忽视?(6)男性和女性的体验有何不同? 整个家庭如何理解男性气质和女性气质? 如何涉及权力、欲望和权利? 家庭成员满意现在的分配吗?(7)家庭里的权力动态机制是否与性别角色相关?(Land,1998)

专业关系

女性主义社会工作的专业关系是基于增权和平等的伙伴关系。专业关系不应该成为一个让女性被动和依赖的场所,社工不能以专家的身份与案主进行交往,而是要以一种共同成长的个人的身份参与其中,因此要实现关系的"去神秘化"。或者更为准确地说,社工不是一个"关系专家",而是致力于建立这样一种伙伴关系。社工要注意专业关系中的权力动态机制,要充分重视案主的优势、潜能和选择的权利,增权案主改变自己对问题或污名的内化,而寻求一种更为脉络化的解释。

干预技巧

女性主义社会工作从其问题辨识、评估、治疗策略和治疗目标上都与传统社会工作有着明显的不同,但与增权实践、激进实践在干预方法上却有很多的共同点。女性主义社会工作的具体干预技术很多,诸如意识觉醒、社会行动、倡导、性角色分析、权利干预、重新命名或再框架、自我暴露。

　　意识觉醒就是让案主理解到自己的处境是与更大的社会结构相关联的,并且这样的情形并非特别而是很多人共有的,"一起行动"是改变的重要前提。倡导就是代表无权势的女性的利益去与社会中的强权者、社会结构进行对话,从而展现弱势群体的价值和解放的实质意义。社会行动旨在表达弱势群体的利益和声音从而实现政策的改变。性角色分析就是让社会了解社会性别角色是如何影响案主言行的,只有确定性角色的相关信息,案主才可能走向改变。权利干预是建立在权利分析的基础上,案主认识到自己的权利缺失导致自己无法作出决定,从而遭受困扰,此时社工肯定案主对自己权利的正面陈述并提供信息进行强化,进而提升其信心。自我暴露是一种去神秘化策略,社工经由披露自己的信息和分享自己的经验而树立榜样,鼓励案主为自己负责。重新命名或再框架(reframing)是为了将案主的问题去污名化,或者让案主明白是社会的压力导致了他们的问题,而非个人的原因。改变个人问题的参照框架,可以减少压力,促进改变的动力。

　　表 15.1 展现的是索尔尼尔(Saulnier,2000)对不同流派的女性主义小组工作进行了一个比较。通过这一表格,我们可以看到女性主义社会工作实践的基本图景及女性主义流派之间的异同。不同的女性主义流派适用的主体不一样,小组目标相应地有所不同。小组过程中应用的技巧也有所差异,但支持、意识觉醒都是比较普遍的干预技术。

第四节　贡献与局限

　　尽管女性主义对社会工作的理论和实践产生了重大的影响,女性主义者试图通过女性自身的经验和价值观理解女性的生活和经历,后者显然与男性的生活不同,因此避免了以男性或男性中心主义的视角来进行理解(Hudson,1985)。这样的性别关注重构了社会工作的价值基础,性别的多样化和潜能受到了尊重,这使得社会工作更加具有包容性。女性主义为性别敏感的实践提供了基础,聚焦关系、问题和干预之中的性别因素,这包括更加重视女性的知识、反思男权体制和重建专业关系。

表 15.1　不同类型的女性主义小组:目标、聚焦与过程

类型	小组目标	主体与聚焦	小组过程
自由主义女性主义	1. 自我肯定 2. 增进自尊 3. 获得能力感 4. 戒酒瘾和药瘾	1. 酗酒问题 2. 物质滥用 3. 家庭功能失调	1. 心理教育 2. 咨询 3. 十二步法
文化女性主义	1. 政治分析 2. 认识女性本质 3. 重视女性关系 4. 创造新的灵性体验	没有特定主题(但许多涉及物质滥用)	1. 意识觉醒 2. 给予支持 3. 自助
后现代女性主义	1. 建立网络和支持 2. 改变想法 3. 建构社区	建构郊区白人女同性恋者之间的社会网络	1. 个人一生的回顾治疗 2. 教育 3. 给予支持
妇女主义	1. 自我增权 2. 社区建构 3. 种族意识的厘清 4. 迫使大学接纳 5. 迫使有色人种社区认同	有色种族女同性恋与双性恋者	1. 意识觉醒 2. 给予支持 3. 社区组织
激进女性主义	1. 治愈男权社会造成的伤害 2. 挑战男权思想 3. 增权以参加行动 4. 社会变迁	增权	1. 意识觉醒 2. 给予支持 3. 技能发展 4. 发展行动计划

资料来源:Saulnier(2000)。

　　然而,女性主义社会工作的实践需要更多的证据来支持其有效性,毕竟"漂亮的衣服并不一定合身",如果实践没有效果,理论的魅力将会褪色。空洞、肤浅的立场宣称并不能够真正推进性别平等。奥姆(Orme,2003)批评说,如果秉持

女性主义立场的社会工作教育者、实践者和研究者认为"如我所言即为女性主义"，那就严重遮蔽了知识的多元性和可能性。也就是说，如果女性主义过分强调女性的体验而忽视男性的体验，或者说将女性的体验普遍化，就会走上那条被自己批评过的中心化路线。女性主义强调意识觉醒，但如果不能形成改变现实的共识，这样的意识觉醒只能是流于嚣闹，而并没有实质性地改变人们的福利。这样的立场会限制女性主义建立一种综融的社会工作实践模式（Payne，2015）。另外，女性主义如果忽视改变过程中男性的参与，有意或无意指向性别对立，那就走向空中楼阁式的幻想，改变就难以真正实现。最后，各种不同女性主义理论之间的立场的协调也是重要的，繁杂而多变会让这一知识体系的受众望而却步，这无疑会限制这一理论的影响力。

§本章小结

本章讨论了女性主义是如何引入社会工作的。它的主要概念框架包括：（1）个体的即政治的；（2）个体的即关系的；（3）知识是多元的；（4）男性和女性的体验是不同的；（5）解放和增权是行动的目标。女性主义社会工作实践正是围绕这样的概念展开的，旨在颠覆男权体制，重新界定问题，寻求问题的解决方案，实现女性的解放和增权。

§关键概念

身份政治　照顾伦理关系　多元知识　增权　女性主义

§拓展阅读

1. Dominelli，L. (2002) *Feminist Social Work Theory and Practice*，Palgrave.

2. ［美］卡罗尔·吉利根(1999)《不同的声音——心理学理论与妇女发展》,肖巍译,中央编译出版社。

3. ［英］米兰拉·弗里克、詹妮弗·霍恩斯比(2010)《女性主义哲学指南》,肖巍等译,北京大学出版社。

4. Freedberg，S.(2008) *Relational Theory for Social Work Practice：A Feminist Perspective*，Routledge.

§思考和练习

1. "个体的即政治的"这一宣示的实践含义是什么?

2. 女性主义的不同流派之间有何差异? 这样的差异如何体现在社会工作实践之中?

3. 女性主义社会工作的局限性是什么?

第十六章 叙事理论

把这种学说定义为一种世界观是不是比较好呢？也许吧。可是即便如此，还是不够。也许说成是一种认识论，一种哲学，一种个人的承诺，一种策略，一种伦理，一种生活，等等。

——Michael White, 1995:37

不再以信息和形态这样的用语统整我们的外在经验，而以故事代之。考虑的不是系统而是文化或社会。不再视自己为修理坏机器的技工，也不是试图了解并影响复杂系统的生态学家，而是满怀兴趣的人，也许还带着喜好人类学、传记或新闻报道的味道，精于提出问题，以此方式从案主叙述的故事中，找出其中的知识和经验。

——Freedman & Combs, 2000:48

里斯曼和昆尼（Riessman & Quinney, 2005）宣称，1990 年以降，社会工作出现了叙事转回。尽管这一论断是针对社会工作研究的，至少表明"叙事"成为社会工作专业话语体系的重要组成部分。而叙事引入社会工作实践源起于 20 世纪 80 年代澳大利亚的迈克尔·怀特（Michael White）和新西兰的戴维·艾普斯顿（David Epston）所进行的开创性工作。他们首先将此引入家庭治疗，并盛行于澳大利亚和新西兰。随后,他们于 1990 年合作出版了《从叙事方法到治疗终点》(*Narrative Means to Therapeutic Ends*)一书,该书肇始了叙事治疗在心理治疗和社会工作领域的勃兴。尽管叙事治疗一开始只是一个宏大背景之中的微弱声音,但如今已经成为颇为流行的社会工作实践新范式。弗里德曼和康姆斯(Freedman & Combs, 2000)的《叙事治疗:解构并重写生活的故事》,是汉语界认识和传播叙事治疗的最重要文本。

第一节　理论脉络

毫无疑问,社会工作的叙事理论是与社会科学理论的最新进展联系在一起的,这包括人类学、社会学和哲学领域的理论演进。怀特(White, 1990)认为叙事治疗的理论脉络包括贝特森(Bateson)、布鲁纳(Bruner)、戈夫曼(Goffman)和福柯。沃尔什(Walsh, 2006)认为,叙事治疗的传统源自存在主义、后现代主义、符号互动主义、多元文化主义和社会构成主义(social constructivism)。本书认为,叙事理论的哲学基础可以归结为一般意义上的社会建构主义。

贝特森(Bateson, 1972)首先给叙事理论带来的是阐释方法——研究我们如何理解世界的过程。这一方法的立足点是,我们无从知道所谓的客观现实,因为我们需要阐释。我们对于事件的理解,我们赋予事件的意义,都受制于特定的语境,只有理解这样的语境才能实行真正的阐释。贝特森(Bateson, 1972)还洞察到时间维度的重要性,这对于社会工作实践具有重要的启示意义。因为正是在时间的流淌过程中,人们才认知到不同和变化。而叙事是围绕时间展开的,其间演绎的是变化、发展过程或生命历程(Bruner, 1985)。

布鲁纳(Bruner, 1986)确认社会科学在 20 世纪 70 年代转向一个更具解释性的态度:意义成为聚焦,即世界是如何被解释的,意义是根据什么符码来调节的,由此文化本身被当作故事,让参与者解读并成为指引。可见,人们是由特定的意义组织其生活的,而一个问题的存在或延续背后隐匿的是一个特殊的意义系统。

符号互动论关注个体之间的互动以及由此形成的社会关系与互动模式。米德的《心灵、自我与社会》彰显了符号与互动之间的重要关系。托马斯的那句名言"如果你将情景定义为真的,它就是真的"具有浓厚的社会建构主义色彩。在布鲁默的符号互动论中,符号的意义得以凸显,人类的行为要根据其所赋予的"意义"而进行,意义来自社会互动,在互动过程中人们可以改变和修订意义。它们强调社会互动的情境性并借此着重观察社会互动的动态过程。舒茨认为每个人都对自己的日常生活有所谓的"常识建构",社会科学家的研究工作实际上是"二度建构",二度建构的对象是非直接经验的社会事实,是个人在日常生活中的建构的建构。伯杰和卢克曼的《现实的社会建构》则进一步阐发了这一思想,简要而直接地提出了"现实的社会建构"这一概念,为社会建构主义提供了创立宣言。加芬克尔的《常人方法学研究》表达了一种具有社会建构主义倾向的考察社会秩序如何形成的新视角:社会秩序正是在社会行动者的实践之中巧妙地进行建构,芸芸众生在日常生活中依照常识推理的逻辑建构了我们的日常生活世界。包括符号互动论在内的日常生活社会学的发展展现了人类社会互动过程的复杂性,并凸显了现实的建构特征。

正如瑞泽尔(Ritzer, 2000)所指出的,后现代主义是一个关于知识、人类和社会的观念的新范式的智识运动,它否认存在终极真理理念以及结构主义的基本理论架构,否认宏大叙事和宏观理论的意义,认为人类只能发现"微观的小故事",试图寻找模式化的关系和宏观的历史规律对人类来说是不可能的。它反对学科之间、文化与生活之间、虚构与理论之间、想象与现实之间所设置的界限,其理论着眼点在于多样性和易变性,其核心运作原则是去中心化、解构、差异,社会理论的传统遭到质疑,实证主义或经验主义的认识论基础受到怀疑,传统上被边缘的议题和人群有了发声的机会。福柯是其中的代表人物,他关于知识与权力的论述,让我们洞察到话语背后隐藏的权力运作过程,并在解构或重构疯癫、监狱、医疗和性的文本中全面展现了知识与权力的活生生的关系。德里达则直接提出了解构这个概念,尽管他没有为重构提出任何建设性意见,但解构本身揭示了现实的社会建构本质,这个概念也被直接引入叙事理论。

前述理论在一定程度上都汇流进了社会工作的叙事治疗的理论基础。它们都从不同的层面强调了个人对他人和世界的感知能力以及体验和赋予意义的重要性,从而作为一个概念性架构为叙事治疗确立了理论基础。因为自我的经验是在与他人的互动中形成的,自我经由别人的叙事而不断实现自我创造,别人也是经由这样的叙事而相互认识的。麦肯齐和蒙克(Mckenzie & Monk,1997)提供了一个有趣的隐喻来解释不同取向治疗之区别,叙事治疗聚焦于"故事",这是有别于机械治疗(mechanistic therapy)、"修理机器"和浪漫治疗的"剥洋葱"。怀特和艾普斯顿(White & Epston,1990)正是围绕"故事"提出了叙事治疗这一具有革命意义的社会工作模式。

第二节 概念框架

怀特是这样表述叙事治疗的:"把这种学说定义为一种世界观是不是比较好呢? 也许吧。可是即便如此,还是不够。也许说成是一种认识论,一种哲学,一种个人的承诺,一种策略,一种伦理,一种生活,等等。"(White,1995:37)总体而言,叙事理论的概念框架是围绕叙事、社会建构、知识、权力与语言而形成的,并展现为有别于实证取向的社会工作理论。

叙事

叙事治疗就其本质而言是围绕"叙事"而建构起来的,这体现了从系统到故事的范式转移,因为不同的、以隐喻表达的范式都体现为一种干预指引,从而影响我们所看、所听和所知的方式。

在叙事治疗兴起之前,结构隐喻和系统隐喻是占据主导地位的,它们构成传统家庭治疗和融合性社会工作的基础。"结构"隐喻关注的是如何安排、强化或放松现有的结构,并倾向于以木匠、建筑师或雕塑家的方式探讨问题或解决问题。然而,结构隐喻似乎忽视了家庭关系的多样性和易变性,将复杂的互动简化,有僵化之虞(Freedman & Combs, 2000)。"系统"隐喻(正如前面的章节所揭示的)让我们洞察到家庭(或案主系统)内部的循环或其与更大环境之间的交换,但它更多地关注问题是如何在互动中产生的,并没有协助案主找出那些价值、制度和习俗对其生活和互动所造成的负面影响,并诱导他们凝聚起来去对抗这样的价值、制度和习俗,从而实现改变(Freedman & Combs, 2000)。叙事隐喻的核心就是人的生活经由不同的"故事"构成。人一出生就会进入各种故事,他们的社会和历史不断诱导他们自己叙说或记忆某些事件,而很多的事件被遗忘或没有成为故事。

从叙事理论的立场,我们可以这样发问:何以形成这样的故事? 何以仅仅保留了这样的故事? 这个故事是否可以用另外的形式进行叙说? 是否遗忘了那些具有正面意义或启示作用的故事? 因此,叙事是由帮助案主讲述故事的过程、组织生活事件和见证社会和文化脉络这三个部分组成的。叙事提供一个框架和意义帮助人们在更为广阔的社会和文化环境关系中理解自己的角色,个体的自我或认同在这样的背景中得以发展(Cooper & Lesser,2005)。

那么,这样的叙事与我们通常所认为的历史有何不同呢? 首先,我们所听到的经过重新组织的案主记忆并不必然是真实的历史。社工假设每个人的生活故事都充满了矛盾,并在治疗中善用这样的矛盾。其次,关于同一事件的叙事可以随时改变,如同黑泽明的《罗生门》。最后,社工作为一个参与观察者参与到治疗过程中,叙事是在这样的背景下"听"和"说",这是一个经由谈说而改变的过程(Cooper & Lesser,2005)。如果以一句话来表达叙事治疗的精髓,怀特(White,

1995)的书名——*Reauthoring Lives*——是合适的,即重新书写生活。

　　叙事具有七个要素:(1)情节编排(Plot),情节编排是嵌入日常生活中的普遍活动,构建了知识和行动的组织与呈现方式。情节编排可在特定的社会工作案例中产生特定意义,以特定方式构建事件和行为。(2)人格化(characterisation),增强故事情节的可信度,实现人物的建构与再构成。(3)文本体裁/文本风格(genre),文本体裁对社会工作中的各种文本有着规定和塑造作用。(4)叙事视角(point of view),讲述故事的叙述者的角度或立场。第一人称和第三人称最为常见。一个故事中可能有多个叙述者,每个人呈现的视角都与他人截然不同。此外,他们的视角可能以多种形式表达。(5)修辞手法(rhetoric),社工需要用不同的修辞手段去实现不同的目标,服务对象亦如此。(6)作者身份(authorship),谁是叙事的作者,是重要的议题。(7)读者群体(readership),读者与叙事的文本(或口头表达)的互动是一个创造意义的过程。阅读成为一种极其不可预测的活动(Baldwin,2013)。

　　所以,"借由叙事的隐喻,我们把众人的生活当成故事,以有意义而能实践的方式,体验他们的生活故事,以此治疗他们。借由社会建构的隐喻,我们以人和人、人和习俗制度间的互动,建构每个人的社会和人际的现状,并把焦点置于社会现实对人类生活意义的影响"(Freedman & Combs,2000:26—27)。这一原则颠覆了系统或结构的隐喻,为社会工作实践提供了新的可能性。

社会建构

　　社会建构论可以这样一句话进行简洁的表达,即"我们组成了我们的生活"。诸如信仰、价值、制度、风俗、法律等构成我们社会现实的事物都是由特定文化的成员代代相继、日复一日的互动所构成的。人们共同建构了现实,并在其中生活。但如果我们忘记了那些所谓的概念、标准,正常只不过是社会建构的产物,而认为它是某种外在的、现存现实的一部分,就会导致问题的出现。正是经由社会建构,某些叙事可能成为压制性的话语体系,从而迫使那些与之对抗的叙事成为边缘或异常,这是"问题"产生的根源。相应地,社会建构主义认为应该存在多重的现实,视乎人们以怎样的方式进行建构,这暗示建构与解构是并行不悖的。

因此,在社会实践层面,社会建构遵循的逻辑是,如果现有的社会设置并非一定要存在,或其存在具有压制性,因而具有负面效应,就应该抛弃或进行激烈的改变,这样情形就会更好(Hacking,1999)。

这个逻辑表明,我们可以抵抗现有的叙事和建构,并代之以新的叙事和建构,这是解构与重建的交织。要对案主的故事进行建设性的重构之前无疑要对其叙事进行解构。对社会工作而言,这种解构就是寻求问题故事的替代性方式,帮助案主对问题进行重新定位,从而形成一个全新的视角去认识问题、困难和挑战。

知识/权力/语言

正如上文所揭示的,知识是一种"社会建构",并经由语言呈现出来,而这样的建构体现了权力关系。语言本身就是一种社会实践,它是人们互动的一个动态社会产品,当人们相互交流之时,世界即被建构,我们运用何种语言即昭示了某种行动形式和权力关系。现实经由谈话、故事和叙事组织并维持,它们构成不同的话语体系。话语是权力关系的再现,占统治地位的群体可以建构特定的话语以排斥或边缘化某些弱势群体,这样的话语就体现了再生产权力关系的不平等并将这样的不平等视为自然而然。社会建构论就是要打破这种话语体系的霸权并揭示其背后隐匿的权力关系,这样,人们就有机会重新建构新的话语体系以将受制于旧有话语体系的人群解放出来。

无论是叙事的隐喻还是社会建构的隐喻都强调了语言的重要性,语言是建构现实的核心力量。在社会工作的叙事理论看来,语言是用来凸显案主的优势的,而非用以纠正病理学或认知失调,这样,社工与案主的对话就变成了动态的谈话,被动的介入变成了共同的建构。福柯认为语言是权力的工具,而社会中拥有权力的人占据话语霸权,并决定知识的真实、正确和适当,因此控制了话语就控制了知识。所以,权力即知识,知识即权力。福柯强调权力是实践的,而非占有的,这样权力不仅仅是压制性的,也是生产性的。这暗示知识和权力是可以转换的,因为反抗使人可以在生活中拥有并要求超越主流叙事范围的很多可能性。

第三节　实践框架

社会工作的叙事治疗的目标是:将案主从一个有问题的生活模式中唤起,并将其从外在的限制中解放出来,重新书写具有尊严的、体现能力和智慧的故事。叙事治疗是一个开放的过程,一个赋予希望和意义的过程,正如一个案主所说的,"剥去可怕黑暗的硬壳,一度让我觉得受吸引、充满挑战、得到启发,一点也不觉得神秘或受到威胁。我觉得自己以前好像是在充满荆棘尖刺的道路上,受到包围,没有什么选择可言。吉儿(社会工作师——引者注)现在却站在我旁边,劈开荆棘,让我看到自己想选择哪一条道路。她让我看到了各种选择的可能,所以我有机会自己选择……我也觉得自己可以自在地说是或不是。我们在治疗旅程中,有时可能坐着叙说故事,或者当觉得疲劳时,只是静静坐着。每一步她都陪着我,而且了解我,这一直令我觉得惊奇而感激"(Freedman & Combs,2000:14)。这个过程充分展现了叙事治疗的干预原则、干预过程和干预技术。

实践原则

叙事治疗在很大程度上偏离了传统社会工作实践的范式,因此它的干预原则是不同的。根据卡尔（Carr，1998），叙事治疗的整个过程应该包括：（1）采取一个合作性的、共同书写故事的立场；（2）经由故事的外在化而实现个人与问题的分离；（3）经由发现独特结果而帮助案主辨识生活中没有遭受压制的时期；（4）以行动图景和意识图景技术浓化案主对独特结果的叙事；（5）将独特结果与过去和现在的其他事件联系在一起，从而形成一个关于自我的新的叙事；（6）邀请重要他人的介入从而见证新的自我叙事；（7）用文字的形式记录下那些支持新的叙事的知识和实践；（8）以回响的方式与他人分享，促使他人摆脱同样的压制性叙事。

弗里曼和库肖纳尔（Freeman & Couchonnal，2006）认为叙事治疗的整个过程可以包括：（1）倾听和了解案主的故事；（2）以叙事的方式协助案主定义他们的挑战；（3）共同致力于寻求意义；（4）提升案主对权力和宰制关系的认知度；（5）帮助案主外在化他们的挑战和议题；（6）帮助案主重构具有能力和优势的个人故事；（7）确认案主具有重构其生活故事和建构替代性叙事的特权；（8）分享社工的故事。

基于上述观点，有理由认为叙事治疗的核心实践原则应该包括：（1）聚焦于形塑案主生活的叙事；（2）将个人与问题分开；（3）重构自己的主流故事（Healy，2005）。

聚焦于形塑案主生活的叙事

叙事治疗与其他社会工作实践模式不同之处并不是试图寻求或建构一个关于案主情境的单一合理解释，而是致力于评估和改变案主关于自己生活的叙事，尤其是挑战那些以病态或负面的方式出现的、对案主造成伤害的叙事，并代之以替代性的有建设性的叙事。案主在叙说中引用的隐喻最值得关注，因为理解案主的隐喻是理解案主的现实是如何建构的关键，案主的隐喻提供其问题的一个脉络，反思并形构案主的现实。

个人与问题的分离

问题与人是分离的，更为简洁的表达就是"问题是问题，人是人"。这样，社工可以撇开问题去帮助案主找到更多的正面经验,从而替换案主的问题故事。实现这一目标的策略是"外在化",这一点下一节将会有进一步的澄清。问题的外在化帮助人们辨识到那些具有宰制意义的知识体系,并摆脱之。这样的知识体系迫使案主接受这样一种观念,即问题会持续存在,存在的原因是因为自己没有达到别人或社会的期望。这无疑会产生严重失败感或失落感,从而出现无权和失语的状态(White & Epston,1990)。问题外在化之后,案主可以脱离问题的压制,尤其是可以减少自我污名和责难,并反思自己的生活,从而寻找到新的选择,这无疑为自我成长提供了动力。

外在化谈话可以对抗问题的客体化而形成的内在认识,个人不再是自己面对的某种问题或"身份"的傀儡,而重新成为自己的主人,这无疑有助于个人探索新的可能用以对抗这样的问题或"身份"的方法。要特别关注服务使用者以怎样的隐喻来表达自己的处境,而从隐喻的建构过程之中,我们可以找到重构的动力。尤其是要避免整体化(totalizing)。整体化是来自二元对立的思维,这样的思维是有害的,可能会因此而忽视服务使用者所珍视的东西,或者服务使用者面对的处境背后的脉络(White,2007)。

这一过程包括:第一步,要找出一个特别的、与体验接近(experience near)的问题的定义,这样的定义是基于服务使用者对自己的生活的理解或人们寻求治疗的理由。说其特别是因为每个人体验问题或挑战的方式不一样,每个人的认知也不一样,这个人遭遇的问题或困境绝不是另一个人的简单复制,这在一定程度上就需要挑战一般的医疗诊断术语或社会问题的指称(White,2007)。第二步,要测绘问题的影响,包括家庭、工作、学校、同辈关系等领域、不同的关系领域、自己的身份认同、自己未来的生活机会和生活境界。第三步,治疗师帮助服务使用者一起评估问题的机制,主要是考察服务使用者如何理解问题。第四步,要为这样的判断提供理据,"为什么"的问题最重要——为什么这对你是可以的?为什么这是不行的?为什么你以这样的方式思考?你为什么有这样的立场?(White,2007)

重构主流故事

社工首先要解构那些宰制案主生活的主流叙事,协助案主看到新的故事讲述方式的可能性,并让案主洞察到故事背后的权力机制。叙事治疗的一个解放性意义在于经由询问问题的背景以及背景对问题的影响,可以充分展现主流话语的压制性作用。是什么"养大了"这个问题? 又是什么可以"饿扁"它? 谁能从中得利? 有问题的态度在何种境遇下会有好处? 什么样的人会为这样的问题鼓动? 哪些人必定会因此而受到压制? 这样的问题无疑会诱导个人思考自己的整个生活背景是如何影响问题的(Freedman & Combs, 2000)。为此,社工让案主谈论他们所熟悉的权力运作的效果和什么运作使得案主感到自己与他人的关系保持稳定。由此,案主开始体会到哪种程度的权力运作会影响他们的生活(White, 1995),此时要鼓励案主对问题的效应进行抗争,案主被视为积极的,社工要充分尊重案主的话,尤其是不会因为不真实的故事而与之争论。这样经由讨论、展开与阐释"独特的结果",故事可以获得新的意义,一个新的故事便出现了。

重新书写故事就是邀请人们讲述自己的故事,并将那些以前被忽视的但意义重大的事件或体验表述出来,这样的事件或体验可能是脱落(out of phase)于主流故事之外的,但可能是"例外"或"特殊的结果"。特殊意义事件是新的故事的切入,特殊意义事件可以来自过去、现在、未来。特殊意义事件是任何可能不符合主流故事的事件或与主流故事相矛盾的事件。这就要求将事件连接起来,形成行动蓝图(landscape of action),即在谈说过程中探索特殊意义事件的细节(who, what, where, when),或形成身份蓝图(landscape of identity),即在谈话中探索作为计划、行动、感受、渴望、想法、宣示的特殊意义事件,人们对生活的自我认同、人际关系给予的意义,其中包括欲望、动机、目标、梦想、期待、价值、信念、决心、许诺和比较理想的生活形态等。这样服务使用者就可能会对自己的生活形成新的结论,这种结论与限制自己的生活的主流故事线不一样,它打开了更多的可能性(White, 2007)。

评估

叙事治疗更多地被认为是"顾问性的"（consultative）而非"治疗性的"（thera-peutic），因此整个评估过程是简单的，没有一个所谓的诊断过程，一般倾向于快速进入干预过程。评估过程中讨论的议题可以是广泛的，主要是了解案主如何看待自己的境遇以及如何应对挑战。社工可以询问案主的优势、资源和成就，这可以为后续的故事重建奠定基础。

专业关系

在整个干预过程中，社工可以协助案主建构一个不同的、更具积极意义的新的叙事，社工并不以专家的身份出现，而可能是案主故事的听众、新的故事的协商者或者新的故事的共同建构者，在整个过程中案主本人才是自己生活的主人、自己故事的讲述者和编写者。正因为社工的工作要随着案主的故事而展开，所以叙事治疗很难提出一个详细的指引，因为每个人的故事不一样，只能是"法无定法"，但在整个过程中保持一个叙事取向是关键性的。

那么如何保持一种叙事取向的立场呢？弗里德曼和康姆斯（Freedman & Combs，2000：79—80）罗列的自我询问是有启示意义的：

1. 我询问的是许多描述，还是一个现实？

2. 我倾听时，是否能了解个人体验的现实是如何经由社会建构出来的？

3. 此时谁的语言拥有特权？我是否试着接纳并了解这个人的语言描述？如果我认为自己的语言较优秀或自认为典型，我为什么这么做呢？在治疗对话中，不同的语言会产生什么影响？

4. 有哪些故事支持这个人的问题？是否有主流故事压迫或限制这个人的生活？我听到了哪些边缘化的故事？有没有线索显示尚未谈到的边缘化故事？我

该如何诱导这个人加入这些边缘化故事的"知识的反抗"呢？

5. 我是否把焦点放在意义而不是"事实"上？

6. 我是否从各种广泛的事情评估这个人，也诱导他评估各种广泛的事情？

7. 我是否以自己的个人经验提出意见？我的背景、价值观和意图是否透明，好让这个人能评估我有没有出于偏见所造成的影响？

8. 我是否落入区分病态或正常思考的陷阱？我们是否根据这个人经验中造成问题的部分，同心协力地定义问题？我是否远离"专家的"假设或理论？

考虑到叙事治疗并没有形成结构化的干预指引，在整个干预过程中常常以这样的问题进行自我反思，不失为保持社会建构立场的重要途径。

干预技巧

倾听

在叙事治疗看来，与以往专注于问题、资源或主诉的面谈不同，治疗师或社工要试图让自己配合案主，并从他们的观点，以他们的语言，来了解他们为什么寻求帮助，这样我们才能认识到不同的故事，尤其是注意到自己所不知道的事。"不知道"这一立场暗示我们一直走向未知之事，拓展并说出"未说出的话"，可以发展出新的主题和叙事，甚至创造新的历史。"从不知道的立场出发，使我觉得更加安心自在地从案主身上学到他们如何展开自己的故事"，一个社工如是说（Freedman & Combs，2000：16）。

外在化

外在化是叙事治疗的一个特殊手段。经由这个过程，问题变得"客观化"，即问题是位于外部的，而不是在人的内部。尽管人们可能会批评外在化谈话会促使人们放弃对自己的行为负责，但有学者（Freedman & Combs，2000：110）争辩说："外化式对话使许多人第一次体验到自己选择的责任，以问题来体验人时，人对问题无计可施，因为问题就是这个人。当问题在人外面时，他就能负起如何与问题互动的责任。"其中情节的命名是外在问题最有力的辅助手段。为情节或问题命名,是一种建构,这样的建构会影响人们对这一情节的解读。所以,为情节或问题命名,会促使我们发现问题运作的策略和方法,这样可以帮助人们了解应该如何进行反应。随着治疗的进行,情节的命名和重新命名会在故事的发展过程中持续下去(Freedman & Combs, 2000)。

一个社工对外在化的体验是这样的:"治疗时,我最大的挣扎就是会掉入所有问题的痛苦里。叙事治疗则为这种挣扎带来新的亮光,它教我'问题是问题,人是人'。把问题外化,使我看到案主的本质。我可以把他们看成问题,也可以把他们看成故事。问题使你陷入痛苦,而故事则有很多可能。"(Freedman & Combs, 2000:16)

寻找独特的结果

在外在化之后,社工要尝试与案主寻找独特的结果,谈论问题出现或成功应付问题的时刻。这主要表现为关注与问题故事分离的体验,哪怕这样的体验看似并不明显。"有没有不抑郁的时候? 这时候,你的状态是怎样的? 你是怎么做的?"探讨这样的问题的好处是促使案主看到,改变是可能的。正是在这样的描述中,一个人的生活的另一面展示出来,从而另外一条道路出现(White, 1992)。在探索独特事件之后,怀特(White, 1992)建议询问类似以下能够引起更为清晰谈话的直接或间接问题,包括:

(1) 在你生活中需要什么以及生活中你正在尝试什么? 你认为你的谈话告诉了我什么?

(2) 你认为,知道这些事情会怎样影响我对你的看法?

(3) 在你认识的所有人中,谁不太可能对"你为了挑战问题而采取这些措施"感到吃惊?

艾普斯顿和怀特的循环问题更是可以将独特的结果故事发展成答案故事:

(1) 你的生活到了这一步,还有谁应该了解它?

(2) 我猜测,有很多人以一种老眼光看你,你想通过什么方法来改变他们吗?

（3）如果其他人因为跟你一样的原因来寻求治疗，我可以跟他们分享你取得的所有发现吗？（Corey，2004）

治疗文件

治疗文件有助于治疗过程，强化或持续故事。这样的文件包括笔记、录音、录像和信件。根据怀特和艾普斯顿的非正式调查显示，接受治疗的人认为一封信的价值等于 4.5 次好的治疗。戴维·尼隆德(David Nylund)对 40 位案主的调查显示，一封信的平均价值为 3.2 次会谈。由此可见，写信对故事的持续和强化有着重要的作用。信件不仅强化故事，让案主沉浸其中，而且让我们更为彻底地参与共同写作的过程，从而有机会思考自己应用的言词和问话，也可以拓展治疗会谈中引发的想法或故事，或者更为简单地，就是对会谈内容进行总结(Freedman & Combs，2000)。治疗文件无疑可以巩固已经取得的成果，因为经由这样的证据记录，案主得到进一步的重视，替代性的故事得以生动地延续下来，案主的改变也得到观众的赞赏。

第四节　贡献与局限

毫无疑问，叙事治疗的出现颠覆了以往以谈话为主的介入模式的成规，借助社会建构主义的认识论开辟了替代性路径，尤其是"视案主为自己生活问题的专家"这一点为合作性的专业关系确立了基础，并暗示案主是自己生命的书写者。叙事治疗是短期的、精要的，聚焦于案主的权力和能力并重新建构生命叙事，这明显有别于"问题为本"的干预模式，它很好地践行了社会建构主义的原则。它是开放性的、建构性的，这正是它广受社工欢迎的重要原因。叙事治疗不仅仅局限于微观的层面，已有不少的尝试致力于将其推进到宏观实践，比如社区发展和社会行动,这是一个值得关注的发展方向。

然而,叙事治疗显然无法结构化,因为它要随着案主的不同而不同,这背后的逻辑是"每个人都是独一无二的",这给学习者带来很大的困扰,因为它可能需要更多的领悟能力。但是,如果叙事治疗有一定的结构的话,人们就可能更多地去注重结构而忽视案主,这就成为一个潜在的危险。叙事治疗可能存在忽视案主问题的物质基础的缺失,难以回应现实的生存议题,而这样的案主在社会工作领域向来不是少数。那些遭遇严重精神疾病困扰的人,比如精神分裂症患者恐怕也不适宜进行叙事治疗。有人也怀疑社工在案主的故事重构中有将自己的价值观强加于人的风险,尤其是那些将社工看作权威的案主(Walsh,2006)。再者,叙事治疗似乎停留在个体或家庭层面的心理治疗,对于宏观实践关注甚少。最后,从实证主义的角度,人们会质疑将"真实"或"现实"解构,是否真的对案主有所助益? 当然,这样的批评是从一个截然不同的认识论出发的。

库珀和莱塞(Cooper & Lesser,2005:200)的表述是中肯的:"同样重要的是我们不能否认案主生活的严酷现实,我们必须帮助他们在充满问题的故事线索中找到他们所忽视的应付难题的力量和能力,以及与存在着的严酷现实抗争的能力。"叙事治疗也并不意味着我们要接受案主所说的一切,相反,我们应该抵制现实生活的丑陋版本,这符合社会工作一以贯之的价值观。

§本章小结

叙事治疗是基于社会建构主义而提出的一个具有重要意义的社会工作实践理论,这一理论是从颠覆传统社会工作或家庭治疗的结构隐喻和系统隐喻而提出的。无论是叙事的隐喻还是社会建构的隐喻都展现了现实是社会建构的,所谓的问题或诊断都只不过是建构的结果。因此,叙事治疗的干预原则就是将问题与个人分开,聚焦于案主的叙事并重新书写生命故事。在整个干预过程中,案主被视为自己生活故事的作者,也是自己生命历程的最后决定者。相应地,倾听、外在化和寻找独特的结果是叙事治疗最常用的策略。

§关键概念

社会建构　故事　叙事　外在化　治疗文件

§拓展阅读

1. [美]吉尔·弗里德曼和姬恩·康姆斯(2000)《叙事治疗:解构并重写生活的故事》,易之新译,张老师文化出版社。

2. White, M., & Epston, D.(1990) *Narrative Means to Therapeutic Ends*, W. W. Norton & Company.

3. [澳]White, M., [新西兰]Epston, D.(2013)《故事、知识、权力:叙事治疗的力量》,廖世德译,徐永祥编,华东理工大学出版社。

4. White, M.(2007) *Maps of Narrative Practice*, W. W. Norton & Company.

5. Baldwin, C.(2013) *Narrative Social Work: Theory and Application*, Policy Press.

§思考和练习

1. 叙事的隐喻与社会建构的隐喻是如何颠覆结构的隐喻和系统的隐喻的？

2. 尝试以替代性的故事去重新表述自己的某个生活体验。

3. 如何理解"个人与问题的分离"？

第十七章　寻解视角

> 每个案主都有解决问题的钥匙：治疗师需要知道何处找寻。
>
> ——de Shazer，1985：90

寻解取向治疗（solution focused therapy）是社会建构主义影响下的另一重要社会工作实践理论，它起源于 20 世纪 70 年代后期，创始人是史蒂夫·德·沙泽尔（Steve de Shazer）、茵素·金·伯格（Insoo Kim Berg）以及她们供职的密瓦基短期家庭咨询中心。这一模式对以往社工实践模式的颠覆在于不再聚焦于问题本身，而是更加关注问题的解决方法。正如佩勒和沃尔特（Peller & Walter，1998：71）所宣称的："寻解取向视角不仅仅是某种技巧或干预。它是一种关于人是什么、治疗是什么和改变如何出现的思考方式。这个视角不仅仅是一个模式，它是一种哲理——一种对于临床实践而言需要实现认识论改变的哲理。"尽管寻解治疗最初的目标不是短期治疗，但因其聚焦于解决办法而仅仅需要较短的干预时间，这成为寻解取向治疗流行的一个重要原因。

第一节 理论脉络

寻解取向治疗实际上深深扎根于传统社会工作的价值和观念,比如:自决,个人的独一无二性对发挥其潜能的重要作用,治疗关系是一个交互关系。只不过,寻解取向治疗实现这些价值的方式有了改变,不再是聚焦于问题,而是转向了优势和责任。换句话说,寻解取向治疗是践行社会工作核心传统的方式之一。佩勒和沃尔特(Peller & Walter, 1998)认为寻解取向治疗的兴起受惠于三个传统:精神研究所的精要问题聚焦模式、米尔顿·埃里克森(Milton Erikson)和后现代主义。沃尔什(Walsh, 2006)认为寻解取向治疗的渊源包括系统理论、认知理论、沟通理论、精要治疗、危机理论和社会建构主义。

系统理论认为任何变化都会引起整个系统的变化,任何新的行动都可能导致系统无法预期的结果。这暗示,任何细微的变化都有可能导向一种新的结果。精神研究所(Mental Research Institute, MRI)的精要策略治疗视角贯彻了这一系统思维。他们认为问题可能是失败的解决方式的总和,并形成一个恶性循环,应该寻求一种新的方式打破恶性循环,而这个新的方式就是关键所在。所以精要治疗聚焦于案主最为关切的问题,致力于寻求变化,并认为并非案主所有的问题都需要予以回应,也不是只有理解了案主问题的原因才能解决案主的问题,案主的历史并不受到重视,这成为寻解治疗的早期渊源(Walsh, 2006; Peller & Walter, 1998; de Shazer, 1991)。

认知理论关于"人们如何在生活中寻求特殊的意义"对于寻解取向治疗具有启示意义,即我们的认知可能容易形成某种图式,而这样的图式会阻碍我们加入新的因素,而实际上,新因素的加入就为改变这样的图式提供了机会(Walsh, 2006)。沟通理论强调人与人之间的互动,尤其是语言的运用。语言可以改变现实,以另外一种语言进行表达可能就是变化的开始或者变化的动力,这样的观念也为寻解取向治疗提供了知识支持。米尔顿·埃里克森的著作对整个心理治疗界有着深刻影响，包括无意识、治疗过程中的隐藏指令（hypnotic command）、案主界定治疗目标的观点。

寻解取向治疗更为重要的理论渊源是后现代主义或社会建构主义。后现代主义实现了从系统到叙事的转变，案主不再被视为一个系统或者系统的一部分，而是视为共同寻找可能性的叙事的主体。在认识论上，后现代主义否认有客观事实的存在，否认病态和常态的区分是所谓的科学，而认为人生活在叙事之中，并且人不断创造自己生活体验的叙事。叙事可以千差万别，但所有的只是故事而非事实。这对于治疗的启示在于，我们不可能拥有所谓的客观事实，我们所能有的只是案主的故事，案主和社工就是要一起创造新的故事和新的叙事，这样就可能出现新的可能性和新的生活。这样的观点与我们前面讨论的社会建构主义的立场是一致的，所以本书认为寻解治疗属于社会建构的阵营。

短期家庭治疗中心（Brief Family Therapy Center，BFTC）积极致力于寻解取向治疗的发展，其中一个关键性研究是韦纳-戴维斯、德·沙泽尔和金格里奇（Weiner-Davis，de Shazer & Gingerich，1987）对干预前改变（pre-session change）的探索。她们考察案主在治疗约会之前的变化，有趣的是，大多数案主都报告说，在第一次面谈之前和形成治疗合约之后都有很多变化。随后她们继续研究问题的例外情况。同一时期，BFTC 认为问题和干预之间并没有必要建立联系，这是一个具有革命意义的观点，因为另外的理论视角都认同问题与解决方法之间的关联。

这样，寻解治疗摆脱了问题取向，解构了症状，不再干预所谓的"问题"。与此同时，考虑到短期干预成为一种潮流，寻解治疗正好顺应了社会工作和心理治疗的这一发展趋势。德·沙泽尔（de Shazer，1982，1985，1988）的著作最早阐述寻解取向治疗。奥汉隆和韦纳-戴维斯（O'Hanlon & Weiner-Davis，1988）的《探索解决办法》（*In Search of Solutions*）是促进这一视角广为流行的重要文本。茵素·金·伯格、斯科特·米勒(Scott Miller)和约翰·沃尔特(John Walter)等人是寻解治疗的积极倡导者。目前,寻解取向治疗已经应用在不同的领域,诸如精神健康、家庭暴力、酗酒、学校社会工作、青少年服务和家庭服务,其主要观点对社会工作产生了较为深远的影响,并整合进社会工作融合模式之中。

第二节　概念框架

正如前述所及,寻解治疗是关于人是什么、治疗是什么和改变如何出现的思考方式,并且这一思考方式明显有别于基于问题或病态为本的实践模式。以下几点是寻解治疗的核心假设,由此我们可以看到它的独特理论基础。

案主是自己的专家

寻解治疗对人与人类经验的一个核心主题是"相信人自己才是自己的专家",因为只有自己最清楚自己最需要什么以及如何改变自己的生活。它假设人知道什么是对的,什么对自己是合适的,人有权力去预期未来应该发生什么以改变自己的生活。因此,治疗对案主而言只是得到她们想要的东西,社工的角色只是一个顾问。在整个咨询过程中,案主决定咨询的目标和目的,因此在这个意义上,寻解治疗是案主中心的、顾客中心的。每个案主都有解决问题的钥匙:治疗师需要知道何处找寻(de Shazer, 1985:90),这句话显示案主具有改变的资源。因此治疗师应看到,"案主自己所带来的可以满足自己的需要,由此案主可以为自己创造美好的生活"。

案主有自己的优势

每个人都拥有一生可资利用的优势。有时候,人们并不清楚自己的优势或不知道怎样利用自己的优势以应对这些问题。然而这并不意味着他们没有优势,如果我们相信他们有优势,我们跟案主谈话,他们的优势就会浮现。正是因为我们相信"优势"这个概念,所以我们可以尊重案主所表达的意义和愿景。积极的定向"使得生活中的答案增加,从而提升人们生活的质量,而不是去关注病理方面的问题。这样,巨大的改变很快就会发生"(Hanlon,1994)。

目标定位

社工和案主要共同经历一个目标定位过程,目标定位就是寻求意义,这样的意义包括"超越"案主希望经历的体验或生活。目标定位过程就是一个加强可能性和形成意义的过程,这样案主就可以体验不同生活方式或以自己所希望的方式生活。目标定位可以从以下四个层面展开:案主是如何表达他希望从会面中得到什么的? 案主希望怎样改变现状? 案主怎样才能知道自己正在走向他所需要的轨道上? 案主现在是如何体验他所需要的东西的?

解决方法

寻解治疗认为没有必要在问题与解决方法之间建立联系,这个视角首先辨识问题然后转换到辨识问题的例外情况,最后转换到辨识解决问题的方法。但有必要说明的是,社工和案主共同工作去建构解决方法,而非仅仅给复杂的问题一个简单问题的解决方法(Cooper & Lesser,2005)。该视角询问的最基本问题是:"我们如何建构解决问题的方法",这一问题背后隐藏的假设是:肯定有解决问题的方法;而且不止一种方法;问题的解决方法可以被建构;助人者和被助者都参与这一建构过程;"建构"一词意味着解决方法可以被创建或组合(Saleebey,2004)。因此,社会工作人员和案主应该聚焦于"此时此刻",共同找到问题的解决方法。这明显不同于实证主义旗帜下的传统实践模式。

正是基于上述概念,沃尔特和佩勒(Walter & Peller,1992)凝练出寻解取向治疗的七个核心假设:(1)积极关注答案和未来会有很多好处。如果案主可以用关于答案的谈话找回自己的力量,那么治疗可能很简短。(2)进入治疗过程的案主的确拥有高效行为的能力,即便效率因负面认知而暂时受到破坏。问题为本的思考阻碍了人们认识到他们曾经处理问题的有效方式。(3)每个问题都有例外。讨论这样的例外,案主可以控制原来那些看上去难以解决的问题,例外为探索出答案提供了可能性。(4)案主经常只是展示自己的一面,而另一面对于寻求解决方法具有重要意义。(5)一个小的变化会为更大的变化铺平道路。问题的解决要一步一步地进行。(6)案主有改变的意愿、有改变的能力且正在努力促使改变发生。社工要与案主采取合作的态度,而非控制关系。(7)在解决问题的目标上,案主是值得信赖的。对任何问题没有适合所有人的正确答案。每个人都是独一无二的,答案也是这样。

德·沙泽尔(de Shazer,2007)等明确了寻解治疗的三个主要原则:(1)如无障,不必修补;(2)如有效,多行有益;(3)如无效,另试他法。

第三节　实践框架

实践原则

奥康奈尔(O'Connell,1998)以一个简明的表格(见表 17.1)揭示了寻解治疗与问题聚焦的社会工作模式的不同之处，从最初的见面、干预到结案，寻解治疗都是关注案主的目标、资源、例外，而非聚焦于症状、问题、过去经历，这体现在社工截然不同的发问方式上。

表 17.1　问题聚焦和寻解聚焦的比较

问题聚焦	寻解聚焦
我怎样能帮助你？	你怎样知道干预是有益的？
问题是更深层次某种东西的症状吗？	我们是否澄清了你需要回应的核心议题？
你能告诉我关于这个问题的更多的东西吗？	你能找到问题的例外情形吗？
我们如何根据过去的经历来理解这个问题？	如果问题不存在，未来将会是怎样的？
什么防卫机制或认知扭曲在发挥作用？	你怎样才能更好地利用你的技能和潜质？
我们之间的关系以怎样的方式反映了你的问题？	我们怎样合作？
我们需要多少次面谈？	我们是否已经取得了足够的进展并结案？

资料来源：O'Connell(1998:21)。

沃尔特和佩勒指出治疗过程的四个阶段：(1)了解案主需要什么，而不管他们不需要什么。(2)不要寻求问题的病理学基础，不要试图给案主一个标签从而贬低他。相反，应该探索案主正在进行的有效工作，并鼓励他们继续这样做下去。(3)如果案主正在从事的工作是无效的，那么应该鼓励他们尝试替代性的做法。(4)每次治疗都看成最后一次和仅有的一次，尽量使治疗简短。

评估

寻解治疗的一个突出特点就是在评估和干预之间没有明显的分界。因此，评估阶段的提问和评论就启动了改变的过程。在这一阶段社工要接受案主对问题的陈述并采用案主的语言。随后社工可以询问表 17.1 中所列出的问题，包括："你怎样知道干预是有益的？""我们怎样合作？""我们是否澄清了你需要回应的核心议题？"当然也要了解案主已有的资源、优势和改变问题的动机强度。

专业关系

案主与社工的关系是决定性的因素,信任感是最重要的。创造有效治疗的有效办法就是治疗师告诉案主他们可以用自己已有的力量和资源来建构答案。德·沙泽尔(de Shazer, 1998)认为案主与社工之间可以发展出三种关系以促进案主的改变:(1)顾客。案主与社工之间共同寻找出现的问题和解决问题的答案。案主会意识到,要达到自己的目标需要个人的努力。(2)抱怨者。案主说出问题,但不能或不愿去寻找问题。他可能认为问题依赖于别人的行为,在这种情境下,案主希望治疗师改变他所认为的导致问题出现的其他人。为此,社工要给予抱怨者各种形式的观察任务,从而将他们融入到治疗过程中。(3)参与者。案主参加治疗是由于其他人认为他有问题,案主认为自己并不认为自己有问题,因此在治疗中不能探索任何问题。这种状况下,社工要给予温暖和同理。

干预技巧

此处重点介绍寻解治疗的一个核心干预技巧——奇迹问题。奇迹问题最初是由 BFTC 发展出来的,源自德·沙泽尔的早期工作,它是基于未来的一个提问。奇迹问题最初的版本是这样的:

假设今晚你正在睡觉之时,一个奇迹出现了,你到这儿来的问题不再是一个问题了。但因为奇迹发生之时你正在睡觉,你不知道它发生了。对你而言,什么样的迹象可以告诉你奇迹发生了?

然而这个问题里依然提及问题,所以奇迹问题的修订版是这样的:

假设今晚你正在睡觉之时,一个奇迹出现了,你的生活变成你所希望的那样。但正是因为奇迹发生在你睡觉的时候,你并不知道它是否真的发生,对你而言,什么样的迹象可以告诉你奇迹已经发生了?

这个修订版中的"你的生活变成你所希望的那样"可以避免问题-解决方法的框架,代之以目标定位的谈话。奇迹问题也可以这样问:

> 假设今晚你正在睡觉之时,一个奇迹出现了,你在拥有你所希望的生活的正轨上。但因为奇迹发生之时,你正在睡觉,你不知道它发生了。对你而言,什么样的迹象可以告诉你奇迹已经发生了?

这个问题中的"正轨"能够促使案主思考那些在最近的将来有助于实现目标的细微进步的迹象。

对于那些很实际和具有逻辑性而不愿意以奇迹这样的词语进行思考的人而言,下面这样的提问可能更具建设性:

> 假设今晚的约会之后你离开这儿,你的生活变得如你所希望的那样或你正在将你的生活融合在你所希望的一个轨道上。对你而言,什么样的迹象可以告诉你奇迹已经发生了?

无论以何种方式询问这个问题,案主都会以比较惊讶的方式回应,他们都会不得不思考他们的反应,建构关于他们生活的愿景,这样案主就有一种放松感和一种希望感,得到鼓励或被增权,这对于寻找答案有着重要意义(Peller & Walter,1998)。

第四节 贡献与局限

米勒(Miller,1994)认为寻解治疗导出了四个结果:(1)更迅速的案主改变;(2)更具延续性的案主改变;(3)更高比例的单次见面成功;(4)案主的满意度更高。这成为寻解治疗逐步被人接受的重要基础。寻解治疗是短期的、解决方法为本的,这尤其适用于经济理性主义盛行的时代,因为节约成本和时间是个人和组织的目标所在,这无疑有利于寻解治疗进一步的推广和应用,美国的情形更是如此。沃尔什（Walsh，2006）对寻解治疗的干预研究的回顾也表明，它是有效的，尽管还需要更多的研究证据予以支持。

但是，社工可能更倾向于将寻解取向治疗视为一组技巧，而非一种哲理，而如果仅仅以技巧视之，不看到其后的认识论改变和思维方式的转换，那只能是解决方法迫使的，而非寻解聚焦的，因为同理、温暖和真诚关注没有体现在助人的过程之中。社工会认为寻解取向的治疗就是简单地为案主寻找到解决问题的方法，这会等同于"问题解决方法"，而非"解决方法的建构"，这可能有一种强烈的实用倾向，忽视了很多问题的结构性根源和复杂性脉络。寻解取向是短期的，但我们不能对这个方法有过高的期望，因为改变的动力是案主，而案主的意义形成和建构过程不是我们能单方面控制的。另外，成为一个寻解治疗的实践者，需要时间和训练，并非懂得例外情况就能实践之，但对解决方法的聚焦会给人造成一种助人很容易的错觉。同时，人们质疑这种干预方式是否适用于那些境遇非常糟糕的人，进而，只谈解决不谈问题，似乎让案主失去了宣泄情绪的机会，而后者可能正是案主求助的动因。最后，寻解治疗的理论阐述比较简单，没有形成具有解释力的核心概念，理论抽象层次不高，只是描述性的，这是未来需要解决的问题。

§本章小结

寻解治疗是短期的干预模式。之所以是短期的，是因为它聚焦于解决问题，将案主看成自己问题的专家，社工和案主一起在目标定位之后共同找到解决方法。奇迹问题是寻解治疗的一个重要贡献，它构成非问题聚集的干预方式的核心要素。

§关键概念

目标定位　奇迹问题　解决方法

§拓展阅读

1. de Shazer，S.(1985) *Keys to Solution in Brief Therapy*，Norton.
2. DeJong，P. & Berg，K.(2002) *Interviewing for Solution*（2nd ed.），Brooks/Cole.

§思考和练习

1. 比较问题聚焦干预模式与寻解聚焦干预模式之不同。
2. 练习奇迹问题。
3. 反思寻解治疗背后的哲理基础。

第十八章　优势视角

当优势成为讨论案主生活的起点时,生活便以新的面貌呈现出来。就像紫外线总是透过不可见的光束部分被优先看到一样,优势视角将在人类苦难的一般理解中所不能被领悟的潜力和资源呈现在人们面前。因此产生的结果之一便是为实务的发展和应用开辟了新的领域。

——Stanley Witkin, 2004

当案主开始探寻、重新发现和修饰自己的才能和天赋之时,你会看到他们之中的火花。这些火花将点燃充满希望的、充满活力的、忠诚奉献的和行之有效的社会工作的火焰。

——Saleebey, 2004

自那篇将优势作为社会工作实践最重要的理论视角的标志性文献发表以来,时间已经过去三十多个年头了(Weick, Rapp, Sullivan & Kisthard, 1989)。从那以后,社会工作教育者、服务提供者和管理人员不断完善和发展优势视角,澄清了其理论与实践内涵并基于经验研究回应有效性的质疑(Kisthard, 1993; Cowgwer, 1994; Staudt, Howard & Drake, 2001; Saleebey, 2016)。至此,这个发源于美国堪萨斯大学社会福利学院的社会工作理论模式已不再曲高和寡，成为社会工作的主流叙事。美国多个大学的社会工作学院已经根据优势视角对社会工作课程进行了全面的改革。正如萨勒比（Saleebey，1997）所言，优势视角是"对传统社会工作实践的激烈转向"，从更为一般的意义而言，它是一种新的范式。

第一节　理论脉络

优势视角可以被视为从人类生存问题出发的包含一系列关于健康和潜力的假设和归因的组织化建构（Goldstein，2004）。它是从批评现存的主流的病态或缺陷模式开始的，并立足于积极心理学、抗逆力研究、社会建构、叙事治疗和寻解治疗。考虑到社会建构主义在其中扮演的重要角色，本书将其划归社会建构传统。

优势视角立足于对病态模式的反思和批评。它认为"病态学词汇背后是一系列的假设，这些假设反过来为案主刻画出了一幅并不可爱的图景"（Saleebey，2004：7）。社会工作未能摆脱以疾病和障碍为本的思维方式的限制。社会工作的理论和实践主要立足于这一基本判断：案主之所以成为案主，是因为在某种意义上他们确实是有缺陷和问题的。这一倾向在某种程度上强化以往对穷人、受歧视人群和偏差人群的道德缺陷的确认（Saleebey，2016）。病态模式的假设包括：这个人有业已命名的问题或病态；悲观主义和怀疑主义的语言；距离、权力不平等、控制和掌握标志着助人者和受助人之间的关系；脱离具体的社会环境，以问题为本的评估鼓励对案主进行个人式的而非生态式的描述；假设所有的障碍都是由疾病导致的，由此假定问题的解决之道必在于此。实际上占据宰制地位的应该被颠覆，从而在两个方面促进社会工作实践的展开：探求提升或抑制人类可能性和生活机会的动力环境；强调社会工作实践的修辞之中所包含的案主自决、责任和可能性（Saleebey，2004）。

抗逆力研究的最新进展从一个特定的层面影响了优势视角。20世纪90年代干预研究的一个重要转型就是从以前对"风险因素"的聚焦改变到对"抗逆力"的强调。这一领域的研究结果发现了个人、家庭/人际、学校/社区/邻里这三个层面都有抗逆力因素。研究表明,对脆弱性、风险、障碍的过分强调应该以对环境中的保护性因素的研究而进行平衡(Kemp,Whittaker & Tracy,1997),这无疑为社会工作实践提供了新的切入点。

寻解治疗的兴起也为优势视角提供了支持。寻解治疗突破了以往的"实践聚焦于问题"这一铁律,而从解决方法入手,这在一定程度上显示了与病态模式的决裂。寻解治疗聚焦于案主的优势和能力,将服务提供视为一个相互学习的过程,将案主的问题非个人化,致力于探索未来的可能性。实践聚焦从问题到解决势必要求社工更多地考察案主的资源、优势和可能性,这样的观点无疑契合优势视角(参见第十七章)。

社会建构主义者认为所有的知识都是社会建构的,并质疑存在"传统知识和语言"的稳固及客观基础的理念,并争辩说我们用以描述这个世界的词语都是一种社会制造,是一种文化、符号和人们之间历史互动的产物。这些产物只有在其价值成为共识之后才有意义。我们之所以将案主视为缺陷,是因为有一系列的知识支撑这样的判断,相反,我们也可以用另外的建构——"优势"来命名或指称案主,这样整个实践范式就得以改变。在社会实践中,任何的现象或问题都仰仗于我们的建构,我们应该致力于寻求医学或缺陷模式甚至所谓科学模式之外的建构,这样的建构无疑具有解放意义。

毫无疑问,优势视角展现了一种聚焦解放和增权的英雄主义气质。解放立足于人或系统的可能性,即我们有强大的力量和潜能,尽管某些部分不为人所知,某些部分埋藏很深,某些部分闪闪发亮。优势视角认为,个人内在的某处有渴望成为英雄的情结并赋予了不同的名义,从而获得权力和力量,去超越环境、发展潜能、直面不幸。由此可见,优势视角的英雄主义气质释放了人类的精神,挑战了沿袭久远的权威,质疑了习以为常的传统思想,展现了全新的生存方式

(Saleebey，2004)。

堪萨斯大学社会工作学院的韦克、拉普、沙利文和基萨德(Weick，Rapp，Sullivan & Kisthard)于 1989 年发表了《社会工作实践的优势视角》(*A Strengths Perspective for Social Work Practice*)一文，该文可谓优势视角的宣言。随后，萨勒比(Saleebey，1992)编辑出版了《社会工作实践中的优势视角》(*The Strengths Perspective in Social Work Practice*)一书，该书多次修订再版，成为了解优势视角的主要文本，目前国内已出版两个版本。

第二节　概念框架

萨勒比(Saleebey，2009)认为，优势视角的理论要素是由 PRC 三个要素组成的，如图 18.1。

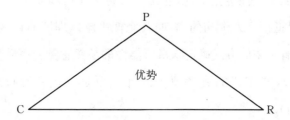

注：C 代表能力(competence，capacity)和勇气(courage)；P 代表承诺(promise)、可能性(possibility)、积极的期望(positive expectation)、潜力(potential)；R 代表抗逆力(resilience)、逆转(reverse)、资源(resource，resourcefulness)。

资料来源：Saleebey(2009:10)。

图 18.1　优势视角的要素

这个图显示，"优势的呈现的核心动力在于能力、勇气、可能和美好未来及美好生活的愿景"。因此，优势视角的概念框架是基于对缺陷模式的挑战而建构起来的，它的核心概念是围绕洞察到案主的优势和资源而形成的。

优势

萨勒比（Saleebey，2004）认为，几乎所有的体验、个人品德、天赋、感悟、故事、灵性、意义和社区资源在某种特定条件下都可以视为一种优势。首先，当人们挣扎和抗争于虐待、创伤、疾病、困惑、压迫之时，可以从自己、他人和周围的世界获得东西；人们可以获益于反复尝试，即便是那些施加伤害的东西；人们不但受益于成功经验，而且受益于困难和失望经验；人们从其生活的周围世界中了解到很多东西，经由教育去分辨和感悟自己的经历。其次，人们拥有的个人品质、特征和美德也是优势，它们可能是在损伤、灾难和不幸的抗争中铸就而成的，包括幽默感、关怀心、创造力、忠诚、洞察力、独立、灵性和耐心。再次，人们的天赋让我们惊讶，即便是那些表面看起来没有任何能量的人都有可能隐藏着天赋，只不过需要我们去发现或者需要展示的平台。

故事和叙说是优势，是指导、稳定、安慰或转变的丰富源泉，尽管它们可能被忽视、缩小或歪曲。灵性也是如此，它是应对生活压力和需求的防波堤，它是发现或创造意义以抵挡令人烦恼的、有时甚至似乎难以理解的日常生活事件的方法，是一种以更有希望的方式确定未来可能性的超然感觉。最后，社区也是充满资源的优势领域，非正式的或者原生的环境更是一块有着特殊资源的领地（Saleebey，2004）。

增权

优势视角认为探求人们和社区内部的力量就"必须推翻和抛弃歧视性标签；为家庭、机构和社区资源的连接提供机会，让受害者远离自己的思维定式；抛弃父爱主义；信任人们的直觉、陈述、观点和他们的资产；确信人们的梦想"（Saleebey，2004:14）。增权就要求社工与案主建立合作伙伴关系，将案主视为积极的能动主体,从而聚焦于扩大案主的能力、权力和力量并关注家庭与环境,进而为受到剥夺和压制的人群提供机会和可能性(Simon,1994)。由此可见,增权对社工提出了新的挑战,因为社工要致力于寻求结构与系统的突破和改变。

成员资格

成员资格是一种身份、一种权利、一种参与。优势视角认为,没有成员资格便有被边缘化、被异化和被压迫的危险。每个人都应该成为公民,成为有价值的成员,并为共同体负责。优势视角坚持认为,我们所服务的每个人都如同我们自己一样,是一个种类的成员,并享有伴随成员身份而来的自尊、尊重和责任。然而,很多时候我们的案主无处容身,没有归属感,毫无希望感,在此状况下,个人难以改变。所以成为成员或公民,享有参与权、责任、安全和保障是增权的第一步。享有成员资格要确保人们走到一起,只有让他们的声音被听到,需要得到满足,不公平受到重视,这样他们的梦想才可能实现(Saleebey,2004)。

悬置怀疑

专业人士总是以不同的方式施诸自己的专业霸权,有时会将案主置于一个不合作、不友好的位置,这包括将自己的理论强加于案主的想法之上,以特定的诊断语言或以疑问的方式进行评估,怀疑案主的判断和诉说,以保护主义的心态与案主接触。这体现的是专业人员对案主的怀疑。悬置这样的怀疑,转向信任案主,就能建构一种新型的专业关系。这样我们就有可能激发个人或集体内蓄积的力量,使人们的生活变得更加美好,而且这样的美好是案主所定义的(Saleebey,2004)。

韧性

韧性是个人的自我纠正取向,是弯曲而不折断或弯曲之时反弹的能力(Vaillant,1993)。如果这一因素没有得到足够的重视,就会导致社工在谈及人类从伤害中修复的能力、内在优势和保护因素时,就如同进入一个完全陌生的领域,所知甚少,茫然无措,因为他们习惯的做法是评估问题与缺陷。以韧性为聚焦的实践知识创造了一种乐观和希望的情境。尽管遭遇贫困、压迫、歧视、疾病、失望、冷漠甚至敌意,但那些被视为处于危机或弱势的人依然尽其所能地活着,不管是否会遇到来自外部环境的挑战或内部心灵的痛苦与冲突,他们都未曾放弃,并以我们从未预料到的决心去迎接和创造未来的生活,不管会遇到来自外部环境的挑战还是内部心灵的痛苦与冲突。这是一种由内而外的优势,它可能被掩盖,但只要激发这样的内在力量,就可实现改变。韧性不仅仅体现在个人身上,也展现在家庭和社区之间(Saleebey,2004)。表 18.1 是沃尔什(Walsh,2003)列出的一个关于家庭韧性的操作性框架。

表 18.1 家庭韧性

信念系统

1. 赋予不幸以意义
   视韧性为基于关系的而非孤身一人的
   正常化或情境化不幸和痛苦
   统合感:危机即有意义的、能够理解的且在掌控范围内的挑战
   归因或解释:它是如何发生的? 可以做什么?
2. 积极的愿景
   希望、乐观取向、对解决问题有信心
   鼓励并强化,看到优势并聚焦潜能
   积极创新并果敢
   把握一切可能机会,接受我们不能改变的东西

3. 超验和灵性
　　更大的价值或目标
　　灵性：信仰、集体的支持、治愈仪式
　　激情：激发新的可能性；创造性表达；社会行动
　　转变：从不幸中学习、改变和成长

组织模式

4. 弹性
　　直面变化：反弹、重组、适应以符合新的挑战
　　断裂之后的稳定、持续性
　　有力的权威领袖：抚育、保护和指引
　　不同的家庭形式：合作性的养育团队
　　夫妻或共同养育关系：互动的伙伴

5. 关联性
　　相互支持、合作和认同
　　尊重个人的需要、差异和边界
　　寻求连接、修复受伤的关系

6. 社会和经济资源
　　动员亲属、社会和社区网络；寻找模范和导师
　　经济保障、平衡家庭和工作之间的紧张关系
　　沟通/问题解决

7. 澄清
　　清晰一致的信息（言或行）
　　澄清模糊信息

8. 开放的情感表达
　　分享感觉的范围（快乐与痛苦、希望与失望）
　　相互的同理心：容忍差异
　　对自己的感觉和行为负责，避免指责
　　愉悦的互动、幽默

9. 合作性的问题解决
　　创造性的头脑风暴，成竹在胸；抓住机会
　　共享的决策形成过程；冲突解决：协商、公平、互惠
　　聚焦于目标；采取实质性步法，从错误中学习
　　积极的立场、预防问题、避免危机、准备应对未来的挑战

资料来源：Walsh(2003)。

麦克米伦(McMillen,1999)认为,人们在经历痛苦和危难之后可能伴随着成长,因为曾经面对的困难甚至创伤性事件导致遇到另外的挑战之时具有更大信心或者处理逆境的能力的提升;逆境可以促使一个人反省自己的价值观念、信仰、优先性、承诺、人际关系和娱乐方式,从而作出必要的调整,进而真正改进个人的健康和生活方式;当困扰浮现之时,人们会发现以前所不知的来自他人的资源并意识到自己的脆弱性,这就为改变提供了动力基础。在与逆境和可怕事件的抗争之中,人们可以发现有新的意义的种子,从而实现人生齿轮的真正的存在性转换(Saleebey,2004)。

希望

希望是一种面向未来的情绪、感知,或是一系列面对迫切渴望、需求、挑战时所产生的想法。这一新的概念正受到社会工作界的关注。无论对案主还是社工,希望都极其重要,但如果希望遭遇挫折,社工与案主之间的关系就很容易断裂,从而引发一连串的失望。因此"希望"被认为是社会工作实践中保持必要热情的重要组成部分。当希望存在时,每个人都是受益者(Saleebey,2016)。

第三节 实践框架

实践原则

基于前述的概念建构,优势视角的实践原则是从案主或案主系统的优势出发,并致力于从一个合作的专业关系进入社会工作干预实践。萨勒比(Saleebey,

2004)用表 18.2 完整地展现了优势为本的实践要素。优势为本的实践聚焦于四个保护性因素，在合作中寻求可能性。

表 18.2　优势为本实践的要素

风险因素			保护性/再生性因素	
挑战			资源	
伤害 损伤 障碍 压力	内部的 和 外部的	＋	优势 能力 天赋 才能	内部的 和 外部的　　→
期望/可能性			决定	
希望 梦想 愿景 目标 自动纠正 方案	——→		道路的选择和决定 抓住机会 确定方向 聚焦资源 调动优势	——→
工作中的相互合作	——→		更好的前程	

资料来源：Saleebey(2004)。

萨勒比(Saleebey，2004)进一步提出了以下几条重要实践原则：

（1）个人、团体、家庭和社区都有优势。尽管最初这样的优势并不明显，甚至表面上看起来不可能，然而，社工的职责就在于与案主或案主系统一起探索那些有可能用于扭转不幸、对抗疾病、消除痛苦从而实现目标的力量和资源，而所有这些都来自我们面前的个人、家庭或社区。这势必要求社工要保持一种乐观和积极的看法去面对案主或案主系统，并且克服习以为常的思维缺陷。

（2）创伤、虐待、疾病和抗争具有伤害性，但它们也可能是挑战和机遇，因为个人和社区都有反弹和重整的可能。尤其在中文语境下，"危"和"机"连在一起，更是彰显了其间的动态和辩证关系。

（3）不设定你不清楚的个人、团体、社区成长和改变的能力上限，并严肃看待个人、团体和社区的期望。我们很容易落入思维的陷阱，基于缺陷和诊断进行判断。但如果我们对案主抱有较高的期望，并且认真对待他们的希望、憧憬和价值,改变就可能发生。

(4) 助人关系是合作关系、伙伴关系和互惠关系。与案主合作才能更好地服务于案主。因为合作关系可以避免助人关系的霸权体现,诸如家长式作风、责怪受害者、对案主先入为主的看法。唯有合作且没有怀疑的关系,社工才能从案主的故事、叙说中得到教益和启示,并共同促进改变。

(5) 所有的环境都充满资源。因为在所有的环境中,个人、集体和团体都有一些东西可以提供,都会有一些别人需要的知识、勇气、才能或物资,而这些可能超越了缺陷模式下社工的视野范围,只有认知到所有的环境都充满资源这一点并积极寻找,社工才可能发现并利用这样的资源。

(6) 使用激发韧性和优势的话语与叙事。人们时常抗拒承认自己的能力、储备和资源,因此许多体现优势的特征和能力在多年的自我怀疑、谴责他人中被埋没掉了或者被诊断性标签磨损掉了。探寻优势的问题在于缺乏言语、信任或信念。社工要应用表现抗逆力的语言,鼓励案主讲述生活中每天的抗争和成功的故事。在这个过程的某一节点上,人们将不得不承认自己的优势并将它们释放出来,并且看到它们在过去的表现和现在的表现,感受到它们的存在并且为社工和他人所确认。

评估

"缺陷为本"的评估在个人和社会权力之间设置了一个障碍,反而加剧了这些社会结构中不平等的权力关系对弱势的个体、家庭、团体和社区的形塑。以"缺陷为本"的评估,只把求助者视为一个"问题",而忽略了求助者受压迫的情境(Saleebey,2016)。

从优势视角出发,评估就是为社工与案主形成伙伴关系、命名与重新命名问题、从缺陷到优势的视角转换提供最初且持续的机会,并赋予案主表达自己的声音,从而影响问题解决的方式。优势为本的评估有利于改善实践技巧并为与服务提供相关的政策改变提供支持。优势视角下的评估为检视可行的替代性选择、动员可创造差异的能力以及建立可以激发希望的自信赋予结构和内容。评估作为一个过程,可以帮助案主更清楚地理解和认识他们的处境,协助他们对影响其处境的因素作出评估并找到意义。评估过程更是关注案主的现实具有多种建构,在这个意义上,评估是具有政治性的专业活动。我们越是对案主所拥有的独特性、天才、技能、成就、欲望和知识了解得越多,我们在制定真正个人化的、对他们来说具有特殊意义的助人计划之时就会越有创造性(Cowger & Snively,2004)。在一定程度上,评估就是干预,就是发现和确认优势。

优势评估的主要原则包括:对案主所理解的事实予以优先考虑;信任案主;探求案主需要什么;对案主和环境优势践行评估;多维度评估优势;利用评估发现独特之处;使用案主的语言;把评估当成社工与案主之间的共同活动;对评估达成一致意见;避免指责;避免因果思维;评估而非诊断(Cowger & Snively,2004)。

图18.2是优势评估的架构,全面的评估应该包含四个方面的内容。这一架

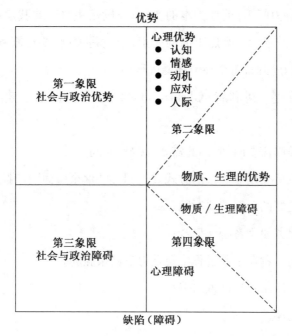

资料来源:Cowger & Snively(2004)。

图18.2 优势评估的架构

构已应用于教学、研讨会和机构咨询以作为记录手段。然而,优势视角应用于实践之时,第一和第二象限的内容得到了强调。

专业关系

助人关系应该是合作的、相互的和伙伴性的关系——一种与他人一起共事的权力,而非其中一个人凌驾于另外一个人之上的权力。伙伴关系这一目标要求社工不仅要为案主建立助人计划,而且要在助人的过程中分享权力和决策,让案主为其自我恢复负责。这样,案主是助人工作的指引者,是自己资源的动员者,而社工是他们的生活顾问(Saleebey,2016)。

格利肯(Glicken,2004)指出,优势视角下的专业关系包含以下要素:社工与案主之间没有权力差异;了解服务使用者之所需并予以尊重;重视早期的关系;积极且保持注意力倾听;证据为本的实践;鼓励案主自己寻找解决问题之道;社工可以分享自己的意见;聚焦正面的元素,谦虚是关键;要让服务使用者了解我们的工作;处理好移情;每个环节都要进行小结。

基于以上要素,格利肯(Glicken,2004)进一步提出了建立关系的主要原则:

(1) 自我披露需要时间,因此需要"暖身"时间;

(2) 干预也许要用非直接的方式,"迂回"或"保全脸面"有时候是需要的;

(3) 建立良好的关系需要时间;

(4) 关注服务使用者否认痛苦;

(5) 服务使用者在干预过程中会觉得自己很脆弱;

(6) 让服务使用者自己说出来;

(7) 要避免操控;

(8) 不要吝啬赞美;

(9) 不要贴标签。

因此,关注案主的优势促使社工应该持有尊敬和赞赏他人的姿态,聆听他们的故事和表述,了解他们的痛苦和不幸,探索他们的优势和梦想,这样案主就超越专业人员,成为自己问题的专家。

干预技巧

优势实践的核心是探索并利用优势,因此发现或辨识案主的优势是优势为本的干预技巧的目标之所在。如何探索案主或案主系统的优势?以下五种类型的问题有助于发现优势。

(1)生存问题。

你如何在艰苦的环境中成长?面对困难,你是如何设法生存下来的?哪些困难给了你特殊的力量、洞察力或技能?

(2)支持问题。

什么人给了你特殊的理解、支持和指导?哪些人是你能依赖的?他们提供了什么特殊的东西?他们是主动找上门的吗?什么样的团体对你有过帮助?

(3)例外问题。

当生活中所有的事情都顺利之时,有什么差异吗?过去你感觉到生活得更好、更有趣或更稳定的时候,你的世界、人际关系和思考方式有什么特殊和不同吗?你生活中哪些时刻或者事件曾经给了你特殊的理解、抗逆力和指导?

(4)可能性问题。

你所追求的未来生活是什么?你的希望、远见或志向是什么?你为了实现这样的目标已经奋斗了多久?在这个过程中,什么人对你有所帮助?我如何帮助你达到你的目标或再现你过去所拥有的特殊能力和时光?

(5)信心问题。

当人们表扬你时,他们一般会说什么?在你的生活中,你最引以为豪的是什么?什么时候你开始相信你自己能够追求到你生命中想要的东西?涉及怎样的人、事情和思想？当你生活一帆风顺的时候，你做什么？跟谁在一起？

(Saleebey，2004)

第四节　贡献与局限

优势视角更像是一个思维方式，这样的思维方式颠覆了我们以往关于人和环境的问题思维，并为我们重新观察这个世界打开了一扇新的窗户。它对社会工作基于缺陷的传统范式的挑战是有目共睹的，它的确带来了更多的希望和积极的意义。一个基于优势和资源的社会工作实践范式无疑是具有吸引力的。研究表明，优势视角是有效的，尤其是在精神疾病、老人服务、药物滥用等领域(Saleebey，2004，2016)。

然而，优势视角也导致了广泛的争论。施托德、霍华德和德雷克(Staudt，Howard & Drake，2001)认为优势视角从概念上而言是初步的，似乎相较另外的模式并没有特殊之处，优势视角的成效证据还不充分。的确，优势视角的理论体系还不够完善，所以只能是一种"视角"，而非一个完整的理论架构，这需要更多学者的努力。另外，在优势视角华丽的外表下，它的实质性内容的确有待进一步填充，否则就只能是一个美丽的"花瓶"。

进一步地，有人批评优势视角似乎是以另一种面目出现的积极思维。尽管萨勒比(Saleebey，2004)争辩说，优势视角并非不假思索地引用从低谷中振奋精神的思想，也不是为了从痛苦和损伤中解脱出来的苦思冥想或"心灵鸡汤"，而是帮助案主和社区建立起某种具有持久价值的东西，它们存在于案主或案主系统的内部和周围的资源之中，并非"荒漠甘泉"或从一无所有之处而出现的奇迹。但案主可能有这样的认识，社工也可能会以这样的方式应用。最后，优势视角可能忽视了案主在求助之时所面临的真正问题或困难，仅仅强调优势而忽视问题可能导致案主的利益受到损害。隆格雷斯(Longres，1997)就尖锐地批评，从优势视角出发可能导致彻底放弃某些非常珍贵的社会和政治理想，那些结构化的干预策略在寻找内部优势和资源的旗帜下被边缘化。格雷(Gray，2011)认为，优势视角与自由主义有着天然的关联，这表现在对个人意志、社会资本和社区发展的过分强调，这可能低估了社会问题的结构背景，而陷入莫名其妙的乐观主义。

§本章小结

本章介绍了优势视角的理论基础、核心概念和实践框架。优势视角是立足于缺陷视角的颠覆性批评，它具有解放意义。它的重要贡献在于实现了从缺陷到优势的转变，优势和抗逆力成为聚焦。本章还详细介绍了优势评估的框架和探索优势的重要技巧。然而，优势视角引发的争论一直在持续。

§关键概念

优势　优势视角　韧性　优势评估

§拓展阅读

1. ［美］Dennis Saleebey(2004，2016)《优势视角：社会工作实践的新模式》，李亚

文、杜立婕译,华东理工大学出版社。

§思考和练习

1. 优势视角归类为社会建构传统的原因是什么?
2. 探索自己的优势或韧性。
3. 尝试使用优势视角对某一案主进行优势评估。

第十九章　未来与展望

正如标题所揭示的，这一章旨在对社会工作理论的演进进行一个前瞻性的讨论，这一讨论将从社会工作理论演进的现实脉络出发，因为只有理解这样的现实脉络才能判断社会工作理论演进的趋势。在此基础上，我们需要思考中国的社会工作研究者、实践者和教育者可以为社会工作理论的知识库贡献什么，这是社会工作赋予我们的时代使命。

第一节　社会工作理论的现实脉络

社会工作理论的当代演进是镶嵌在一定的现实脉络之中的。现实脉络可能会在一定程度上限定社会工作实践理论的发展态势，因为任何的实践理论都不能脱离其所处的脉络。以下从五个方面阐述当代社会工作理论演进的现实脉络。

证据为本的实践的勃兴

回顾社会工作的发展历史,我们发现社会工作一直希望将自己的实践建立在科学知识基础之上,并以不同的概念建构来指称科学知识与专业实践结合的方式——从经验临床实践、经验证实的治疗到风靡一时的证据为本的实践。证据为本的实践是关于社会工作实践要立足于科学研究的结果并从众多证据中找出最佳实践的一整套基本理念和操作架构。证据为本的实践基于三个原则:(1)实践者要了解如何阐释和运用研究发现;(2)实践者要学会在其职业生涯中以科学研究指导实践;(3)研究发现要以更加有效的方式传递到实践者手中(Shirly & Phil, 2000)。这三个原则给社会工作理论、实践、研究和教育都提出了新的要求。如今,社会工作领域已经掀起了一场推行证据为本的实践的潮流。

证据为本的实践是呈现社会工作的科学性与专业性的重要策略,它的出现替代了权威为本的实践这一传统上提供服务或助人的基本模式(Gambrill, 1999)。权威为本的实践以他人的意见、权威的宣示、未曾反思的直觉、先辈经验以及流行观念为依归。尽管流行观念与权威意见很重要,但它没有为科学研究所证实或证伪。再者,经验并没有提供如何为案主服务的系统陈述。此外,来自权威、经验与直觉的知识是否提升了专业服务表现尚需进一步证实。为数不少的社会工作人员遵循权威为本的实践模式并难以改变这一做法的现状,导致社会工作的专业属性受到质疑,正是在这个意义上,"证据为本的实践"的提出对于专业的发展尤为重要。

现在,证据为本的实践业已成为社会工作的常识,以证据为本的实践为主题的书籍纷纷出炉,科克兰的《以证据为基础的家庭社会工作实践》(*Evidence-based Social Work Practices With Families*),期刊《以证据为基础的社会工作》(*Journal of Evidence-based Social Work*)即为其例。专门的研究中心相继成立,如英国的"以证据为基础的社会服务中心"(Centre for Evidence-based Social

Services),专门的数据库坎贝尔(Campbell)已经成立多年,在多个国家和地区成立了分中心。美国社会工作伦理守则明确指出专业实践包括经验为本的知识、项目和干预的评估,社会工作要密切关注与社会工作相关的知识进展并在其专业实践中充分使用评估和研究证据。不少政府和基金组织都以证据为本的实践作为服务资助和成效鉴定的标准。研究人员亦日益重视证据为本的研究,评估介入的成效,探索介入过程中的核心要素。尽管证据为本的实践在认识论、价值观和可能性等方面受到了众多的批评,但即便证据为本的实践的批评者亦希望自己的理论架构与实践模式能够"证据为本",并有意无意地遵循证据为本的实践的基本逻辑,这足以说明证据为本的实践尽管富有争议性,但身处这一浪潮之中的社会工作都无法绕开这一重要的实践理念。无论是支持、反对,抑或是观望,任何一种社会工作理论要赢得一席之地都在一定程度上以"证据为本",没有研究证据支持的理论模式不可能被广泛应用,只能是具有反思和批评意义。

新管理主义的滥觞

过去近四十年,整个西方世界的社会福利体系出现了众多变化:财政拨款减少、混合福利体系、服务外包、管理型照顾和整笔拨款体制。在这样的宏观背景下,与社会工作密切相关的社会服务机构不得不重构其管理体制以应对新的外部环境,新管理主义就成为改变社会服务机构管理体制的重要理念。在新管理主义的影响下,社会服务机构的运作跟企业极为接近,因为人们坚信良好的管理可以解决社会服务组织面临的问题,从而提高其效益和效率。新管理主义提倡以管理的方式去达成组织目标的信念,不少社会服务机构从企业机构寻找管理人员或者直接聘用工商管理硕士。实际上,不少非营利机构为获得更多的收入正向商业企业的运作方式靠拢。新管理主义下的服务管理侧重三个原则:经济、效率和绩效。这就要求整个社会服务机构能够满足服务使用者的需要,关注其服务效能以及关心服务提供的效率和成本。社会服务机构采用这样的管理理念是基于下述考虑的:一方面,社会福利机构面对的外部环境有这样的要求,服务的购买方或资助方改变以前的拨款方式代之以整笔拨款,这就要求各个机构能够做到以最少的资源提供最多的服务;另一方面,问责制成为整个社会服务领域的一个新的要求,这迫使社会服务机构借鉴行政管理和企业管理的理念和技术以强化其问责能力。新管理主义确实能够从效率提高、成本控制和服务顾客等多个层面改善社会服务机构的运行(何雪松,2005)。

新管理主义取向改变了社会服务机构的组织文化和机构内部以前平等的人际关系以及社会服务机构的组织文化。过去,社会工作人员可以从初级职位晋升管理层,但现在管理层的位置可能为专业的管理人士占据,换句话说,社会工作人员并不必然因为专业出色而成为服务机构的管理人员,这一改变显然会打击社会工作人员的士气。与此同时,如果社会服务机构没有有效地提供服务,从新管理主义的角度,其原因一定在于管理出现了问题,这样就会重组管理架构,社会工作由此不得不面对一个变化莫测的组织体系,难以适应(Ife, 1997)。新管理主义取向的另外一个批评就是,它可能因过分重视效率和效益而忽视了社会工作的专业价值和职业宗旨,有舍本逐末之虞。对顾客的意见的强调和决策过程的科学化挑战了社会工作人员的权威,前线社会工作人员的声音可能被淹没,且为了应付所谓的"问责"所需的大量文字档案材料而疲于奔命。一系列的研究确实发现,在新管理主义体制下,社会工作人员的压力明显增加。在英国,不少女性社会工作者因为管理体制的变革而面临更多的压力之后转行,这成为英国社会工作者短缺的一个重要原因。女性主义批评这一制度设计强化了男性作为管理者的角色,从而迫使大量的女性社会工作者去执行那些由男性制订的政策(Dominelli, 2003)。尽管受到如此多的批评和出现如此多的问题,社会服务机构的新管理主义取向似乎并没有显示出要改变的迹象,因为它毕竟提高了效率和效益,而这正是服务机构在变动不居的外部环境之下生存的重要基础。

社会工作理论势必要回应这样的现实议题,否则它就难以立足。其中一个回应策略就是短期治疗的兴起,短期治疗是指那些在有限的面谈次数(20次或以下)内或有限的时间内(通常少于半年)实现治疗目标的干预模式。精要治疗、寻解治疗、认知行为治疗和叙事治疗都是比较典型的短期治疗模式。在一系列的研究之中,不少短期治疗模式的效果得以证实。在不影响效果的前提下尽量缩短治疗的时间跨度无疑很符合社会工作的专业目标,因为尽管人们认为长期治疗可以消除问题之根源,但实际情形并非如此;对无时间限制的治疗计划的成效的质疑从另一个侧面为短期治疗提供了理论上的合法性。而在社会工作的外部情境方面,减少获得服务的等候时间、成本控制都成为接受短期治疗模式的重要因素。犹有进之,对短期治疗具有推波助澜作用的是管理型照顾体系,第三方付费必然要求服务提供者能够在最短的时间内提供最有效的服务。但到底可以"短期"到何种程度且不影响干预效果确实是一个富有争议的议题。

社会工作与案主伙伴关系的重构

尽管在社会工作的伦理价值体系之中,案主被认为是具有内在价值和尊严的个体并且具有自决能力,但在实践中,社会工作人员往往会以诊断、评估和帮助的名义将案主置于一个不利或无权的地位。社会工作者希望改变与案主的关系以建立一种新型的伙伴关系。这一转型的背景包括:强调心理变态的精神分析的霸权地位受到挑战;基于对案主的乐观判断的问题聚焦、精要治疗和心理教育的兴起;案主倡导组织自助运动的兴起;若干挑战以前错误认识的研究结果的公布;对案主的优势和增权的强调;第三方付费和管理型照顾体系下的顾客意识以及后现代视角对专业知识和霸权的挑战(Reid,2002)。

伙伴关系可以体现在各个方面。"使用者参与"(user involvement)从 20 世纪 80 年代末开始成为社会服务的正式指导原则,这体现于服务市场研究和社会服务的管理体系之中。一个典型的例子是,在传统视角下,治疗僵局被视为案主抵抗,但在新型的伙伴关系之中,这可能被视为实践者对案主的需要、愿望不甚了解。在证据为本的实践中,案主是临床决定的积极参与者,这包括:(1)案主是否愿意接受某一干预模式的决定;(2)案主要至少知道两种模式的研究发现所显示的成效与后果(如结果、风险与收益);(3)案主为最后的决策形成投入程度高。因此,社会工作要将与临床决定相关的文献检索的结果告诉案主以便共同作出决定。如果社会工作人员发现自己推荐的介入方法并没有"证据"支撑,就有必要向案主解释推荐该介入方法的理论前提(Gambrill, 1999)。

在后现代主义、女性主义和社会建构主义影响下的干预模式中,社会工作人员致力于对案主进行"脱病态化",转而强调其优势,他们以平等的术语来指称服务接受者。进一步,在消费者倡导运动下,服务使用者的地位得以进一步强调,服务使用者的知识也逐步为专业人士所重视(Beresford, 2000)。尽管这样的做法可能会削弱社会工作的专业地位或专业权威,这在某种程度上可以解读为一种反专业化趋势,这一趋势与社会工作的专业化努力存在一定的矛盾,这凸显了社会工作的发展过程中存在不少内在的冲突,而这或许正是推动社会工作发展的重要张力。重建社会工作人员和案主的伙伴关系的另一挑战是,社会工作可能要面对一些非自愿进入服务体系的人士(如违法者),社会工作在这样的关系中可能赋予了某种权威地位,实现这样一种专业关系的转型并非易事。

为此,社会工作理论要回应的议题是:如何在干预中凸显这样一种平等的、以顾客为中心的、平等的伙伴关系?如何在理论体系中加入服务使用者的知识?如何实现专业化与反专业化的平衡?

社会工作研究的重要性上升

正如前面关于证据为本的实践所论述的,既然实践要立足于研究所得的证据,那么研究的重要性就不言而喻,尤其是实践取向的研究。另一方面,社会工作为了确立自己的专业地位和建构自己的专业理论亦需要知识贡献和理论建构,而研究则不可或缺。在美国,自 20 世纪 90 年代开始,社会工作学院相继建立研究中心,整合资源以提升研究水平,不少研究中心获得了来自政府和民间基金的大量资助。在这一背景下,社会工作研究(尤其是实践为本的研究)的整体水平大大提高并且回击了外界对社会工作的研究水平的质疑。

实践取向的研究在社会工作中的地位不断得以强化,而其兴起的一个重要背景是,在 20 世纪 70 年代临床实践的价值和效果受到质疑,其中费希尔的初步研究评估结果比较负面,即大多数社会工作的效果不尽如人意(Fischer,1973),这是对传统社会工作理论模式的致命打击,进而促使整个社会工作界高度重视结果研究以指导社会工作者的专业实践。其后,社会工作界认为仅仅结果研究还不能更好地促进社会工作实践,由此,过程—结果研究兴起,它旨在揭示促成正面的临床结果的临床过程(Tsang,2000)。在证据为本的实践兴起之后,社会工作者从事研究的热情更是受到极大的鼓舞,以评估干预效果为主的临床研究一时成为热点,而类似的研究也很容易得到来自不同渠道的资助,新的专业期刊不断涌现。不仅如此,社会工作还在不断加强对社会问题、案主系统、社会政策和服务输送的研究,以促进专业介入的效果和改善案主的福利。

在前述认识论的多元化背景下,社会工作的具体研究方法也日趋多元化:不仅包括传统的定量研究(常用的方法是单系统研究和试验法),而且包括不同类型的质性研究。不同的研究方法都为学界所接受,尽管实证主义是主流范式。然而,实践和研究之间依然存在隔膜和冲突,为了消除实践与研究之间的紧张关系以及提高研究结果的利用率,社会工作学界要求研究结果应该与社会工作实践相联系;研究报告中应该包含应用于实践的具体方法,研究人员应该有效地散播他们的研究结果;社会工作研究人员应该根据研究知识来评估和改变实践行为(Yegidis & Weinbach,2004)。只有这样,社会工作才能够在研究基础上反思现有的理论基础或实现理论创新,进而更好地服务于社会工作实践并进而提高社会工作在学术界的专业地位。

社会工作与新技术的交叉融合

社会工作不断加强拓展、溢出传统的领域、方法和模式,特别是聚焦与新技术的结合,聚焦学科的交叉和融合,正在成为社会工作发展的新态势,这就要求社会工作者提升数字能力和技术能力。

社会工作与新技术的结合,包括人工智能、机器学习、大数据等。比如用机器学习和电话数据更加精准地进行人道主义援助;又如,对机构的个案记录进行数据挖掘,然后借助机器学习辨识出哪些是更高风险的儿童福利个案;再如用卫星遥感图片和机器学习预测贫困,这些都明显有别于传统的社会工作知识生产的新范式和新方法。国际同行已经编辑出版了《数字社会工作》(*Digital Social Work*)一书。英国的社会照顾卓越研究院提出了一个数字能力(digital capacity)框架。美国纽约大学社工学院得到了大笔捐款发展社会工作的数据科学。南加州大学有一个团队尝试将人工智能带入社会工作,已经出版了《人工智能和社会工作》(*Artificial Intelligence and Social Work*)。

这意味着,社会工作需要突破传统的理论、知识、实践模式和技巧的限制,积极应对新技术带来的生产、生活和组织的变革以及因技术革新带来的新挑战和新问题,这样才能更好地提供专业服务和引领社会变革。

第二节 社会工作理论的演进趋势

在上述现实脉络下,社会工作的理论演进呈现出有别于以往的若干趋势,它们在一定程度上将形塑社会工作理论的图景。从以下几个基本趋势我们可以洞察到社会工作理论演进的基本方向。

从外借、内生到自主体系建构

社会工作在早期几乎没有自己的理论基础或知识体系,《社会诊断》一书也仅仅是提出要以科学的方法进行诊断以做到科学助人。更多的时候,社会工作理论的发展都需要依赖于外部知识的进展,即"理论外借"。这些知识体系或理论架构来自另外的职业/专业团体、现存的宏大意识形态以及相关领域的理论视角。社会工作的早期实践模式,例如功能派、诊断派的理论根基都来自相邻的学科。自此以后,社会工作实际上表现出很强的理论外借和应用能力,社会工作密切关注相邻学科的理论进展。心理学、社会学、心理治疗和家庭治疗的最新理论进展和实践模式都被引入社会工作架构之中,尤其是从系统论发展出的生态模式成为社会工作的主流实践模式。最近有学者甚至讨论将混沌论引入社会工作,因为社会工作实践之中要遭遇很多的不确定性,而混沌论的核心论题就是:事物并非单一、线性且具有确定性,而是复线的、非决定论的。混沌论的引入并非意味着要建构所谓的混沌取向的社会工作,而是旨在转变社会工作的内在理解,从而进一步增进社会工作的批判意识(Bolland & Atherton,1999)。这足以说明社会工作确实试图将外部理论不断融入自己的体系之中从而拓展专业的知识基础和实践领域。从某种意义上讲,外借理论是社会工作理论建构的一个重要特色,尽管该做法确实很容易受到相邻学科的攻击和批评。

如果社会工作只能借用外来的理论,它就很难在学术领域获得独立地位,因此社会工作领域的专家亦致力于发展出自己的实践理论模式,即内生理论。内生理论的标准为:由社会工作专家提出或在社会工作的服务领域之中总结而出。任务中心工作模式、优势视角、个人-环境实践模式都是由社会工作专家在综合不同的知识体系的基础之上提出的。社会工作希望在日常实践之中衍生出某种理论,这样的理论具有更为关键的应用价值。在日常工作中,社工可以从自身的价值体系与个人经验出发建构用以指导自己行动的非正式理论,这是一种"实践智慧"的体现。如何将实践智慧抽象到一般层次的理论架构无疑是社会工作面临的理论创新挑战,但这也是遵循内生模式发展理论的重要途径,尽管从实践到理论的飞跃并非易事。

从某种意义上讲,从实践中内生的理论体系是社会工作构建独立专业地位的一个重要指标。最近三十年以来,社会工作对于研究的重视程度日益提高,社会工作不再局限于强调"用"和"做",而是越来越关注知识贡献和理论建构。这一趋势要求社会工作人员要实现"研究者"和"实践者"的角色整合,甚至成为理论"构建者"。

对于中国的社会工作研究者而言,我们不仅仅要建构理论,而且要推进自主知识体系的建设,这是中国式现代化的内在要求。自主知识体系的建设,既要借鉴社会工作现有的知识库存,又要提炼出基于中国现实的实践知识,还要将中国的知识体系建设纳入促进全球南方国家发展乃至全球社会工作发展这一更大的目标之中。

重审社会聚焦

社会工作在何处介入? 个人抑或社会? 尽管从社会工作的字面意义来看,社会工作的介入点是"社会",而非"个人"。早期的社会工作主要以心理动力学派或心理分析为基础,实践是以个人取向为主。然而,随着客体关系心理学、自我心理学和自身心理学的发展并被引入社会工作,社会工作逐步在个案工作之中关注案主的关系环境,这在某种程度上拓展了介入的维度。然而在 20 世纪 60 年代社区组织风靡一时之后,以改变社区、组织或政策为目标的宏观社会工作迅速衰落,社会工作的主要关注点再次定格为以个人为中心,尤其是前述所及的临床社会工作。在这一背景下,以个体或小组为对象的社会工作就其介入方式而言与心理治疗相差无几。美国的社会工作学院的很多学生都乐意在私人执业机构从事心理咨询服务,这无疑对社会工作的宗旨构成了挑战,因此有学者发出了

"我们失去了神圣的目标"之警示。

　　激进的社会工作理论或模式在 20 世纪 70 年代逐步进入社会工作。当时，不少的弱势群体，包括残疾人、妇女和移民等不再像过去那样缺乏主见，而是对现有的权力体系产生诸多不满，包括批评社会工作者没有满足他们的需要。其中一个原因在于社会工作实施着重个人问题的解决和治疗性服务的提供；然而弱势群体关心的社会结构问题则没有受到适当的重视（Specht & Courtney，1994）。如此不满对现存的社会工作理论与实践构成了挑战，激进视角、增权实践、反压迫和反歧视实践都试图回应案主体系面对的结构性因素。尽管这些宏观的、具有激进意味的视角还没有被社会工作人员广泛采用，但其影响力不断增强。

　　这些模式的出现亦折射出社会工作背后隐匿的持续的意识形态之争，佩恩阐述了社会工作的社会主义-集体主义理论及反思性-治疗性理论在意识形态上的歧见：社会主义-集体主义理论认为社会工作需要努力寻求合作与互助，从而让最受压迫和最弱势的人们获得控制自己生活的能力。所以社会工作应增强人们的学习和合作能力，这一过程会创造出所有人都可以拥有并参与其中的体制。而在现存体制下，精英们为自身利益占有权力和资源，从而维持一种具有压迫性、不平等的社会结构，社会工作要消除且代之以更为平等的社会关系。社会主义-集体主义论者批评反思性-治疗性理论所追求的个人实现和社会实现是不可行的，因为它们接受现存社会秩序的实质，即为支持和增进精英们的利益，从而扼杀了被压迫者的机会结构，而他们恰恰应该是社会工作的主要受益人（Payne，2005）。因此，不少新兴的社会工作实践理论在社会主义、集体主义或马克思主义的影响下，旨在改变人们生于其间的结构情境，从而整体性地改变案主群体的境遇。

　　对结构性因素的关注和若干激进模式的兴起都体现了社会工作致力于将介入焦点重新带回"社会"的努力，这既是现实背景的驱动所致，亦是意识形态之多元化的结果。这两者的共同作用可能会进一步促进社会工作的宏观实践及其理论建设。

生态范式的发轫

人类社会面对越来越复杂的生态问题，诸如环境保护、气候变化等，这些问题影响范围甚广，环境正义或生态正义成为重要的社会议题，绿色、低碳和生态的可持续发展方案得到了更广泛的社会支持，社会工作需要加入这样的社会议程。以人为中心的社会工作需要实现范式的转型，这就要社会工作从本土论、认识论和方法论上都转向以人与生态的关联为中心的新范式。博埃托（Boetto，2017）提出了一个变革性的生态社会模型。

这个模型包括社会工作的本体论基础，"存在"，即与自然相互关联的身份，包括世界观、信仰和态度等是社会工作的出发点。贝斯特霍恩（Besthorn，2002）的"整体自我观"认为，个体与自然环境建立的是一种非常个性化的精神联系，即人、社区、创造、创造者和精神世界之间的联系。这样社会工作传统的"自我"概念就转化为一个更大系统的相关部分，为社工提供了一个更广泛的本体论基础（Boetto，2017）。

建立一个与本体论基础相一致的认识论基础对于社会工作的生态范式至关重要。社会工作面临的挑战是跟上生态学和环境危机相关研究领域的新发展，同时将这些信息整合到专业的社会工作实践中（Boetto，2017）。由此，生态素养是社会工作核心能力的重要组成部分；在地的视角和知识也具有重要意义；"生态正义""全球视角""可持续性与去增长化"的观点得到强调；重新界定"人类福祉"的概念，将环境方面的内容包括进入人类福祉的整体视野之中。

社会工作需要建立生态取向的实践和方法。社工需要保持其亲环境信念与专业实践之间的一致性，推进个人成长与专业行动；建立网络和实践社群，聚集在一起分享想法、互相学习并在他们的可持续发展行动中互相支持。当社会工作在组织环境中进行时，社工需要变革那些损害环境关怀和关注的组织活动，促进环境可持续性发展；在实践过程中需要关注当地文化，积极调动地方网络中的知识和资源,并且促进当地居民和组织共同参与决策过程;推进促进生态正义的制度、法律、政策和组织变革(Boetto,2017)。

联结社会理论

社会工作与社会理论实际上有着共享的母题,诸如现代性与后现代性、全球化、个体化、时间与空间、身体与情感、结构与能动性、历史与文化、批判与重建等。但在一个较长的时期内,社会工作因为过分追求临床化和技术化,忽视了与社会理论的联结。这使得社会工作的理论基础较为薄弱,无法回应实践中遭遇的诸多社会与政治议题。

然而,从近年的文献可以看出,社会工作已致力于与社会工作理论的对话。加勒特(Garret,2016)的《社会工作与社会理论》是代表性著作,该书讨论了现代性这一社会理论的核心议题。社会工作作为现代性工程的一部分,在很大程度上受限于现代性概念的设定和后现代的冲击。加勒特(Garret,2016)进一步讨论了社会理论家葛兰西、布迪厄、哈贝马斯、霍耐特、弗雷泽、博尔坦斯基、希布佩罗、内格里和巴迪欧与社会工作的关联。

最新的西方文献显示,有不少论文讨论社会理论大师与社会工作的关联性。如,阮新邦(2003)倡导基于哈贝马斯建立诠释取向的社会工作,这明显有别于实证主义的进路,融合了哈贝马斯的沟通理性概念。弗格森(Ferguson,2003)从吉登斯的理论出发,认为社会工作的目标要从解放政治改变为生活政治,这是为了回应社会进入所谓的晚期现代性以及社会的个体化进程。布迪厄的《苦难的世界》是关注弱势群体体验的重要文本,有助于反思社会工作的社会处境。布迪厄(2016:5)特别指出,"只讲生存条件的深重苦难而排斥其他一切困苦,无异于对很大一部分反映社会秩序的困苦视而不见和不理解",这显示我们需要更为全面的社会视角。埃米尔贝尔和威廉姆斯(Emirbayer & Williams,2005)鲜明地指出,布迪厄的理论对于社会工作的意义不只在于简单的"文化资本""惯习"几个概念,更在于布迪厄的关系主义路径为理解社会工作提供了可替代的认识论和方法论。这篇论文是倡导联结布迪厄与社会工作的范例。

社会工作也可以促进社会理论的发展。马拉利(Mullaly,2007)就认为,结构社会工作本质而言就是批判社会理论。这显示,结构社会工作承袭了社会批评的传统,这不仅仅是理论的联结,而且是实践的应用,是理论与实践的结合,符合社会批评理论的期待。实际上,社会工作有着丰富的实践经验,与个人、群体和社区有着极为频繁的接触,对很多社会问题有着深刻的切身体会,这都是建构社会工作的社会理论(social theory of social work)的现实基础。因此,社会工作与社会理论的对话的目标之一是理论建构,加列特(Garret)的目标就是在社会工作理论文献的基础之上建立社会理论指引下的主流理论框架,这一任务尚未完成,但仍然是值得努力的方向。

数智化转型

面对全球化、信息化、市场化、城市化等一系列要素的叠加,社会的数智化给社会工作的发展带来了全新的挑战和机遇。人与人之间的联结方式、社会的组织方式都发生了巨大变化,而社会工作既有的理论、知识、模式和技巧还不能全然适应这样的变化,需要真正直面数智化的经济、生活与治理,实现社会工作的数智化转型。我们应当将数智技术融入社会工作服务过程中,建构新的社会组织样态,并以此作为社会工作创新的切入点,由此推进数智社会工作。社会工作要顺应这一发展大势,与互联网、人工智能、数智技术等紧密结合,展开社会工作的想象力,拓展社会工作的传统界限,建构数智化的社会工作理论,从而在更广阔的空间实现专业价值观。

社会工作必须积极作为,主动推动数智化转型。但面对社会数智化带来的新挑战,社会工作似乎并没有在社会中发挥着引领或主导作用。其原因在于,社会工作还未能敏锐地回应数智化生活、经济与治理所带来的新变化,在理论上没有及时作出反应,在实践中也是如此。然而,诸如数智化、互联网、云计算、大数据、人工智能、区块链等都预示着未来社会发展的方向,社会工作不能自外于这样的趋势,脱离大趋势,就有边缘化的危险。

推动社会工作的数智化转型,以新技术赋能社会工作是必要的,也是迫切的。创造性地利用大数据、人工智能、物联网及区块链等新兴技术赋能社会工作传播价值观、提供专业服务、倡导社会政策,社会工作界需要提出新的解决方案和新的理论框架。在新技术赋能下,社会工作要转型为数据科学。社会工作缺乏数据基础,很难成为科学;缺乏数据基础,也很难推动宏观的改变。当然,社会工作的实践不能仅仅依靠数据,需要有理论对数据进行组合和集成,这样才能更好地推动专业实践,也就是说,社会工作是有思想的数据科学,这需要新的数智化的社会工作理论。

社会工作的数智化转型应以公平正义为价值观,不仅需要数字赋能,还要强调数智人权。社会工作界应警惕数智分化、数智鸿沟、数智侵害以及算法控制和平台霸权,着力关注社会弱势群体。数智化技术被广泛运用于各个领域,深度渗透人们日常的生产和生活,这样每个人都有了一个数智身份,这就衍生出数智人权这一全新的议题,基于数智人权的社会工作有广阔的发展空间,但目前的理论探索还不够。

推进理论整合

理论的整合体现在两个层面,其一是如何应用不同的社会工作理论,其二是如何在不同理论的基础上创建新的具有整合意义的理论。这两点对于社会工作理论的发展都具有重要意义。

社会工作具有如此多的理论模式,那么在实践之中它们是如何被应用的?这一问题在社会工作的早期发展历史之中并不成为重要议题,因为理论模式不多,社工比较容易有选择性地遵循某一模式。但当社会工作的理论模式越来越多的时候,社会工作理论的选择性应用就成为一个难题。而折中或整合是当前社会工作理论应用的一个重要趋势(Reid,1998)。实际上,理论应用的整合过程也是某种新的理论模式的建构过程。折中模式的兴起正是基于下列原因:其一,社工在理论反思的过程之中注意到单一理论模式的不足之处,因为任何单一理论模式都只能聚焦于社会现象的某一层面而忽视另一层面,但案主的问题是错综复杂的且需要回应。其二,社会建构主义的理论观承认社会工作面临的人类生活经验具有多样性,且意识到社会工作模式的多种可能性和社工用以指导行动的观念的混合性,它可能迫使很多社会工作者折中地选择理论方法,而不是偏重其一。也就是说,他们可能需要将很多不同理论的不同层面放置在一起综合使用。其三,社工应用不同的实践模式确实在社会工作实践中取得了比较好的效果,这刺激人们试图将不同的理论架构融合进一个新的体系之中,从而吸收不同的理论架构的优点和长处。

理论的整合有多种策略。一种策略就是折中,即理论的联结或融合而成的模式。社会工作的晚近进展衍生出众多的实践模式,在此基础上对不同模式的折中或整合就成为另一潮流。折中和整合的途径亦多有不同:有的以问题为中心,将围绕该问题的不同视角联结在一起从而形成一个效果更好的干预模式,例如将认知行为治疗和人际治疗整合起来治疗妇女的抑郁症;有的以某一实践模式为中心将其他相关的理论或技巧吸纳进来,例如在认知行为治疗中加入优势视角。

理论整合的另一最新趋势就是辨识不同实践理论之中可以发挥作用的共同因素,称之为共同因素方法。因为尽管不同的理论之间存在着差异,但可以看到在所有的干预中都有一些共同的核心,这样的共同因素至少与每一种干预模式影响干预结果的独特的因素同等重要,把握这样的共同因素无疑是构建新的理论的知识起点。兰伯特(Lambert,1992)总结了心理治疗建设性变化的四个持续性因素:案主生活圈的因素,良好人际关系的品质,积极的期望、希望和安慰剂效应,技术操作和理论原则。德里斯科(Drisko,2004)认为干预的共同因素是案主及其脉络、期望和治疗关系。

无论我们以何种策略去实现折中或整合，其目标都在于发展出某种综合性的、具有一致性的、应用更为广泛的实践理论模式。

第三节　迈向中国的社会工作理论

建构中国的社会工作理论的必要性

回答这个问题就是要勾勒出建构中国的社会工作理论的理论与现实背景，这个背景不能只是聚焦于社会工作专业本身，而且要将其置于中国式现代化这一更为宏大的背景之中进行理解。基于这一立场，本书认为，建构中国的社会工作理论的必要性应基于以下四点认识。

第一，这是呼应中国式现代化社会工作发展实践的需要。

中央提出要建设一支宏大的社会工作人才队伍，组建了社会工作部，这意味着社会工作开启了体系化和体制化的新阶段，为社会工作带来全新的发展机遇，这势必要求我们建构社会工作自主知识体系，特别是需要在"两个结合"的基础上构建新的社会工作理论。首先，现有的社会工作理论并不一定适用于中国的现实，这导致"所学"与"所用"之间形成巨大的鸿沟，社会工作专业的毕业生一旦进入一线的社会工作实践领域，常常需要从头开始，有着较长的适应与知识再造过程。因此，社会工作理论"本土化"的呼声很高，专业共同体必须有所作为，否则社会工作的专业成长就会受到严重的制约。

其次，中国的社会工作是社会建设的重要组成部分，其使命远远超出西方社会工作理论的视野所及，将社会工作与社会建设、社会体制改革这样的中国式现代化宏大叙事进行关联，需要新的理论视野。就这一点而言，我们很难从现有的西方理论体系中获得足够的思想支持。相反，如果我们在这样的宏大议题上形成系统性的理论创见,这对全球专业共同体是一个重大贡献,也弥补了现有社会工作理论宏观视野之缺失。

最后,中国的社会工作实践中面临很多理论议题,诸如如何确定中国语境下社工与案主的专业界限,如何在专业性与政府的期望之间实现平衡,如何处理广义的"社会工作"与专业的"社会工作"之间的关联。这些问题都是政府和实务界迫切需要解决的,但这样的问题不可能从现有的文献之中寻求答案。

由是观之,为了更好地促进中国社会工作的发展,特别是强化社会工作对于社会建设的关键角色,理论体系的建构是必要的,也是迫切的。

第二,这是超越现有西方社会工作理论的要求。

即便是西方的社会工作理论专家也认识到,社会工作理论产生于西方国家,其价值观具有犹太教或基督教的传统,因此不能随意运用,原因有三:其一,不同社会的价值观和文化基础可能与西方社会工作的价值前提和要求发生冲突;其二,各个社会面临的问题和情况不同,因此西方社会工作理论在不同社会的适应性就存疑;其三,存在文化帝国主义和压迫性殖民主义的担忧,这可能是对本土文化和体系的破坏(Payne, 2005)。不难看出,这种判断的立论基础是文化多元主义或对文化差异的认识。

实际上,西方社会工作理论就其本身而言,至少存在两方面的不足。一方面,现有的理论体系过于微观导向,宏观视角较为缺乏。在 20 世纪 60 年代社区组织风靡一时之后,以改变社区、组织或政策为目标的宏观社会工作迅速衰落,社会工作的主要关注点再次定格为以个人为中心,临床社会工作盛极一时。美国的社会工作毕业生更是乐意在私人执业机构从事心理咨询服务,这无疑对社会工作的宗旨构成了挑战,因此有学者发出"我们失去了神圣的目标"之警示,这直接导致宏观社会工作理论的进展缓慢。如此倾向促使社会工作者反思自己的价值立场和专业宗旨,回到"社会"的呼声顺势而出。另一方面,原创性理论较少,借用的理论较多。社会工作主要借用心理学、社会学等学科的理论,而社会工作因为涉及的领域太广、面对的问题太多,因此尚未形成一个具有范式意义的整合性框架,以生态系统理论为代表的融合框架只是说明性的,没有足够的解释力,这在一定程度上削弱了社会工作的理论基础和专业地位。

因此,无论是为了回应中西文化之间的差异,抑或是挑战西方社会工作理论本身的不足,中国的社会工作研究者都有必要在西方社会工作理论的基础上向建构中国的社会工作理论迈进,从而为中国的社会工作确立实质性的理论基础。

第三,这是建构自主知识体系的理论自觉。

正如曹锦清(2010)所指出的,随着中国的崛起,中国在世界结构中的位置发生了根本性变化,中国对西方"仰视"的时代已经结束,现在已经进入一个中西"平视",即平等对话的阶段,因此需要从"以西方为中心"转变为"以中国为中心"。中国的经验的确很难在西方的理论框架之中得到全部解释,因此需要建构自主性的知识体系。这是对中国社会科学的期许,也是社会科学工作者应有的理论自觉。

社会工作作为舶来品,我们无疑必须学习西方的理论和经验,这是不可或缺的阶段。但在学习西方理论的同时,要警惕西方概念或西方的价值观念对中国经验或实践采取霸权主义的态度,以及由此而来的本国专业共同体的"失语"状态。西方理论可以成为中国经验或社会工作实践的参照体系,但中国的社会工作实践不应被贬低为西方社会工作理论的简单应用或成为西方社会工作理论文化敏感性的一个注释。因此,我们必须有一种理论,即"以中国为中心,以中国为方法",解读中国的社会工作实践并由此提炼出中国的社会工作理论。

中国的社会工作者还需要有全球关怀,需要在"以中国为方法"的基础上进展到"以全球为目的",这可从中国式的"天下观"中获得思想支持。也就是要"以中国为中心,要坐在中国身上研究世界的东西"。这样,中国的社会工作理论也会具有某种程度的普适性,从而为全球社会工作的发展提供智识支持。

第四,这是回应全球经济社会变迁的全新挑战的要求。

全球社会正在经历巨大的变动,诸如金融风暴、欧债危机、伦敦骚乱、占领华尔街都以不同的方式冲击着现有的社会建制,包括主流的理论体系。在这个过程中,社会工作似乎未能起到引领社会的功能,原因在于,社会工作尚未充分认识到如此全球经济社会变动的深刻后果,也未能及时在理论上有所回应,在实践上更是茫茫然毫无方向。社会工作不可能抽离这样的社会脉络。在财政紧缩政策的冲击下,社会工作甚至会面临生死存亡的危机。迄今为止,社会工作对此显然在知识和理论建构上准备不足,这是一个非常危险的信号。

由此看出,社会工作必须在理论上回应全球社会面临的宏大议题,并提出生产性、发展性的知识体系。只有这样,这个专业或职业才能可持续发展并引领社会走向公平与正义。中国的社会工作者应该有所作为。沟口雄三(2011:42)指出:"批判世界经济发展之中的经济至上主义的风潮、抵制利己的和追求利润的原理,以及如何把中国思想中形成深厚传统而蕴积的仁爱、调和、大同等道德原理作为人类的文化遗产而揭示于世界人类。"中国有着不同的思想传统,因此有可能为全球经济社会变迁提供不同的答案并落实到社会工作的理论与实践之中。

网络社会的兴起和新技术的广泛应用对中国社会工作的发展提出了新的课题。网络论坛、微博、微信成为公共议题讨论的重要平台,人工智能等新技术的不断迭代驱动社会工作实践和知识生产的转型。社会工作如何充分利用这些新兴的媒介和技术传递价值观、输送专业服务、倡导合理的社会政策,需要在理论上予以厘清,并需要慢慢摸索形成一套基于虚拟社会的实践理论和服务模式,这无疑是对现有社会工作理论的重要拓展。唯此,社会工作才能更好地适应这样一个完全不同的社会形态。

如何建构中国的社会工作理论

洞见建构中国的社会工作理论的必要性之后,我们要回答的问题是如何建构中国的社会工作理论,本书认为实践智慧、科学研究、本土思想和制度传统是实现这一历史使命的前提,它们是建构中国社会工作理论的出发点。

实践智慧

正如斯科特(Scott，2004)所指出的，各种形式的极端现代主义已经以"占统治地位的"科学观点代替了科学知识和实践智慧之间宝贵的写作，"在好的情况下，科学知识认为实践知识是不重要的，在坏的情况下，则认为实践知识是危险的迷信"(Scott，2004：426)。消灭实践智慧往往变成了专业知识或科学知识的使命，并且是以科学或专业化的名义展开的。这显示出其后隐匿的是专家及其机构争夺制度霸权的政治斗争，因为福柯从来就主张知识就是权力，争夺知识的话语权和掌控权就是获得和践行权力的重要合法性基础。尽管社会工作中证据为本的实践尝试退缩其立场，愿意在证据的名单里加入临床工作者的实践智慧和服务使用者的反馈，但它们始终处于证据层次的最下端，这是当代西方社会工作的偏狭所在。

斯科特(Scott，2004)尝试以"米特斯"这一概念来指称实践智慧，因为这一概念是"蕴含于地方经验中的各种知识形式与国家及其机构所使用的更一般的和抽象的知识进行比较的手段"。这个概念包括了人们在对不断变动的自然和人类环境做出反应的过程之中所形成的广泛实践技能和后天获得的智能。这类知识的特点是"不可言传性"和"经验性"，这表明将其简单化为可以通过书本学习获得的演绎规律是很困难的，因为它起作用的方式非常复杂且不可重复，不能应用于任何正式的理性决策，也很难进行量表测量。实践智慧没有任何公式，而科学知识却可以通过死记硬背学会。认识到实践智慧对建构理论的重要意义是必要的，这是建构中国社会工作理论的一个重要路径，而西方的理论体系往往容易忽视实践智慧。

重视从实践中获得认识是中国的智识传统，从而通过民众的生活实践，而不是以理论的理念来替代人类迄今未曾见过的社会实际，来理解中国的社会、经济、法律及其历史，这样我们就要到最基本的事实中去寻找最强有力的分析概念(黄宗智，2005)。实践智慧之中就蕴藏了很多这样的概念。更为重要的是，"让生活本身，经验本身，让民间话语本身获得一种对输入的话语及理论对抗的权利。然后根据它,我们来修正一些概念,来解释一些现象"(黄宗智,2005)。在我看来,从经验本身衍生出的实践智慧,甚至是建构中国社会工作理论的一个源头,而从这个源头出来的理论一定是扎根于中国现实的。

科学研究

社会工作为了确立自己的专业地位和建构自己的专业理论需要独立的知识贡献和理论建构,科学研究的意义就至关重要。在美国,自20世纪90年代开始,社工学院相继建立研究中心整合学术资源以提升研究水平,不少研究中心更是获得来自政府和民间基金的大量资助。社会工作的研究(尤其是实践为本的研究)水平得以提高并且回击了外界对社会工作缺乏学术性的质疑。

从建构中国的社会工作理论的角度而言,科学研究的目的在于两个方面:一方面,需要经由科学研究去修订和完善西方的社会工作理论,从而将这样的研究结果转化为中国的社会工作理论的一部分;另一方面,需要不断深入研究中国社会工作发展面对的实务、政策和管理问题,从而提炼出理论议题,并探究理论议题之间的关联,从而形成体系或框架。

本土思想

中国的社会工作实践不能脱离其特定的脉络,其中一个不可忽视的维度是那些深藏在中国人的日常生活方式和行为模式之下的思想模式,它是中国社会工作的构成性因素,并在社会工作的实践环节以不同的方式呈现,在一定程度上挑战了"引进"的社会工作理论,因此一线实务工作者迫切需要更加贴近中国实际的社会工作理论,而这样的理论离不开本土思想资源的支撑——正如西方的社会工作理论离不开其古典思想传统。沟口雄三指出,需要"再度发掘中国思想文化的重层的传统中所蕴藏的中国的原理,从而面向为回答21世纪的课题构筑新的原理"(沟口雄三,2011:43)。这一论述同样适用于社会工作,且具有重要的意义。

建构中国的社会工作知识框架的可行路径之一就是与中华优秀传统文化结合,对传统进行"创造性转化",寻求一个可与国际同行对话的、具有一般意义的理论体系。在建构中国的社会工作理论之前,需要考察中华优秀传统文化中的思想资源与社会工作的相关性。中国传统上从来就不缺乏关于如何助人,如何化解生活困境,如何践行关爱、慈善和福利的论述,这些都是社会工作理论的聚焦所在。有必要指出的是,思想资源在此处不仅仅包括思想家的论述,而且也包括流行于民间的思想观念,因为精英群体的思想只有渗透到民间的"小传统"之中才可以有坚实的根基。社会工作要明确关注民众的知识体系和思想观念,因为社会工作面对的正是这样的群体。检视社会工作的本土思想资源无疑具有重要的理论意义,它可为中国社会工作的发展提供智识支持;它也会为反思华人社会的社会工作实践提供理论框架;从更为广泛的意义而言,它可能为建构一个本土性和世界性兼有的社会工作知识框架提供基础(何雪松,2007)。

制度传统

尽管社会工作在中国是一个新兴的专业和职业,但不能忽视中国过去 60 多年的历史实践之中蕴含着的与社会工作密切关联的制度传统。诸如群众工作、对口支持、定点帮扶这样的制度实践中已形成一套理念、机制、套路和方法,它们在一定程度上可以转化进社会工作的知识体系。

中国农村过去的"赤脚医生"制度,就很好利用了社区人力资源。本地的"赤脚医生"使得医疗服务提供的在地化和可接近成为可能。即便从现代的观点而言,这可能也是中国农村最为有效的服务提供方式之一。今天的农村社会工作依然可以从培养本地的人力资源入手,从而化解科层制和外部输入带来的很多困扰。又如,我国调查研究传统影响也很深远,中国社会工作机构的一线社工也进行课题研究,这在国际社会工作界并不多见的,这样的研究尽管从学院派的角度来看并不严谨,但也可能提出很多好的洞见,且是最贴近实践或案主的创见。再如,尽管学术界常说,民政工作是中国特色的社会工作,但实际上,"这个特色是什么"并没有得到很好的总结,这里面也许可以挖掘出很多有意义的命题。

过去我们为了引进"新"的社会工作理念和方法,可能忽视了中国自己制度传统之中的经验,没有很好地加以研究和总结,反而认为需要取而代之。但实际上,任何制度传统都有可能导致"路径依赖",因为民众和政府可能习惯于以特定的方式处理相应的事宜,而这个特定的方式是可资改进并加以利用的。本文认为,社会工作要推动激进改变的可能性不大,相反善用这样的传统是一个可行的选择,甚至可能是建构中国社会工作理论的重要起点。

但要真正建构中国的社会工作理论尚需时日,因为这是一个逐步积累的过程,甚至是一个缓慢而痛苦的进程。唯有我们真正自觉认识到这个问题的重要性和迫切性,并循着实践智慧、科学研究、本土思想和制度传统这四个维度去努力,这一目标才有可能实现,相信这是专业共同体愿意为之奋斗的目标所在。

如果我们在建构中国的社会工作理论上有所建树,就可以促进中国社会工作实践的发展,促进社会的公平与正义,也可以为国际同行提供一个有别于西方社会工作理论的参考框架,为全球社会工作知识库存添加中国的贡献。

第四节　结语

社会工作在中国已经取得了一定的进展,这势必要求我们为社会工作知识库存提供新的知识增量。一个必要的前提是,我们必须熟知当代社会工作理论的前沿进展,在此基础上立足于中国经验提出新的标识性概念、原创性理论和创新性模式。实现这一目标的可能策略包括:(1)立足中国丰富的社会工作实践,提炼在中国行之有效的社会工作实践模式,并明确其背后的理论基础;(2)聚焦社会工作宏观实践的理论建设,弥补西方社会工作理论的不足,为发展中国家的社会工作发展提供新思路;(3)加强跨学科、跨界的融合,特别是结合人工智能、区块链等新技术的发展,建设基于融合智能的数字社会工作理论与方法;(4)面向全球、立足中国、深挖传统、借鉴西方,推动建设社会工作的自主知识体系。

作为社会工作的后续发展国家,汲取西方经验、瞄准国际前沿是必要的,这促使我们在构筑中国的社会工作制度之时具有一定的前瞻性，即在熟知国际前沿的基础上确立遵循国际规范的专业制度。然而，这并不意味着中国的社会工作要紧跟西方亦步亦趋，而是要充分利用"后发优势"，立足本土并凸显自己的特色。如果中国的社会工作在理论、实践、研究和教育等不同层面形成若干有别于西方的特色，它就能够为西方的同行提供借鉴，这一点背后所隐匿的重要意义对于任何一个学术共同体来说都是不言而喻的。

参考文献

［加］阿德里娜·尚邦等主编(2016)《话语、权力与主体性：福柯与社会工作的对话》，郭伟和译，中国人民大学出版社。

［美］阿尔伯特·班杜拉(2015)《社会学习理论》，陈欣银等译，中国人民大学出版社。

［德］阿克塞尔·霍耐特、［美］南希·弗雷泽(2024)《再分配还是承认？一个政治哲学交辩》，陈晓旭、周凯译，上海人民出版社。

曹锦清(2010)《如何研究中国》，上海人民出版社。

［日］沟口雄三(2011)《中国前近代思想的屈折与展开》，龚颖译，生活·读书·新知三联书店。

何雪松(2009)《重构社会工作的知识框架：本土思想资源的可能贡献》，载《社会科学》第 7 期。

黄宗智(2005)《认识中国：走向从实践出发的社会科学》，载《中国社会科学》第 1 期。

［美］吉尔·弗里德曼和姬恩·康姆斯(2000)《叙事治疗：解构并重写生活的故事》，易之新译，张老师文化出版社。

［美］杰弗里·C.亚历山大(2008)《社会学的理论逻辑(第一卷)》，于晓、唐省杰、

蒋和明、唐少杰译,商务印书馆。

[美]卡罗尔·吉利根(1999)《不同的声音——心理学理论与妇女发展》,肖巍译,中央编译出版社。

[美]克雷格·卡尔霍恩(2016)《激进主义探源:传统、公共领域与19世纪初的社会运动》,甘会斌、陈云龙译,北京大学出版社。

[美]兰德尔·柯林斯(2012)《互动仪式链》,林聚任等译,商务印书馆。

[美]迈克尔·谢若登(2005)《资产与穷人:一项新的美国福利政策》,高鉴国译,商务印书馆。

[英]米兰拉·弗里克和詹妮弗·霍恩斯比(2010)《女性主义哲学指南》,肖巍等译,北京大学出版社。

[美]欧文·亚隆(2003)《当尼采哭泣》,侯维之译,中央编译出版社。

[法]皮埃尔·布尔迪厄(2017)《世界的苦难》,张祖建译,中国人民大学出版社。

阮新邦(2003)《诠释取向的社会工作观初探》,载《国外社会学》第1期,第49—64页。

童敏(2009)《社会工作本质的百年探寻与实践》,载《厦门大学学报》第9期。

王思斌(1998)《社会工作:利他主义的社会互动》,载《中国社会工作》第4期,第30—32页。

[美]詹姆斯·C.斯科特(2004、2012、2019)《国家的视角》,王晓毅译,社会科学文献出版社。

[美]Bonnie L. Yegidis & Robert W. Weinbach(2004)《社会工作研究方法》,黄晨熹、唐咏译,华东理工大学出版社。

[美]Cowger, D. & Snively, C.(2004)《评估案主的优势:对个人、家庭和社区的增权》,载Dennis Saleebey(2004)主编《优势视角:社会工作实践的新模式》,李亚文、杜立婕译,华东理工大学出版社。

[英]David Howe(2013)《依恋理论与社会工作实践》,章淼榕译,华东理工大学出版社。

［美］Dennis Saleebey 编著(2004、2016)《优势视角：社会工作实践的新模式》，李亚文、杜立婕译，华东理工大学出版社。

［美］Goldstein, H.(2004)《优势视角的文学与道德基础》，载 Dennis Saleebey 主编：《优势视角：社会工作实践的新模式》，李亚文、杜立婕译，华东理工大学出版社。

［澳］Jim Ife(2016)《人类权利与社会工作》，郑广怀等译，华东理工大学出版社。

［美］Judith S. Beck(2001)《认知疗法：基础与应用》，翟书涛译，中国轻工业出版社。

［英］Malcolm Payne(2005)《现代社会工作理论》，何雪松等译，华东理工大学出版社。

［美］Marlene G. Cooper & Joan Granucci Lesser(2005)《临床社会工作实务：一种整合的方法》，库少雄译，华东理工大学出版社。

［美］Michael St. Clair(2002)《现代精神分析"圣经"——客体关系与自体心理学》，贾晓明、苏晓波译，中国轻工业出版社。

［爱尔兰］Paul Michael Garret(2016)《社会工作与社会理论》，黄锐译，华东理工大学出版社。

［美］Richard S. Sharf(2000)《心理治疗与咨询的理论及案例》，胡佩诚译，中国轻工业出版社。

［英］Robert Adams(2013)《赋权、参与和社会工作》，汪冬冬译，华东理工大学出版社。

［美］Roberta G. Sands(2003)《精神健康：临床社会工作实践》，何雪松等译，华东理工大学出版社。

Adams, R.(1996) *Social Work and Empowerment*, Palgrave Macmillan.

Agger, B.(1991) "Critical Theory, Poststructuralism, Postmodernism: Their Sociological Relevance", *Annual Review of Sociology*, 17:105—131.

Anderson, J. et al.(1994) "Empowerment and Social Work Education and Practice in Africa", *Journal of Social Development in Africa*, 9(2):71—86.

Atherton, C. R.(1993) "Empiricist Versus Social Constructionists: Time for a Ceasefire", *Families in Society: The Journal of Contemporary Human Services*:617—624.

Bandura, A.(1997) *Social Learning Theory*, Prentice-Hall.

Barber, J.(1986) "The Promise and Pitfalls of Learned Helplessness Theory for Social Work Practice", *British Journal of Social Work*, 16(5):557—570.

Bateson, G.(1972) *Steps to an Ecology of Mind*, Ballantine.

Beck, A. (1976) *Cognitive Therapy and the Emotional Disorders*, International Universities Press.

Beck, A. & Emery, G.(1985) *Anxiety Disorder and Phobias*, Basic Books.

Beck, A.et al.(1979) *Cognitive Therapy of Depression*, Guilford.

Belenky, M. F., Cinchy, B. M., Goldberger, N. R., & Tarule, J. M.(1986) *Women's Ways of Knowing: The Development of Self, Voice, and Mind*, Basic Books.

Beresford, P.(2000) "Service Users' Knowledge and Social Work Theory: Conflict or Collaboration?" *British Journal of Social Work*, 30:489—503.

Berger, P. & Luckmann, T. (1966) *The Social Construction of Reality*, Penguin.

Berlin, S. B. (2002) *Clinical Social Work Practice: A Cognitive-Integrative Perspective*, Oxford University Press.

Bertolino, B. & O'Hanlon, B.(2002) *Collaborative, Competence-based Counseling and Therapy*, Allyn & Bacon.

Best, J.(1989) "Extending the Constructionist Perspective: A Conclusion and Introduction", in J.Best(ed.), *Images of Issues: Typifying Contemporary Social Problem*, Aldine de Gruyter.

Bolland, K. A. & Atherton, C. R. (1999) "Chaos Theory: Alternative Approach to Social Work Practice and Research", *Families in Society*, 80 (4):367—373.

Bradford, J. (1995) *Caring for the Whole Child: A Holistic Approach to Spirituality*, London: The Children's Society.

Brandell, J. R. & Perlman, F. T. (1997) "Psychoanalytic Theory", in J. R. Brandell(Ed.), *Theory and Practice in Clinical Social Work*, Free Press.

Brandell, J. R. (2004) *Psychodynamic Social Work*, Columbia University Press.

Bronfenbrenner, U.(1979) *The Ecology of Human Development: Experiments by Nature and Design*, Harvard University Press.

Brunner, J.(1986) *Actual Minds/Possible Worlds*, Harvard University Press.

Bullis, R. K.(1996) *Spirituality in Social Work Practice*, Taylor & Francis.

Canda, E.(1988)"Conceptualizing Spirituality for Social Work: Insights from Diverse Perspective", *Social Thought*, 14(1):30—46.

Canda, E. & Furman, L.(1999) *Spiritual Diversity in Social Work Practice: The Heart of Helping*, Free Press.

Carniol, B.(1979) "A Critical Approach in Social Work", *Canadian Journal of Social Work Education*, 5(1):95—111.

Carroll, M.(1995) "Methodological Issues and Problems in the Assessment of Substance Use", *Psychological Assessment*, 7(3):349—358.

Chodorow, N.(1978) *The Reproduction of Mothering: Psychoanalysis and the Sociology of Gender*, University of California Press.

Clair, M.(1999) *Object Relations and Self-psychology: An Introduction* (3rd ed.), Brooks/Cole.

Clancy, M., Beverly, S., Sherraden, M., & Huang, J., (2016) "Testing Universal Child Development Accounts: Financial Effects in a Large Social Experiment", *Social Service Review* 9(4):683—708.

Clarke, M.(1976) "The Limits of Radical Social Work", *British Journal of Social Work*, 6:501—506.

Collins, B. G.(1986) "Defining Feminist Social Work", *Social Work*, 31(3): 214—219.

Corrigan, P & Leonard, P.(1978) *Social Work Practice Under Capitalism: A Marxist Approach*, Macmillan.

Cowger, C. D.(1994) "Assessing Client Strengths: Clinical Assessment for Client Empowerment", *Social Work*, 39:262—268.

Cowley, A. S. (1993) "Transpersonal Social Work: A Theory for 1990s", *Social Work*, 38(5):527—534.

Curley, J., Ssewamala, F. M., & Han, C. K. (2010) "Assets and Educational outcomes: Child Development Accounts(CDAs) for Orphaned Children in Uganda", *Children and Youth Services Review*, 32(11):1585—1590.

Dalrymple, J. & Burke, B.(1995) *Anti-oppressive Practice: Social Care and the Law*, Routledge and Kegan Paul.

Dane, B. & Miller, S.(1992) *AIDS: Interviewing with Hidden Grievers*, Aubrun.

Davies, M. (1994) *The Essential Social Worker: An Introduction to Professional Practice in the 1990s*(3rd ed.), Routledge.

DeJong, P. & Berg, K.(2002) *Interviewing for Solutions* (2nd ed.), Brooks/Cole.

de Maria, W.(1992) "On the Trail of a Radical Pedagogy for Social Work Education", *British Journal of Social Work*, 22(3):231—252.

de Shazer, S.(1982) *Patterns of Brief Therapy*, Norton.

de Shazer, S. (1985) *Keys to Solution in Brief Therapy*, Norton.

de Shazer, S. (1988) *Clues: Investigating Solutions in Brief Therapy*, Norton.

de Shazer, S. & Dolan, Y. (2007) *More Than Miracles: The State of the Art of Solution-focused Brief Therapy*, Taylor & Francis Inc.

Dominelli, L. (2002) *Anti-oppressive Social Work Theory and Practice*, Macmillan Palgrave.

Dominelli, L. (2002) *Feminist Social Work Theory and Practice*, Palgrave.

Doninelli, L. & Mcleod, E. (1989) *Feminist Social Work*, Macmillan.

Dorfman, R. A. (ed.) (1998) *Paradigms of Clinical Social Work* (Vol. 2), Taylor & Francis.

Drisko, J. (2004) "Common Factors in Psychotherapy Outcome: Meta-analytic Findings and Their Implications for Practice and Research", *Families in Society*, 85(1):81—90.

Ellis, A. (1962) *Reason and Emotion in Psychotherapy*, Lyle Sruart.

Ellor, J. W., Netting, F. & Thibault, M. (1999) *Understanding Religious and Spiritual Aspects of Human Service Practice*, University of South Carolina Press.

Elson, M. (1986) *Self Psychology in Clinical Social Work*, Norton.

Emirbayer, M. & Williams, E. M. (2005) "Bourdieu and Social Work", *Social Service Review* 79(4):689—724.

Enns, C. Z. (2004) *Feminist Theories and Feminist Psychotherapies: Origins, Themes, and Diversity*, Haworth Press.

Erikson, E. (1950) *Childhood and Society*, Norton.

Erikson, E. (1959) *Identity and the Life Cycle: Selected Papers*, International Universities Press.

Ferguson, H. (2003) "In Defence (and Celebration) of Individualization and Life Politics for Social Work", *British Journal of Social Work*, 33(5): 699—707.

Fischer, J. (1973) "Is Social Work Effective: A Review", *Social Work*, 18:5—20.

Fook, J. (1993) *Radical Casework: A Theory of Practice*, Allen & Unwin.

Fook, J. (1997) *Structural Social Work: Ideology, Theory, and Practice*, Oxford University Press.

Frank, V. F. (1964) *Man's Search for Meaning: An Introduction to Logotherapy* (rev.edn), Hodder & Stoughton.

Freedberg, S. (2008, 2015) *Relational Theory for Social Work Practice: A Feminist Perspective*, Routledge.

Freeman, E. & Couchonnal, G. (2005) "Narrative and Culturally Based Approaches in Practices with Families", *Families in Society*, 87 (2): 198—208.

Freire, P. (1972) *Pedagogy of the Oppressed*, Penguin.

Gambrill, E. (1995) "Behavioral Social Work: Past, Present, and Future", *Research on Social Work Practice*, 5(4):460—484.

Gambrill, E. (1999) "Evidence-based Practice: An Alternative to Authority-based Practice", *Families in Society*, 80:341—350.

Germain, C. (1979) *Social Work Practice: People and Environments*, Columbia University Press.

Germain, C. & Gitterman, A. (1980) *The Life Model of Social Work Practice*, Columbia University Press.

Germain, C. & Gitterman, A. (1996) *The Life Model of Social Work Practice: Adbances in Theory ang Practice* (2nd ed.), Columbia University

Press.

Gilgun, J. (1994) "An Ecosystemic Approach to Assessment", in B. R. Compton & B. Galaway, *Social Work Process*, Brooks/Cole.

Glicken, M. D. (2004) *Using the Strengths Perspective in Social Work Practice: A Positive Approach for the Helping Professions*. Allyn & Bacon.

Glicken, M. D. (2004). *Using the Strengths Perspective in Social Work Practice*, Boston: Pearson.

Goble, F. (1970) *The Third Force: The Psychology of Abraham Maslow*, Grossman.

Goldstein, E. (1995) *Ego Psychology and Social Work Practice* (2nd ed.), Free Press.

Goldstein, E. (1998) "Ego Psychology & Object Relations Theory", in Dorfman, R. A. (ed.) *Paradigms of Clinical Social Work* (Vol.2), Taylor & Francis.

Goldstein, E. (2001) *Object Relations Theory and Self Psychology in Social Work Practice*, Free Press.

Goldstein, E. & Noonan, M. (1999) *Short-term Treatment and Social Work Practice*, Free Press.

Goldstein, H. (1973) *Social Work Practice: A Unitary Approach*, University of South Carolina Press.

Gotterer, R. (2001) "The Spiritual Dimension in Clinical Social Work Practice: A Client Perspective", *Families in Society: The Journal of Contemporary Human Services*, 82(2):187—193.

Granvold, D. K. (1994) *Cognitive and Behavioral Treatment: Methods and Applications*, Brooks/Cole.

Gray, M. (2011) "Back to Basics: A Critique of the Strengths Perspective in

Social Work", *Families in Society: The Journal of Contemporary Human Services* 92(1):5—11.

Greene, R.(ed.)(1999) *Human Behavior Theory and Social Work Practice*, Aldine De Gruyter.

Greif, G. (1986) "The Ecosystems Perspective 'Meets the Press'", *Social Work*, 31(3):225—226.

Gunter, M. & Brunsm, G. (2013) *Psychoanalytic Social Work: Practice, Foundations, Methods*, trans. H. Hasenclever, Karnac.

Gutierrez, L. M., Parsons, R. J. & Cox, E. O.(1998) *Empowerment in Social Work Practice: A Sourcebook*, Brooks/Cole.

Hacking, I. (1999) *The Social Construction of What?*, Harvard University Press.

Hardina, D. (2005) "Ten Characteristics of Empowerment-oriented Social Service Organizations", *Administration in Social Work*, 29(3), 23—42.

Harrison, W. D.(1991) *Seeking Common Ground: A Theory of Social Work in Community Care*, Avebury.

Hartmann, H.(1939) *Ego Psychology and the Problem of Adaptation*, International Universities Press.

Healy, K.(2005) *Social Work Theories in Context: Creating Frameworks for Practice*, Palgrave Macmillan.

Hearn, G. (1958) *Theory Building in Social Work*, University of Toronto Press.

Hearn, G. (1969) *The General System Approach: Contributions toward an Holistic Conception of Social Work*, Council on Social Work Education.

Herman, J. D.(1992) *Trauma and Recovery*, Basic Books.

Holloway, M. and Moss, B.(2010) *Spirituality and Social Work*, Palgrave

Macmillan.

Holloway, M.(2007) "Spiritual Need and the Core Business of Social Work", *British Journal of Social Work*, 37(2):265—280.

Howe, D.(1987) *An Introduction to Social Work Theory*, Wildwood House.

Huang, J., Sherraden, M., Kim, Y., & Clancy, M. (2014) "Effects of Child Development Accounts on Early Social-emotional Development: An Experimental Test", *JAMA Pediatrics*, 168(3):265.

Hudson, A. (1985) "Feminism and Social Work: Resistance or Dialogue", *British Journal of Social Work*, 15(6):635—655.

Hudson, B. & Macdonald, G.(1986) *Behavioral Social Work: An Introduction*, Macmillan.

Hudson, C.(2000) "The Edge of Chaos: A New Paradigm for Social Work?", *Journal of Social Work Education*, 36(2):215—230.

Hulme, D. & Turner, M.(1990) *Sociology and Development: Theories, Policies and Practices*, Hemel Hempstead.

Ife, J.(1997) *Rethinking Social Work*, Longman.

Jack, R.(1995) *Empowerment in Community Care*, Chapman & Hall.

Johnson, H. C.(1991) "Theories of Hernberg and Kohut: Issues of Scientific Validation", *Social Service Review*, 65(3):403—433.

Jordan, B. (1978) "A Comment on 'Theory and Practice in Social Work'", *British Journal of Social Work*, 8(1):23—25

Jordan, J. V., Kaplan A. J., Miller, J. B., Striver, I. P. & Surrey, J. L. (1991) *Women's Growth in Connection: Writing from the Stone Center*, Guilford.

Kemp, S., Whittaker, J. & Tracy, E.(1997) *Person-environment Practice: The Social Ecology of Interpersonal Helping*, Aldine De Gruyter.

Kirk, S. A. & Reid, W. J. (2002). *Science and Social Work: A Critical Appraisal*, Columbia University Press.

Kisthardt, W. E.(1993) "An Empowerment Agenda for Case Management Research: Evaluating the Strengths Model from the Consumers' Perspective", in M. Harris & H. Bergman (eds.) *Case Management for Mentally Ill Patients: Theory and Practice*, Harwood.

Kohut, H.(1977) *The Analysis of Self*, International University Press.

Kohut, H.(1984) *How Does Analysis Cure?*, University of Chicago Press.

Krill, D.(1978) *Existential Social Work*, Free Press.

Kruger, A.(2000) "Empowerment in Social Work Practice with the Psychiatrically Disabled", *Smith College Studies in Social Work*, 70:427—440.

Kuehlwein, K. T.(1998) "The Cognitive Therapy Model", in Dorfman, R. A. (ed.) *Paradigms of Clinical Social Work*(Vol. 2), Taylor & Francis.

Lambert, M. J.(1992) "Implications of Outcome Research for Psychotherapy Integration", in J. C. Norcross & M. R. Goldfried (eds.) *Handbook of Psychotherapy Integration*, Basic Books.

Land, H.(1998) "The Feminist Approach to Clinical Social Work", in Dorfman R. A.(ed.) *Paradigms of Clinical Social Work*, Brunner/Mazel.

Lee, J. A. B.(2001) *The Empowerment Approach to Social Work Practice: Building the Beloved Community*(2nd ed.), Columbia University Press.

Lee, J.(1996) "The Empowerment Approach to Social Work Practice", In Turner, F.(ed.) *Social Work Treatment: Interlocking Theoretical Approaches*(pp.218—249). Free Press.

Lee, M. Y. & Greene, G. J.(1999) "A Social Constructivist Framework for Integrating Cross-cultural Issues in Teaching Clinical Social Work", *Journal of Social Work Education*, 35:21—37.

Lee, M. Y., S. M. Ng, P. P. Y. Leung, C. L. W. Chan, & P. Leung(2009) *Integrative Body-Mind-Spirit Social Work: An Empirically Based Approach to Assessment and Treatment*. Oxford University Press.

Longres, J. (1997) "Is It Feasible to Teach HBSE from a Strengths Perspective? No!", in M. Bloom & W. C. Klein(eds.) *Controversial Issues in Human Behaviors in the Social Environment*, Allyn & Bacon.

Lundy, C.(2011) *Social Work, Social Justice, and Human Rights: A Structural Approach to Practice*, University of Toronto Press.

Martinez-Brawley, E. E. & Zorita, P. M. B.(1998) "At the Edge of the Frame: Beyond Science and Art in Social Work", *British Journal of Social Work*, 28(2):197—212.

Mattaini, M. et al.(2002) *The Foundations of Social Work Practice: A Graduate Text*, National Association of Social Workers Press.

Mckenzie, W. & G.Monk(1997) "Learning and Teaching Narrative Ideas", in Monk et al.(eds.) *Narrative Therapy in Practice*(pp.82—120), San Francisco: Jossey-Bass Publishers.

McMillen, J.C. (1999) "Better for It: How People Benefit from Adversity", *Social Work*, 44:455—468.

Meichenbaum, D.(1985) *Stress Inoculation Training*, Pergamon.

Meyer, C.(1983) *Clinical Social Work in the Eco-systems Perspective*, Columbia University Press.

Meyer, C.(1976) *Social Work Practice*, Free Press.

Midgley, J. & Conley, A. (eds.) (2010) *Social Work and Social Development: Theories and Skills for Developmental Social Work*, Oxford University Press.

Midgley, J. (1995) *Social Development: The Developmental Perspective in*

Social Welfare, Sage.

Midgley, J.(1999) "Growth, Redistribution, and Welfare: Toward Social Investment", *Social Service Review*, 73(1):3—21.

Miller, J. B.(1987) *Toward a New Psychology of Women*, Houghton Mifflin.

Miller, S. D.(1994) "The Solution Conspiracy: A Mystery in Three Installments", *Journal of Systematic Therapies*, 13:18—37.

Mithchell, S. (1988) *Relational Concepts in Psychoanalysis*, Harvard University Press.

Mullaly, R.(2007) *New Structural Social Work*, Oxford University Press.

Mullaly, R. (1997) *Structural Social Work: Ideology, Theory, and Practice*, Oxford University Press.

O'Connell, B.(1998) *Solution-focused Therapy*, Sage.

O'Hanlon, W. H., & Weiner-Davis, M.(1989) *In Search of Solutions: A New Direction in Psychotherapy*, Norton.

O'Hanlon, W. H.(1994) "The Third way", *The Family Therapy Networker*, 18:19—29.

Orme, J. (2002) "Feminist Social Work", in Adams, R., Dominelli, L., & Payne, M.(eds) *Social Work: Themes, Issues, and Critical Debates* (2nd ed.), Palgrave.

Orme, J.(2003) "It is Feminist Because I Say So! Feminism, Social Work and Critical Practice in the UK", *Qualitative Social Work*, 2(2):131—153.

Pardeck, J. T.(1996) *Social Work Practice: An Ecological Approach*, Greenwood Publishing Group.

Parsloe, P.(ed.)(1996) *Pathways to Empowerment*, Birmingham: Venture.

Parton, N. (2002) "Some Thoughts on the Relationship between Theory and Practice in and for Social Work", *British Journal of Social Work*, 30:

449—463.

Peile, C.(1994) *The Creative Paradigm: Insight, Synthesis, and Knowledge Development*, Avebury.

Peller, J. & Walter, J.(1998) "Solution-focused Brief Theory", in Dorfman, R. A. (ed.) *Paradigms of Clinical Social Work* (Vol. 2), Taylor & Francis.

Pincus, A. & Minahan, A. (1973) *Social Work Practice: Model and Method*, Peacock.

Reamer, F.(1993) *Philosophical Foundations of Social Work*, Columbia University Press.

Rees, S.(1991) *Achieving Power*, Allen & Unwin.

Richmond, M.(1917) *Social Diagnosis*, Sage.

Riessman, C.K. & Quinney, L.(2005) "Narrative in Social Work. A Critical Review", *Qualitative Social Work* 4(4):391—412.

Robbins, S. P., Chatterjee, P. & Canda, E. R. (1998) *Contemporary Human Behavior Theory: A Critical Perspective for Social Work*, Allyn & Bacon.

Rogers, C. R.(1951) *Client-centered Therapy: Its Current Practice, Implications, and Theory*, Constable.

Rosenberger, J. (ed.) (2014) *Relational Social Work Practice with Diverse Populations: A Relational Approach*, New York: Springer-Verlag.

Rose, S. M. (2000) "Reflections on Empowerment-based Practice", *Social Work*, 45:401—412.

Rubin, A. (1985) "Practice Effectiveness: More Grounds for Optimism", *Social Work*, 30:469—476.

Saleebey, D. (1997) *The Strengths Perspectives in Social Work Practice*, Allyn & Bacon.

Saleebey, D. (2001) *The Strengths Perspective in Social Work Practice* (2ⁿᵈ ed.), Longman.

Sands, R. G. & Nuccio, K. (1992) "Postmodern Feminist Theory and Social Work", *Social Work*, 37 (6):489—494.

Saulnier, C. F. (2000) "Incorporating Feminist Theory into Social Work Practice: Group Work Examples", *Social Work with Groups*, 23 (1): 5—29.

Saulnier, C. F. (2002) *Feminist Theories and Social Work: Approaches and Applications*, Haworth.

Sayer, A. (1997) "Essentialism, Social Constructionism, and Beyond", *Sociological Review*:453—487.

Schuerman, J. R. (1982) "The Obsolete Scientific Imperative in Social Work Research", *Social Service Review*, 56:144—158.

Scott, M. (1989) *A Cognitive-behavioural Approach to Clients' Problems*, Tavistock/Routledge.

Seligman, M. (1975) *Helplessness: On Depression, Development, and Death*, Freeman.

Sheldon, B. (1995) *Cognitive-behavioural Therapy: Reasearch, Practice, and Philosophy*, Routledge.

Sheldon, M. E. P(1978) "Theory and Practice in Social Work: A Re-examination of a Tenuous Relationship", *British Journal of Social Work*, 8(1):1—22.

Sheppard, M. (1995) "Social Work, Social Science, and Practice Wisdom", *British Journal of Social Work*, 25(3):265—294.

Sheppard, M. (1998) "Practice Validity, Reflexivity and Knowledge for Social Work", *British Journal of Social Work*, 28(5):763—781.

Sheppard, M. (2006) *Social Work and Social Exclusion: The Idea of Practice.*

Ashgate.

Shirly, R. & Phil, R. (2000) "Evidence-based Practice and Psychotherapy Research", *Journal of Mental Health*, 9(3).

Sibeon, R. (1990) "Comments on the Structure and Forms of Social Work Konwledge", *Social Work and Social Sciences Review*, 1(1):29—44.

Simon, B. (1994) *The Empowerment Tradition in American Social Work: A History*, Columbia University Press.

Siporin, M. (1980) *Introduction to Social Work Practice*, MacMillan.

Siporin, M. (1998) "Ecological Systems Theory in Social Work", *Journal of Sociology and Social Welfare*, 7(4):507—532.

Smith, D. (1987) "The Limits of Positivism in Social Work Research", *British Journal of Social Work*, 17(4):401—416.

Smith, M., Doel, M., & Cooper, A. (2015) *Relationship-Based Social work: Getting to the Heart of Practice*, Jessica Kingsley.

Solomon, B. (1976) *Black Empowerment: Social Work in Oppressed Community*, Columbia University Press.

Specht, H. & Courtney, M. (1994) *Unfaithful Angels: How Social Work Has Abandoned its Mission*, Free Press.

Staller, K. M. & Kirk, S. A. (1998) "Knowledge Utilization in Social Work and Legal Practice", *The Journal of Sociology & Social Welfare*, 25(3): 91—113.

Staub-Bernasconi, S. (1991) "Social Action, Empowerment and Social Work—An Integrative Theoretical Framework for Social Work and Social Work with Groups", *Social Work with Groups*, 14(3):35—51.

Staudt, M., Howard, M. & Drake, B. (2001) "The Operationalization, Implementation, and Effectiveness of the Strengths Perspective: A Review of

Empirical Studies", *Journal of Social Service Research*, 27(3):1—21.

Strean, H. S.(1979) *Psychoanalytic Theory and Social Work Practice*, Free Press.

Thomlison, R. (1984) "Something Works: Evidence from Practice Effectiveness Studies", *Social Work*, 29:51—56.

Thompson, N.(1992) *Existentialism and Social Work*, Avebury.

Thompson, N.(1993) *Anti-discriminatory Practice*, Macmillan.

Titmuss, R. (1974) *Social Policy*, Allen & Unwin.

Tsang, K. T. (2000) "Bridging the Gap: Between Clinical Practice and Research: An Integrated Practice-oriented Model", *Journal of Social Service Research*, 26(4):69—90.

Tucker, D.(1996) "Eclecticism Is Not a Free Good: Barriers to Knowledge Development in Social Work", *Social Service Review*, 70(3):400—434.

Tully, C. T. (1999) "Feminist Theories and Social Work: Lost in Space?" in R. R. Greene(ed.) *Human Behavior Theory and Social Work Practice* (2nd ed.), Aldine De Gruyter.

Turner, F. J.(1996) *Social Work Treatment* (4th ed.), W. W. Norton & Company.

Ungar, M.(2002) "A Deeper, More Social Ecological Social Work Practice", *Social Service Review*, 76(3):480—497.

Valliant, G. E.(1993) *The Wisdom of the Ego*, Harvard University Press.

Van V.(1999) "Feminst Theories and Social Work Practice", in Greence, R. (ed.) *Human Behavior Theory and Social Work Practice*, Aldine De Gruyter.

Von Bertalanfy, L. (1971) *General System Theory: Foundations, Development, Applications*, Allen Lane.

Wakefield, J. C.(1996) "Does Social Work Need the Eco-systems Perspective"

(Part Ⅰ & Part Ⅱ), *Social Service Review*, 70(1—2).

Wakefield, J.(1995) "When an Irresistible Epistemology Meets an Immovable Ontology", *Social Work Research*, 19(1):9—17.

Walsh, F.(2003) "Family Resilience: A Framework for Clinical Practice", *Family Process*, 42(1).

Walsh, J.(2006) *Theories for Direct Social Work Practice*, Brooks/Cole.

Walsh, J.(2014) *Theories for Direct Social Work Practice*(3ʳᵈ ed.), Cengage Learning.

Walter, J. L., & Peller, J. E. (1992) *Becoming Solution Focused in Brief Therapy*, Bruner/Mozel.

Weick, A., Rapp, C. A., Sullivan, W. P. & Kisthardt, W. E. (1989) "A Strengths Perspective for Social Work Practice", *Social Work*, 89: 350—354.

Weiner-Davis, M., de Shazer, S. & Gingerich, W.(1987) "Building on Pre-treatment Change to Construct the Therapeutic Solution: An Exploratory", *Journal of Marital and Family Therapy*, 13:359—363.

Werner, H.(1982) *Cognitive Therapy: A Humanistic Approach*, Free Press.

Wetzel, J. W.(1986) "A Feminist World View Conceptual Framework", *Social Casework*, 67:166—173.

Wetzel, J. W.(1976) "Interaction of Feminism and Social Work in America", *Social Casework*, 57:227—236.

White, M. & Epston, D.(1992) *Experience, Contradiction, Narrative & Imagination: Selected Papers of David Epston & Michael White*, Dulwich Centre Publications.

White, M. & Epston, D. (1990) *Narrative Means to Therapeutic Ends*, Norton.

White, M.(2007). *Maps of Narrative Practice*, W. W. Norton & Company.

William, R.(2002) "Knowledge for Direct Social Work Practice: An Analysis of Trends", *Social Service Review*, 76(1):6—33.

Woods, M. & Holllis, F.(1990) *Casework: A Psychosocial Therapy*, Mc Graw-Hill.

Yalom, I. D.(1975) *The Theory and Practice of Group Psychotherapy*, Basic Books.

Yalom, I. D.(1980) *Existential Psychotherapy*, Basic Books.

Yip, Kam-shing(2004) "The Empowerment Model: A Critical Reflection of Empowerment in Chinese Culture", *Social Work*, 49(3):479—487.

后　记

这是本书的第三版。今天呈现给大家的版本只是作了局部的修订，增加了关系视角和正义视角这两章，还算不上突破性的进展，只能寄望于未来了。

面对新的形势，社会工作自主知识体系建设，尤其是理论创新的任务更为迫切，特别是，社会工作要积极回应结构性变化、新技术应用等体制和技术的创新而带来的新机遇和新挑战，理论基础、核心概念和实践模式，都需要重塑，但这样的重塑尚需时日，我们既要有行动的紧迫感，又得有沉淀的耐心。理论体系的建构是社工同仁绕不过的时代使命。我欣喜地看到，有越来越多的年轻人投身这个学科和行业，这势必汇流成强大的创新动力。因此，我对社会工作的前景持乐观态度，尽管我们时常遭遇这样或那样的困难，但社会工作从来都是直面困境的，知变、适变、求变，本就是专业的使命。

我要感谢本书的读者，理论虽艰涩，但没有却步于理论的大门之前。我要感谢出版社诸位朋友的轮番催促和责编耐心细致的工作。

何雪松于华东理工大学

2024 年 11 月 28 日

图书在版编目(CIP)数据

社会工作理论 / 何雪松著. -- 3 版. -- 上海：格
致出版社：上海人民出版社，2025. -- (社会工作精品
教材). -- ISBN 978-7-5432-3645-5

Ⅰ. C916.2

中国国家版本馆 CIP 数据核字第 2025WR5779 号

责任编辑　王亚丽
封面设计　路　静

社会工作精品教材

社会工作理论（第三版）

何雪松　著

出　　版	格致出版社	
	上海人民出版社	
	(201101　上海市闵行区号景路 159 弄 C 座)	
发　　行	上海人民出版社发行中心	
印　　刷	上海商务联西印刷有限公司	
开　　本	720×1000　1/16	
印　　张	22	
插　　页	1	
字　　数	307,000	
版　　次	2025 年 4 月第 1 版	
印　　次	2025 年 4 月第 1 次印刷	

ISBN 978 - 7 - 5432 - 3645 - 5/C·331
定　　价　78.00 元